Les
BONS PLATS DE PAYS

Dessins intérieurs : Michel SINIER

Photographies de couverture :
De haut en bas, de gauche à droite :
Studio DARGAUD, EXPLORER-F. JALAIN, Studio DARGAUD, J. VERROUST, J. VERROUST, NATURE-MIGNOT, J. VERROUST.

Photographies intérieures : Studio DARGAUD

Avec l'aimable collaboration de :
Faïences d'art de Malicorne, Faïencerie de Martres-Tolosane et du Matet, Quimper Faïence, Haviland, Villeroy et Boch, Orfèvre à Paris, Saint-Hilaire-Ercuis, Nappes Cindy.

ROLAND ET RÉGINE BONINGUES
ROBERT FRÉDÉRICK
JEAN-CLAUDE VIGNAUD

Les BONS PLATS DE PAYS

DARGAUD EDITEUR
PARIS • BARCELONE • BRUXELLES • LAUSANNE • LONDRES • MONTREAL • NEW YORK • STUTTGART

Dépot légal : octobre 1987
ISBN 0-205-03497-9
Imprimé en France - Publiphotoffset 75011 Paris - en octobre 1987
Printed in France

Table des matières

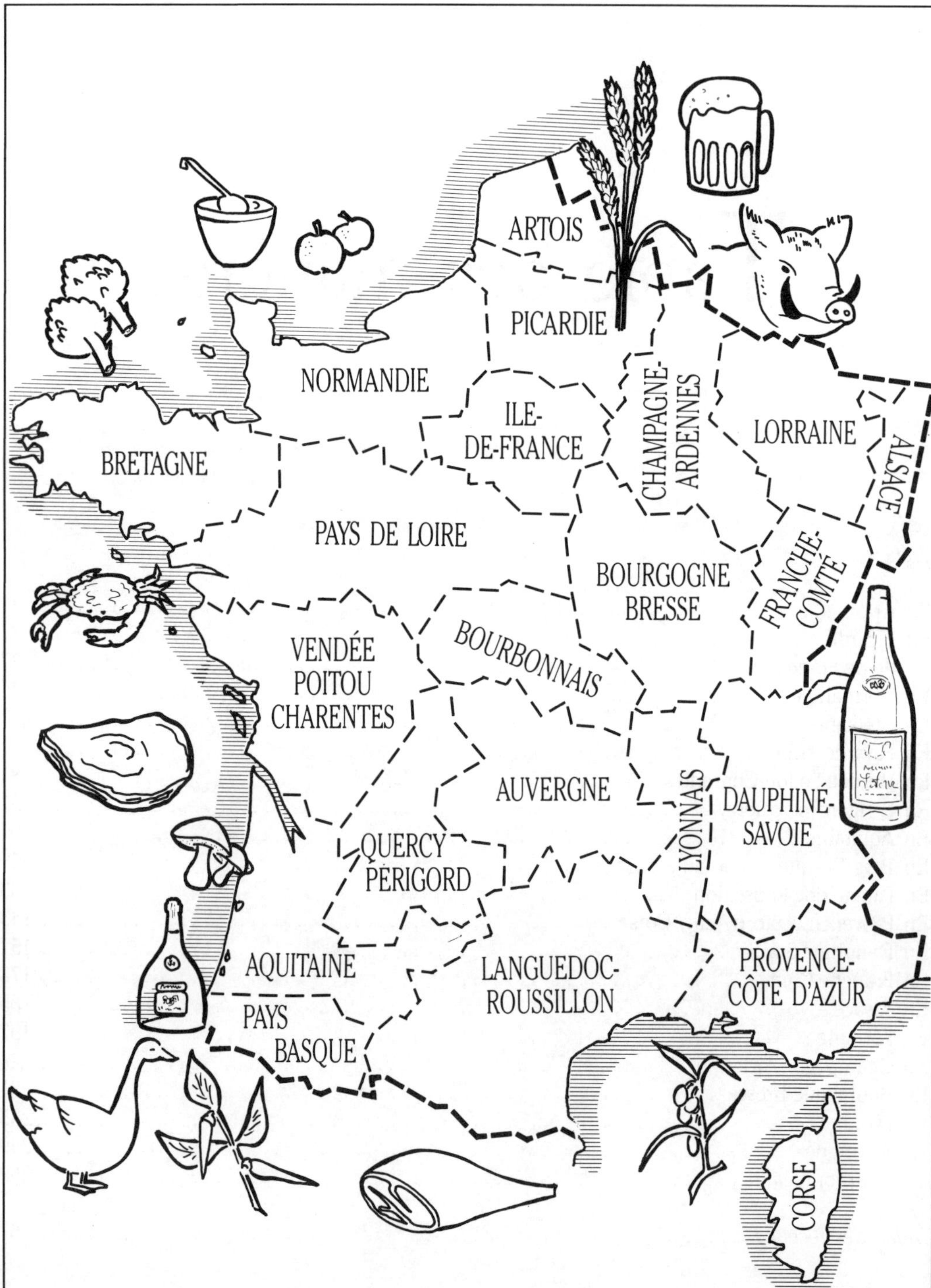
ARTOIS
PICARDIE
NORMANDIE
BRETAGNE
ILE-
DE-FRANCE
CHAMPAGNE-
ARDENNES
LORRAINE
ALSACE
PAYS DE LOIRE
BOURGOGNE
BRESSE
FRANCHE-
COMTÉ
VENDÉE
POITOU
CHARENTES
BOURBONNAIS
AUVERGNE
LYONNAIS
DAUPHINÉ-
SAVOIE
QUERCY
PÉRIGORD
AQUITAINE
LANGUEDOC-
ROUSSILLON
PROVENCE-
CÔTE D'AZUR
PAYS
BASQUE
CORSE

PRÉFACE

Curnonsky disait : "la cuisine régionale reflète le climat, la manière de vivre, l'esprit d'un pays." Ainsi une garbure, une potée, une truffade, une mouclade ou un cassoulet sont évocateurs d'un paysage, d'une culture, de traditions au même titre qu'un monument historique.

La prodigieuse variété des provinces françaises, soumises à de nombreuses influences, la richesse et la qualité des produits de terroir offrent un très large éventail de plats régionaux lentement élaborés et perfectionnés au fil des générations.

Notre recherche des recettes de terroir a été longue et difficile. Transmises de bouche à oreille, faites d'une pincée de sel, d'une poignée de farine et d'une quantité incertaine d'autres ingrédients, ces recettes nous sont arrivées incomplètes. Nous avons dû fouiller les greniers, à la découverte de vieux livres, nous avons consulté les archives, nous sommes entrés dans les fermes, source même de la gastronomie terrienne et y avons recueilli de précieux témoignages. Nous avons aussi interrogé les grands chefs qui ont contribué au renom et à la survie de la cuisine régionale. Grâce à eux, la cuisine de nos grands-mères a survécu et gagné en finesse, obéissant aux principes d'autrefois : le choix de produits frais, la qualité de la cuisine et le sacrifice de longues heures de cuisson.

Voici donc un tour de France gastronomique de plus de 300 recettes de terroir. Accueillez sur votre table, selon votre humeur l'une de ces provinces et retrouvez la saveur d'une cuisine oubliée.

Les auteurs n'auraient pas réussi pleinement leur tâche si ce livre ne vous incitait pas aussi à vous détourner un petit moment de l'autoroute, pour flâner dans les collines paisibles de l'Artois, pour vous imprégner de la mélancolie feutrée des marais picards, pour vous reposer en Ile-de-France du tohu-bohu de Paris, pour retrouver vos racines gauloises en Morvan-Nivernais ou pour savourer cette douceur de vivre des pays de Loire.

Après chaque titre de recette,
vous trouverez ces symboles pour faciliter votre choix :

PRIX

 : économique

 : cher

 : très cher

DEGRÉ DE DIFFICULTÉ

 : facile

 : difficile

 très difficile

THÈMES

 : soupes

 : œufs et pâtes

 : hors d'œuvre et entrées

 : poissons et crustacés

 : volailles et lapins

 : viandes et gibier

 : légumes

 : desserts

 : digestifs

ARTOIS

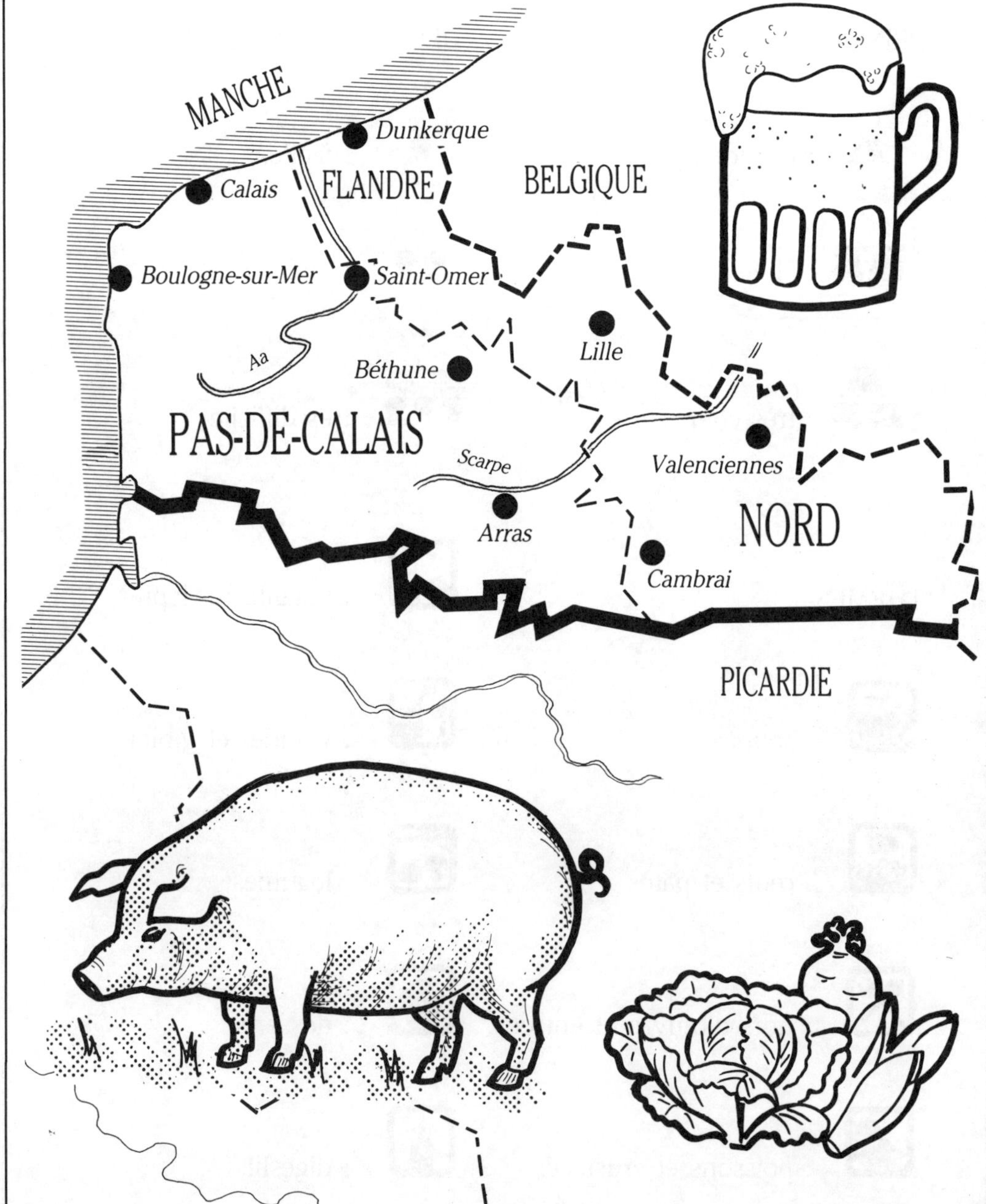

MANCHE
Dunkerque
Calais
FLANDRE
BELGIQUE
Boulogne-sur-Mer
Saint-Omer
Aa
Béthune
Lille
PAS-DE-CALAIS
Scarpe
Valenciennes
Arras
NORD
Cambrai
PICARDIE

En Artois

Plateau crayeux, l'Artois occupe la plus grande partie du département du Pas-de-Calais. Dès la plaine arrageoise dont l'opulence est l'image même de la France agricole du Nord, la région va se diversifier et, après l'affaissement du bassin minier, s'élever en collines qui dominent le bas pays de Flandre. De vallonnements en vallonnements, le relief s'adoucit au sud et redevient plaine aux confins de la Picardie. Au nord-est du département, le haut pays d'Artois domine à 180-200 m avant que les collines ne se scindent en deux pour encadrer la fosse boulonnaise et former avec la mer le site du cap Blanc-Nez.

Région maintes fois sinistrée, que ce soit par les guerres ou les catastrophes minières, l'Artois l'est aussi par les clichés et les idées préconçues. En réalité, il est l'anti-Nord et l'une des raisons de l'aimer... A la plaine plantureuse, qui voit s'étaler à perte de vue céréales et plantes industrielles, succède le bassin minier aux villes fleuries où les labours s'ensemencent jusqu'au pied des terrils.

La superficie non cultivée est très faible et l'agriculture se caractérise par la petite taille des exploitations (23 ha en moyenne) et le morcellement des terres.

L'orientation dominante polyculture-élevage constitue la structure foncière, mais il ne faut pas oublier l'importance toujours très grande de la production de blé et betterave et signaler que la région occupe la première place française pour l'orge. L'évolution emmène l'Artois vers une industrie agro-alimentaire qui semble en plein essor.

L'Artois est soumis aux vents prédominants du sud-ouest qui viennent de la mer et amènent leur cortège de nuages. S'il pleut plus abondamment sur les hauteurs qu'en plaine, la pluviosité reste dans les limites de celle des pays situés au nord de la Loire. Quand le vent est au nord-est le haut pays connaît des hivers rigoureux et des chutes de neige qui isolent parfois les villages. Ces divers éléments ont eu une influence naturelle sur la façon artésienne de vivre et de se nourrir.

Ardent au travail, l'Artésien aime la fête, la convivialité, les jeux, les quilles, les combats de coqs, les concours de pigeons, qui donnent l'occasion de se rencontrer. La maison est toujours ouverte et le symbole de l'hospitalité est la cafetière qui trône sur la grosse cuisinière ou sur le poêle flamand.

On élevait partout le porc qui constituait la base essentielle de l'alimentation carnée. Chaque village avait son tueur de cochon. Son arrivée avec sa sacoche pleine de couteaux, la sortie de l'animal composait un tableau haut en couleurs. Quelques jours plus tard, les amis étaient invités à la ferme pour la boudinée.

On y mangeait le pâté de tête, les tripes, le boudin. C'était une fête !

La terre artésienne produit en abondance tous les légumes qui entrent dans la cuisine régionale : poireaux, carottes, choux et pommes de terre sont utilisés couramment. Il faut y ajouter les radis, les asperges, les salsifis et les salades qui occupent une large surface dans les potagers. Une place spéciale est à réserver à l'endive et à la mâche appelée salade de blé, parce que semée après la moisson. Ce sont les salades de l'hiver. Les allées de jardin sont bordées de framboisiers, de groseilliers et de rhubarbe dont on tirera les nombreux pots de confiture soigneusement rangés au-dessus de l'armoire de cuisine.

Si Saint-Omer est du versant tourné vers la Flandre intérieure et maritime, l'Artois profite de ses choux-fleurs, cultivés sur des terres entourées d'eau, où l'on se rend en barque. La petite ville de Samer que se disputent l'Artois, le Montreuillois et le Boulonnais s'est spécialisée dans la production de fraises qui ont acquis une grande renommée. Les vergers apportent à la consommation familiale pommes, poires, prunes et cerises. S'ils n'ont pas toujours l'aspect des fruits destinés à la vente, ils ont gardé le goût naturel du terroir.

Terre à blé, l'Artois présente une riche palette de pâtisseries : tartes, gâteaux, gaufres, crêpes, beignets pourraient faire à eux seuls, l'objet d'un livre. Chaque petit pays, chaque village et même chaque famille avait ses propres recettes, sa façon de faire dont le secret était soigneusement gardé. Les années passant, il nous semble aujourd'hui que nos grand-mères et nos mères avaient constamment les mains plongées dans la farine. Nous gardons le souvenir ému du "gâteau tartine" que ma mère, le visage rieur et fier, nous faisait chaque fois soupeser tant il était léger.

Les forêts du haut pays offrent aux chasseurs leur gros gibier — chevreuil et sanglier — et aux chercheurs de champignons girolles, pieds-de-mouton, cèpes, trompettes-de-la-mort, morilles, et coulemelles alors que l'on trouve dans les prés les rosés et les mousserons.

Les terres à labours ont vu peu à peu disparaître le gibier de plaine. Perdreaux, lapins et lièvres sont devenus très rares et les sociétés de chasse sont obligées de mettre en place des plans de repeuplement.

On fabrique dans de nombreux pays d'Artois, des fromages à base de lait de chèvre ou de vache, mais à part le "cœur" d'Arras et le "fromage fort" de Béthune, leur renommée ne franchit pas les frontières de la région.

La fenêtre ouverte sur la mer et les progrès réalisés dans l'industrie du froid offrent aux gens de l'intérieur un très grand choix de poissons : harengs, maquereaux, merlans, soles et raies ont leur place sur la table familiale. L'arrivée des premiers harengs a autant d'impact sur le consommateur que celle du beaujolais nouveau. Les Artésiens montrent un goût particulier pour le sauret ou le kipper. Avec une pomme de terre cuite au four et un bon verre de bière, ils sont le régal des repas hivernaux. Les nombreuses rivières — Canche, Ternoise, Sensée, Scarpe, Deule, Lawe, Nave, Lys, Aa — satisfont le goût des amateurs de petites fritures, de truites ou d'anguilles.

Si le vignoble a quitté nos régions depuis des siècles, il est en Artois des gourmets en vin dont les caves n'ont rien à envier à celles des régions vinicoles. C'est cependant la bière qui est la boisson populaire par excellence. Autrefois régionale, elle vient aujourd'hui de Belgique, d'Allemagne, d'Angleterre et de Scandinavie. Distribuée en bouteilles ou débitée à la pression, elle est le symbole des pays du Nord.

Tous ces atouts, dus à la richesse de son sol et aux qualités de ses habitants, font de l'Artois une région attirante et attachante, souvent méconnue, même de ses propres enfants qui cherchent ailleurs ce qu'ils ne voient pas toujours chez eux.

SOUPE À L'OIGNON

PRÉPARATION : 10 MN - CUISSON : 30 MN - 6 PERSONNES

4 gros oignons (500 g environ),
2 cuillerées à soupe d'huile ou de margarine végétale,
1 cuillerée à soupe bombée de farine,
1,5 l d'eau,
1 pincée de gros sel,
5 tours de moulin à poivre,
1 branche de thym,
2 gousses d'ail,
4 tranches de pain de campagne,
100 g de gruyère râpé.

Pelez les oignons, hachez-les ou coupez-les en rondelles. Dans un faitout à fond épais, faites chauffer la matière grasse et mettez-y à dorer les oignons en les remuant de temps en temps à la cuillère en bois pour qu'ils ne brûlent pas (c'est une fâcheuse tendance qu'ils ont !). Saupoudrez-les alors de la farine, remuez le tout et laissez légèrement brunir. Versez ensuite, en une seule fois, l'eau ; salez, poivrez, ajoutez le thym et l'ail pelé et coupé en 2. Couvrez, portez à ébulliton et laissez cuire 20 mn à bouillons moyens. Pendant ce temps, faites griller les tranches de pain et posez-les au fond d'une soupière ou d'un poêlon en terre et préchauffez le four thermostat 8. Quand la soupe est prête, ôtez le thym et versez-la sur le pain. Saupoudrez du gruyère et enfournez pour 10 mn. Servez très chaud.

Mon conseil : vous pouvez faire dorer les tranches de pain à l'huile, et lier la soupe avec des pommes de terre au lieu de la farine. Dans ce cas, avant de la faire gratiner, vous la mixerez.

SOUPE À LA CITROUILLE

PRÉPARATION : 15 MN - CUISSON : 40 MN - 6 PERSONNES

1 l 1/2 d'eau,
1 cuillerée à café de sel gros,
500 g de citrouille,
2 grosses pommes de terre,
1 bel oignon,
3 gousses d'ail,
1 branche de céleri,
2 branches de persil,
2 cuillerées à soupe de tapioca (facultatif),
1 verre de lait,
1 cuillerée à soupe de crème fraîche,
1 cuillerée à soupe de pluches de cerfeuil.

Dans une marmite, amenez l'eau salée à ébullition. Pendant ce temps, pelez et égrenez la citrouille, pelez les pommes de terre et l'oignon, coupez le céleri et le persil. Lavez tous les légumes, coupez-les en dés et plongez-les dans l'eau bouillante, ainsi que l'ail pelé et haché. 30 mn après la reprise de l'ébullition, passez la soupe au mixeur ou au moulin à légumes. Remettez-la sur le feu, et quand elle bout, jetez-y en pluie 1 cuillerée à soupe bombée de tapioca. Remuez et laissez cuire 8 mn à petits bouillons, ajoutez le lait et la crème et servez très chaud, saupoudré du cerfeuil.

Mon conseil : vous pouvez présenter en même temps des croûtons grillés.

NOUILLES À LA CASSONADE

PRÉPARATION : 2 MN - CUISSON : 20 MN - 4 PERSONNES

3 l d'eau,
1/2 cuillerée à soupe de sel gros,
250 g de nouilles,
120 g de beurre,
150 g de cassonade blonde.

En Artois, les pâtes, comme les épinards, sont souvent servies à la cassonade. Il faut goûter !...

Amenez l'eau salée à ébullition dans un grand faitout (il faut que les pâtes aient la place de gonfler). Jetez-y les nouilles et faites-les cuire à petits bouillons pendant 20 mn. Egouttez-les immédiatement, saupoudrez-les de la cassonade et arrosez du beurre fondu. Mélangez le tout et servez très chaud en accompagnement de crépinettes ou de côtes de porc.

Mon conseil : vous pouvez ajouter à l'eau de cuisson 1 cuillerée à soupe d'huile qui empêchera les pâtes de s'agglomérer. Prenez la précaution de faire fondre le beurre avant d'égoutter les pâtes, car il faut les beurrer sans attendre, pour qu'elles ne collent pas.

PÂTÉ DE FOIE AUX PRUNEAUX

PRÉPARATION : 1 H - CUISSON : 2 H - 10 À 12 PERSONNES

750 g de foie de porc,
750 g de lard gras,
4 bardes de lard,
6 gousses d'ail épluchées,
3 cuillerées à café rases de sel,
1 cuillerée à café de poivre moulu,
100 g de crème fraîche,
1 œuf battu,
180 g de pruneaux (dénoyautés ou non),
6 brins de thym,
3 feuilles de laurier.

Faites couper le foie et le lard par votre boucher en longues lamelles de 3 cm de large. Hachez-les à la grille fine avec l'ail. Ajoutez le sel, le poivre, l'œuf, la crème. Mélangez bien le tout à l'aide d'une fourchette (soyez énergique !). Faites chauffer le four thermostat 8. Tapissez la terrine de bardes de lard et versez-y la moitié du pâté. Ajoutez alors les pruneaux et recouvrez-les du reste de la préparation. Mouillez de 3/4 de verre d'eau que vous ferez pénétrer en soulevant la viande avec la fourchette. Posez sur le dessus le thym et le laurier et recouvrez d'une barde de lard. Couvrez la terrine et faites cuire dans la lèchefrite, au bain-marie, pendant 30 mn au thermostat 8 et 1 h 30 au thermostat 6. A ce moment, un couteau planté au milieu doit ressortir quasiment sec. Laissez refroidir et conservez ce pâté au réfrigérateur. Pommes de terre vapeur persillées, salade aillée et toasts grillés en seront un accompagnement de choix.

Mon conseil : si vous n'en avez pas l'utilisation immédiate, vous pouvez stériliser ce pâté dans des bocaux à fermeture hermétique, 15 mn en autocuiseur (à partir de la mise en rotation de la soupape).

SALADE DE CHOU ARTÉSIENNE

PRÉPARATION : 20 MN + 4 H DE MACÉRATION - CUISSON : 5 MN - 6 PERSONNES

1 chou rouge,
3 pommes à chair ferme,
1 citron,
200 g de lardons fumés,
1 cuillerée à café bombée de gelée de groseille.

Sauce :
5 cuillerées à soupe d'huile de tournesol,
2 cuillerées à soupe de vinaigre (vin ou cidre),
2 pincées de sel fin,
5 tours de moulin à poivre.

Ôtez les feuilles abîmées du chou. Coupez-le en quatre, supprimez les grosses côtes dures. Détaillez-le en lanières fines que vous laverez et essorerez soigneusement et mettrez dans un saladier ou une jatte en terre. Dans un bol, faites dissoudre le sel dans le vinaigre, puis ajoutez l'huile et le poivre et émulsionnez le tout. Arrosez les lanières de chou de cette sauce, mélangez bien et laissez macérer. 30 mn avant de servir, pelez, épépinez, coupez les pommes en tranches pas trop fines et citronnez-les aussitôt pour qu'elles ne noircissent pas. Faites ensuite dorer les lardons dans 1 cuillerée à soupe d'huile (de pépins de raisin de préférence). Ôtez-les et remplacez-les par les quartiers de pommes que vous manierez délicatement pour ne pas les casser (retournez-les avec une spatule large). Quand les pommes sont bien dorées, remettez les lardons dans la poêle ; arrosez le tout de la gelée de groseille délayée dans 1 cuillerée à soupe de vinaigre, donnez 1 bouillon et versez sur les lanières de chou. Servez aussitôt et mélangez à table.

Mon conseil : vous réduirez le temps de macération si vous faites blanchir les lanières de chou, mais elles seront moins croquantes et leur couleur aura pâli. Cette salade est encore meilleure le lendemain.

BOUDIN NOIR SUCRÉ

PRÉPARATION : 20 MN - CUISSON : 1 H - 4 À 6 PERSONNES

1,5 kg d'oignons,
25 cl de sang de porc,
500 g de pommes de reinette,
3 cuillerées à soupe de cassonade,
1/2 cuillerée à soupe de sel fin,
125 g de raisins de Corinthe,
250 g de saindoux,
6 tours de moulin de poivre,
1 bonne pincée de quatre-épices.

Faites tremper les raisins dans de l'eau tiède. Pelez les oignons et coupez-les en dés. Faites chauffer le saindoux dans une grande poêle et mettez-y à fondre les oignons à feu doux (ne les laissez pas colorer), pendant 30 mn en remuant de temps en temps à la cuillère en bois. Pendant ce temps, pelez les pommes, épépinez-les et râpez-les. Ajoutez-les aux oignons ainsi que les raisins égouttés et laissez cuire encore 30 mn. Quand la cuisson est terminée, assaisonnez, ajoutez la cassonade et versez le sang. Mélangez le tout et donnez un bouillon. Servez aussitôt dans des assiettes préalablement chauffées. Accompagnez de pommes fruits en purée ou en quartiers sautés dans de la matière grasse, ou encore de pommes de terre frites.

Mon conseil : vous commanderez le sang de porc chez votre boucher et vous pourrez même le congeler. Vous pourrez également multiplier les quantités, et garder le boudin en barquettes dans votre congélateur 2 ou 3 mois.

LAPIN AUX PRUNEAUX

PRÉPARATION : 25 MN - CUISSON : 1 H - 6 PERSONNES

**1 lapin de 1,2 kg,
1 cuillerée à soupe
de margarine végétale,
2 cuillerées à soupe d'huile
de pépins de raisin,
12 oignons de Mulhouse ou
1 gros oignon coupé en dés,
1 bouquet garni + persil,
1 grosse cuillerée à soupe
de farine,
1 livre de pruneaux,
1/2 l d'eau,
6 tours de moulin à poivre,
1/2 cuillerée à café de sel,
250 g de lard frais
coupé en bâtonnets,
1 bouteille de vin assez corsé
genre côtes-du-Rhône.**

Faites chauffer la matière grasse dans une cocotte à fond épais et mettez-y à rissoler les morceaux de lapin de tout côté (saisissez-les, puis baissez le feu) pendant 1/4 h (ne négligez pas cette opération !). Débarrassez les morceaux bien dorés dans un plat annexe et remplacez-les par les oignons et les lardons que vous laisserez bien dorer également. Remettez alors dans la cocotte le lapin, saupoudrez de la farine, mélangez et arrosez du vin. Portez à ébullition et flambez. Quand les flammes sont éteintes, salez, poivrez, ajoutez le bouquet garni et les pruneaux non dénoyautés. Laissez cuire 1 h à feu doux (2 h pour un lapin plus vieux). Au moment de servir, dressez les morceaux de lapin dans un plat de service chaud ; répartissez au-dessus oignons, lardons et pruneaux et nappez le tout de sauce, après avoir ôté le bouquet garni. Accompagnez de pommes vapeur persillées ou de pommes en l'air remplies de gelée de groseille, et servez le reste de la sauce en saucière.

Mon conseil : vous pouvez utiliser de la poitrine fumée et cuisiner de la même façon un lapin de garenne. La sarriette remplace très bien le thym.

BOEUF MIROTON

PRÉPARATION : 20 MN - CUISSON : 25 MN - 6 PERSONNES

**600 g de bœuf bouilli,
1 bel oignon,
20 g de farine,
40 g de margarine végétale,
1/2 l de bouillon,
6 tours de moulin à poivre,
1 bouquet garni,
60 g de cornichons.**

Autrefois, c'était le sacro-saint repas du lundi, quand on avait mangé le "bouillon" la veille.

Dans une casserole à fond épais, faites fondre la matière grasse et mettez-y à dorer l'oignon grossièrement haché ; remuez à la cuillère en bois. Quand il a pris couleur, saupoudrez-le de la farine, mélangez quelques secondes et arrosez du bouillon. Tournez encore quelques minutes à feu moyen, puis ajoutez le bœuf coupé en cubes, le bouquet garni, les cornichons détaillés en rondelles et le poivre. Laissez mijoter à couvert 15 mn environ. Servez très chaud après avoir ôté le bouquet garni et accompagnez de pommes de terre vapeur ou de pommes de terre frites.

Mon conseil : je saupoudre le "miroton" de persil haché et de pluches de cerfeuil avant de le présenter. Je ne sale pas car le bouillon l'est déjà, mais vous pouvez le faire si vous êtes amateur de sel. Vous pouvez éventuellement utiliser du bouillon en cubes.

Soupe des hortillonnages (Picardie p. 29)

Saint-Honoré (Ile-de-France p.43)
et Gâteau Crécy (Ile-de-France p. 42)

Andouille à l'oseille (Normandie p. 48)

Lapin au cidre (Normandie p. 50)

POT-AU-FEU DE LANGUE DE BŒUF

PRÉPARATION : 3 H DE DÉGORGEMENT + 30 MN - CUISSON : 3 H - 6 PERSONNES

1 langue de bœuf de 1,8 à 2 kg,
1 os à moelle,
3 l d'eau,
6 carottes,
6 gros poireaux,
1 oignon piqué de 3 clous de girofle,
1 bouquet garni (avec persil),
1 boule de céleri,
1 poignée de sel marin,
6 grains de poivre,
1 verre de vinaigre.

Sauce :
10 échalotes hachées,
6 cuillerées à soupe de persil haché,
125 g de beurre,
2 cuillerées à soupe de vinaigre.

Faites dégorger la langue pendant 3 h dans de l'eau froide vinaigrée. Rincez-la, épongez-la et plongez-la dans une bonne quantité d'eau bouillante. Laissez bouillir 30 mn et égouttez-la. Préparez le court-bouillon : dans la marmite, versez l'eau, salez et poivrez, ajoutez l'oignon, le bouquet garni, 1 carotte, 1 poireau, 1 morceau de céleri. Dès l'ébullition, plongez la langue et l'os. Ecumez et laissez cuire en maintenant l'ébullition et en rectifiant toujours le niveau de l'eau (avec de l'eau chaude). Pendant ce temps, épluchez et lavez tous les légumes. Liez les poireaux, les carottes et le céleri (coupés en bâtonnets) en fagots. Au bout de 2 h de cuisson, ajoutez les fagots de légumes et laissez cuire encore 1 h. Epluchez les échalotes et hachez-les finement au couteau (le hachoir électrique développe leur amertume) ; équeutez, lavez et hachez le persil et mettez-les séparément dans deux raviers. Quand la langue est cuite, égouttez-la, débarrassez-la de sa peau et coupez-la en tranches que vous dresserez au centre du plat de service chaud et que vous entourerez des fagots de légumes déficelés. Présentez le plat accompagné des deux raviers d'échalotes et de persil et d'une saucière contenant le beurre fondu, très légèrement doré et arrosé du vinaigre. Chaque convive saupoudrera à sa convenance le contenu de son assiette du hachis d'échalotes et de persil et arrosera le tout du beurre fondu.

Mon conseil : vous pouvez réduire la cuisson des légumes à 30 mn si vous les préférez un peu fermes.

HARICOT DE MOUTON

PRÉPARATION : 30 MN + 3 H DE TREMPAGE - CUISSON : 2 H - 6 PERSONNES

1 kg de mouton en morceaux (collier, épaule, haut de côtes ou poitrine),
30 g de margarine végétale,
3 cuillerées à soupe d'huile de pépins de raisin,
10 oignons de Mulhouse ou 1 gros oignon émincé,
1 cuillerée à soupe de farine,
1/2 l d'eau,
1/2 cuillerée à café de sel,
6 tours de moulin à poivre,
1 carotte,
1 bouquet garni,
2 gousses d'ail,
500 g de haricots blancs secs,
2 tomates,
1 bel oignon piqué de 2 clous de girofle,
1 bouquet garni,
1 poignée de sel gros.

Faites tremper les haricots 3 ou 4 h dans de l'eau froide ; égouttez-les, puis plongez-les dans une grande quantité d'eau froide salée, avec les tomates, l'oignon et le bouquet garni. Faites cuire pendant 1 h 30 environ à couvert. Salez à mi-cuisson. Pendant ce temps, faites chauffer la matière grasse dans une cocotte à fond épais et faites-y rissoler vos morceaux de viande sur toutes leurs faces (saisissez-les puis baissez le feu) pour qu'ils soient bien dorés. Retirez-les et remplacez-les par les oignons pelés que vous ferez également dorer. Otez alors la moitié de la matière grasse contenue dans la cocotte, remettez les morceaux de viande, saupoudrez de la farine, remuez le tout et arrosez de l'eau tiède pour recouvrir la viande. Salez et poivrez. Ajoutez la carotte pelée et coupée en fines rondelles, l'ail haché et le bouquet garni. A partir de l'ébullition, laissez cuire à couvert et à feu doux pendant 1 h. Egouttez les haricots cuits (ôtez le bouquet garni), ajoutez-les au contenu de la cocotte, et prolongez le mijotage 1 h. Dressez la viande autour d'un plat de service chaud, rond et creux, versez au centre, en dôme, les haricots ; nappez de sauce et servez aussitôt.

Mon conseil : vous pouvez remplacer l'eau par du bouillon de volaille, et pour gagner du temps, faites cuire les haricots en autocuiseur (30 mn suffisent).

BETTERAVE CONFITE AU VINAIGRE

PRÉPARATION : 15 MN - CUISSON : 1 H (MARMITE À PRESSION)

1 kg de betteraves rouges,
1 l de vinaigre d'alcool,
6 petits oignons,
2 clous de girofle,
1 feuille de laurier,
2 morceaux de sucre,
1 poignée de sel gros,
grains de poivre.

Faites cuire les betteraves à l'eau salée, au four ou à la vapeur, selon votre goût. Pelez-les, coupez-les en dés ou en rondelles. Disposez-les dans des bocaux à fermeture hermétique (choisissez la contenance selon vos besoins) en alternance avec les aromates. Tassez bien le tout, sucrez, et remplissez avec le vinaigre. Fermez et gardez à l'abri de la lumière de préférence.

Mon conseil : vous pourrez manger ces betteraves en salade ou les utiliser comme condiment avec le bœuf bouilli par exemple.

CHOU ROUGE MIJOTÉ

PRÉPARATION : 10 MN - CUISSON : 1 H 30 À 2 H - 6 PERSONNES

1 chou rouge moyen,
3 oignons,
100 g de margarine végétale ou de saindoux,
sel, poivre,
bouquet garni.

Otez les premières feuilles du chou ainsi que les côtes dures et découpez-le en lanières fines que vous laverez et égoutterez. Dans la cocotte, faites fondre la matière grasse, jetez-y les oignons finement émincés et laissez-les dorer. Ajoutez alors les lanières de chou, mouillez de deux bons verres d'eau, salez à votre goût, poivrez largement, ajoutez le bouquet garni et laissez mijoter à couvert 1 h 30 à 2 h. Accompagne les côtes ou le rôti de porc.

Mon conseil : vous pouvez remplacer l'eau par de la bière ou du bouillon de volaille.

COQUILLES DE NOËL OU "COUQUES"

PRÉPARATION : 30 MN + 2 H DE REPOS - CUISSON : 20 MN - 12 COUQUES

500 g de farine,
125 g de beurre,
100 g de crème fraîche,
3 œufs (2 jaunes + 1 entier),
25 g de levure fraîche,
1 verre de lait tiède,
125 g de raisins de Corinthe,
2 cuillerées à soupe de sucre.

On les mange comme des petits pains au déjeuner, ou au goûter, le jour de Noël, tartinés de beurre et (ou) de gelée de groseille.

Délayez la levure dans le lait. Dans une terrine, versez la farine en fontaine. Mettez au centre le beurre ramolli, la crème, les œufs, la levure délayée dans le lait, les raisins de Corinthe et le sucre. Du bout des doigts, travaillez cette pâte pour obtenir une boule non collante que vous laisserez lever à chaleur tiède pendant 2 h. (Prenez soin de couvrir la terrine d'un linge propre et évitez les courants d'air.) Quand la pâte a doublé de volume, farinez-vous les mains et détachez-en des boulettes de la grosseur d'une orange ; façonnez-les en boudins que vous pincerez légèrement à 2 cm de chaque extrémité, entre le pouce et l'index. Posez ces couques sur une plaque beurrée, dorez-les au blanc d'œuf battu et faites-les cuire à four préchauffé, thermostat 5/6, pendant 20 mn.

Mon conseil : ces couques se conservent quelques jours, vous pouvez donc multiplier les proportions. N'ayez crainte, tout disparaîtra !

DARTOIS OU GÂTEAU D'ARTOIS

PRÉPARATION : 15 MN + 20 MN DE REPOS - CUISSON : 20 MN - 6 PERSONNES

Pâte feuilletée rapide :
250 g de farine,
200 g de beurre,
1 cuillerée à café rase de sel fin,
1 verre d'eau (10 cl).

Crème frangipane :
80 g de poudre d'amandes,
80 g de sucre en poudre,
30 g de beurre,
1 jaune d'œuf,
1/2 verre de rhum.

Préparez la crème frangipane : mélangez les amandes en poudre avec le sucre puis ajoutez le jaune d'œuf, le beurre ramolli et le rhum. Travaillez le tout à la cuillère en bois pour obtenir une crème lisse que vous laisserez reposer un peu pendant que vous préparerez la pâte. Dans une terrine, versez la farine en fontaine. Dans le puits, mettez le sel, puis incorporez l'eau en plusieurs fois. Formez une pâte bien homogène que vous roulerez en boule. Laissez-la reposer 20 mn puis étalez-la sur une surface farinée en une abaisse d'1/2 cm environ. Recouvrez toute la surface de l'abaisse de la moitié du beurre détaillé en lamelles (il doit être à la température ambiante). Roulez alors la pâte sur elle-même pour en former un cylindre du diamètre d'un rouleau à pâtisserie. Tournez ce cylindre de pâte dans le sens vertical et aplatissez-le. Reformez le cylindre et recommencez l'opération 2 fois. Etendez ensuite la pâte en une abaisse assez fine, recouvrez de beurre, roulez et étalez encore 2 fois (toujours selon le même processus). Découpez dans la pâte étalée sur 1/2 cm d'épaisseur 2 bandes de 10 cm de large. Mouillez d'eau une des 2 bandes sur toute sa surface et étalez-y la crème en laissant un bord de 1 cm. Posez au-dessus la deuxième bande et appuyez bien sur les bords pour les souder. A l'aide de la pointe d'un couteau, déterminez les parts à l'avance. Dorez au jaune d'œuf et faites cuire à four préchauffé thermostat 7 pendant 15 à 20 mn.

Mon conseil :cette manière de faire la pâte qui prend tout juste 15 mn après le temps de repos, donne un très bon feuilletage.

GÂTEAU DE SAINT-NICOLAS

PRÉPARATION : 15 MN + 1 H DE REPOS - CUISSON : 15 MN - 8 PERSONNES

250 g de farine,
250 g de cassonade,
125 g de beurre,
2 œufs,
1 cuillerée à café de vanille (liquide ou en poudre).

"Saint-Nicolas, patron des écoliers, apporte-nous du sucre dans nos souliers..." Tous les enfants chantent ce refrain le 6 décembre.

Dans une terrine, mettez la farine, le beurre coupé en cubes (à température ambiante), la cassonade, les œufs battus en omelette, et la vanille. Travaillez le tout à la main pour obtenir une pâte homogène et assez ferme. Mettez-la en boule et laissez-la reposer 1 h. Etalez-la alors au rouleau sur une épaisseur de 3 mm environ et découpez au couteau ou à l'emporte-pièce différentes formes (cœurs, losanges, étoiles, etc.). Déposez ces petits gâteaux sur une plaque huilée, ou beurrée, et faites-les cuire à four préchauffé thermostat 7. Quand ils sont cuits, ils sont bien bruns.

TALIBURE

PRÉPARATION : 25 MN + FERMENTATION - CUISSON : 30 MN - 8 PERSONNES

250 g de farine,
100 g de beurre,
2 cuillerées à soupe de sucre en poudre,
1 bonne pincée de sel,
1 œuf,
800 g de pommes,
150 g de cassonade blonde.

Levain :
2 cuillerées à soupe de lait tiède,
1 cuillerée à soupe de sucre fin,
1 cuillerée à soupe de farine,
10 g de levure de boulanger.

Préparez d'abord le levain en en mélangeant tous les éléments et laissez-le fermenter 40 mn. Dans une terrine, versez la farine ; creusez un puits au centre dans lequel vous verserez le beurre ramolli, le sucre, le sel, l'œuf battu et le levain. Mélangez bien le tout et battez ensuite la pâte à la main jusqu'à ce qu'elle ne colle plus. Divisez-la en 2 parts égales et façonnez 2 boules. Etalez-en une au rouleau et foncez-en un moule beurré (30 cm de diamètre). Laissez reposer à température ambiante 30 mn. Pendant ce temps, pelez, épépinez, coupez en quartiers les pommes, et chaque quartier en tranches assez épaisses. Saupoudrez le fond de tarte de sucre en poudre, et recouvrez-le des pommes que vous saupoudrerez de la cassonade. Etalez alors la 2e boule et recouvrez-en les fruits en ayant soin de bien souder (à l'eau froide) les bords de pâte (fond et couvercle). Enfournez à four préchauffé thermostat 7 pendant 30 mn environ.

Mon conseil : badigeonnez le couvercle de pâte d'un jaune d'œuf battu dans un peu d'eau. Les pommes peuvent être remplacées par des poires.

VIN CHAUD

CUISSON : 15 MN

1/2 l de vin corsé (côtes-du-rhône, corbières),
100 g de sucre,
1 clou de girofle,
1/2 feuille de laurier,
1 pincée de noix muscade râpée.

Mettez tous les ingrédients dans une casserole et faites chauffer en remuant à la cuillère en bois jusqu'à ce que le sucre soit fondu. Augmentez alors la chaleur ; quand le vin bout, flambez les vapeurs d'alcool et laissez brûler jusqu'à ce que les flammes disparaissent. Passez au chinois et servez aussitôt.

Mon conseil : vous pouvez remplacer le laurier par de la cannelle (en bâton ou en poudre) et aussi ajouter 1/2 zeste d'orange.

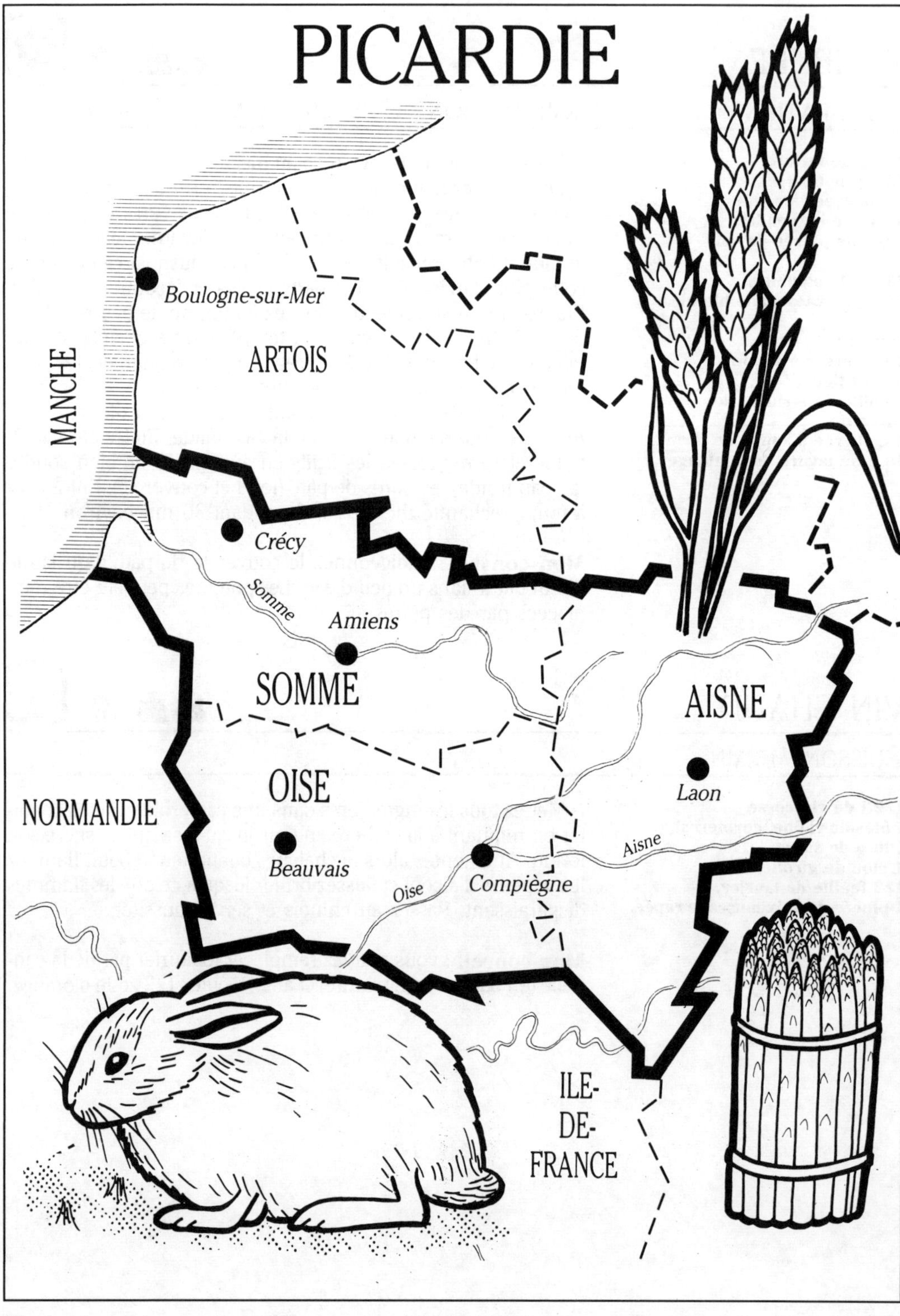

PICARDIE
Boulogne-sur-Mer
ARTOIS
MANCHE
Crécy
Somme
Amiens
SOMME
AISNE
OISE
Laon
NORMANDIE
Beauvais
Compiègne
Aisne
Oise
ILE-
DE-
FRANCE

EN PICARDIE

TRAVERSANT rapidement le pays picard du nord au sud, le voyageur pressé d'arriver à Paris est frappé par la monotonie des paysages uniformes et l'autoroute A1, qui abrège le temps du parcours, renforce encore cette impression.

Pour mieux connaître la Picardie, il faut descendre le fleuve, épine dorsale du département, à qui il a donné son nom et qu'il traverse du sud-est au nord-ouest où il finit dans la Manche, par un large estuaire. Coulant dans une plaine aux vallées à fleur de terre, la Somme, l'Avre, l'Ancre, la Noye, la Celle, la Nièvre, la Bresle et l'Authie sont des rivières paresseuses aux eaux somnolentes qui ne semblent aller nulle part.

Avec elles, vous découvrirez une Picardie terrienne et besogneuse, l'univers agricole des plateaux où dans la mosaïque des champs tout en longueur, le tracteur trace ses longs sillons avec, accroché à lui, la traîne frissonnante des oiseaux.

Vous pénétrerez dans le royaume des eaux où fleuve, rivières, étangs, trous d'eaux se succèdent et s'entremêlent et sur lesquels glissent les longues barques plates — relevées aux deux extrémités — des hortillonnages du pays amiénois.

En abordant les "bas champs" du Marquenterre, où les terres gagnées sur la mer offrent une étendue couverte de prairies et de champs cultivés parsemés de marais et d'étangs, vous entrerez dans le domaine de la mer et des oiseaux.

Le fleuve le partage en deux parties, le Ponthieu au nord et le Vimeu au sud qui, éloignés des grandes voies de communication, ont évolué moins vite que l'ensemble de la région. C'est la Picardie traditionnelle avec ses usages, ses traditions et son parler, le pays vert des forêts de Crécy et d'Eu et le bocage qui rappelle le Boulonnais et la Normandie.

On y élève moutons, porcs et vaches laitières, et on y cultive betteraves, plantes fourragères, légumes et lin. Bien que florissantes, les exploitations y sont plus petites que dans le Vermandois et le Santerre.

Large seuil qui ouvrait aux invasions la route de Paris et dont les cimetières militaires rappellent les épreuves passées, c'est le pays plat des céréales, des pommes de terre et de la betterave sucrière. Les champs y étalent la richesse de leurs moissons que symbolisent les hautes tours des silos à blé. Les troupeaux s'engraissent à l'intérieur des étables et la saison arrivée, la population entière semble vivre à l'heure du sucre. Economie... telle est la devise des paysans. Ainsi la potée, la soupe au lard où viande et légumes cuisaient ensemble donnant la possibilité de trois repas : la soupe, le lard chaud avec les légumes "du rassacage" et le lard froid que l'on mangeait avec des pommes de terre et de la salade. Les haricots, à cause d'un temps de cuisson différent, étaient cuits dans un pot posé sur les braises, à côté de la grande marmite en fonte. On y ajoutait sans cesse le jus de la soupe au lard au fur et à mesure de l'évaporation.

On pratiquait l'élevage du lapin mais il y avait peu de volaille à la ferme. La faible superficie des terres emblavées faisait que le fermier n'aimait pas que l'on aille au grenier pour y prendre le grain, qui était réservé à la vente et constituait une des ressources de l'exploitation.

Le meunier passait chercher le grain et apportait la farine dont on avait besoin.

La volaille était donc le mets des jours de fête. Le veau, qui prend actuellement une grande place dans l'élevage picard, était la viande du jour de l'Ascension ; tradition suivie aujourd'hui encore. C'était le porc qui fournisssait l'essentiel de l'alimentation.

Avant les durs travaux, les commis de ferme prenaient un déjeuner consistant : hareng saur grillé, ou tranche de lard et œufs, ce qui était peu encore, comparé au "repas de batteuse" où la table restait garnie toute la journée.

Le matin, on mangeait des pommes de terre à la pelure, toute chaude avec du pâté, pour se réchauffer et se mettre en train. A 10 heures, c'était le pâté, à nouveau, puis le camembert, le cidre et la "bistouille".

Le midi, on apportait sur la table le pot au feu et son bouillon qui avait mijoté toute la matinée.

Vers 4 heures de l'après-midi, à la dernière pause de la journée, fromage, confiture, cidre et bistouille redonnaient courage aux hommes couverts de poussière et de paille.

Pendant ce temps, la maîtresse de maison préparait la fricassée de lapin et de pommes de terre qu'elle servait au repas du soir.

Le paysan picard, très attaché à sa terre, s'est adapté à la diversité des pays qui constituent la Picardie.

Curnonsky disait que la Picardie était une immense exploitation agricole.

Le climat et les terres alluviales, le travail acharné des hommes, ont fait des hortillonnages une réserve bisannuelle de légumes frais qui entrent dans de nombreuses recettes régionales. On récolte abondamment asperges, haricots, artichauts, carottes, choux, oignons, pommes de terre hâtives, fraises, tomates et petits pois sans oublier le poireau, qui est l'asperge du pauvre.

L'usine de conserverie Bonduelle, qui fait aujourd'hui partie du paysage, montre l'importance de la production maraîchère.

L'élevage des bovins, moutons, porcs, volailles et lapins fournit la matière première à la confection de plats succulents comme le lapin au blanc à la picarde, le "caghuse" et le renommé pâté de canard d'Amiens.

Il faut souligner l'effort réalisé par les éleveurs pour commercialiser le veau picard, nourri au pis, et qui donne une chair rosée et saine.

Les nombreuses rivières sont riches en brochets, anguilles et truites mais la partie maritime de la région, la baie de la Somme, est le paradis des pêcheurs et des chasseurs.

Le pêcheur de crevettes y pousse devant lui son grand filet, appelé "pousseux" ou, courbé vers le sable, il ramasse les hénons, quand il n'installe pas ses hameçons pour attraper les poissons plats qui abondent.

Surnommée la "Camargue du Nord", la baie sert de refuge et d'étape lors des migrations saisonnières vers le sud. Installés sur les bandes de terre gagnées sur la mer ou tapis dans un trou recouvert d'une bâche, les chasseurs guettent le passage du gibier.

La chasse à la hutte reste la plus sophistiquée de toutes. Abri plus ou moins confortable, la hutte, bâtie auprès d'un plan d'eau où l'on a placé des canards entravés qui servent d'"appelants", accueille plusieurs chasseurs qui passent la nuit à attendre colverts, chevaliers, oies et canards sauvages, vanneaux et bécassines.

La mer apporte ses richesses : terrines de poisson, harengs, "saurets", filets de soles, matelotes de congre et caudières du pêcheur font les délices des tables picardes.

Terre de blé et d'orge, on retrouve en Picardie le goût des gâteaux et de la bière. Bien qu'entité particulière serrée entre les pays de Flandre, d'Artois et d'Ile-de-France, le pays picard est bien ancré au nord de la France dont il possède ressources et façon de vivre.

SOUPE DES HORTILLONNAGES

PRÉPARATION : 15 MN - CUISSON : 45 MN - 6 PERSONNES

2 l d'eau ou de bouillon de viande,
600 g de poireaux (sans trop de vert),
200 g de chou vert,
200 g de petits pois écossés,
200 g de pommes de terre,
1 beau cœur de laitue,
1/2 botte de cresson,
60 g d'oseille,
1 grosse poignée de cerfeuil,
1 poignée de sel gros,
10 grains de poivre,
100 g de margarine végétale,
12 tranches de baguette rassies ou séchées à l'entrée du four.

Nettoyez, épluchez et lavez tous les légumes. Dans une marmite contenant 80 g de margarine végétale fondue, faites suer les poireaux émincés. mouillez-les avec le liquide choisi, assaisonnez et portez à ébullition. Coupez le chou (sans le trognon et les côtes dures) en fines lanières, émincez les pommes de terre et ajoutez-les dans la marmite ainsi que les petits pois. Laissez mijoter 45 mn environ. Pendant ce temps, détachez des tiges, les feuilles de la laitue, du cresson, de l'oseille et du cerfeuil. Ciselez-les et faites-les fondre dans le reste de la matière grasse. Pour servir, mettez les croûtons dans la soupière, versez dessus le potage très chaud, auquel vous aurez ajouté les feuilles d'herbes étuvées.

Mon conseil : ne prolongez pas trop la cuisson afin que les légumes gardent leur saveur.

FICELLES PICARDES

PRÉPARATION : 40 MN + 1 H DE REPOS - CUISSON : 30 MN - 6 PERSONNES

Pâte à crêpes :
125 g de farine,
2 œufs,
25 cl de lait,
4 g de sel,
30 g d'huile ou de margarine végétale.

Sauce Béchamel :
30 g de margarine végétale,
30 g de farine,
25 cl de lait,
1 pincée de sel,
1 pincée de poivre de Cayenne,
1 pincée de noix muscade,
25 cl de crème fraîche,
100 g de gruyère râpé.
4 fines tranches de jambon (80 g).

Duxelle :
60 g de margarine végétale,
500 g de champignons de couche,
50 g d'oignons,
2 cuillerées à soupe de persil haché,
1 jus de citron.

Des crêpes farcies, longues et roulées serré, d'où leur nom de "ficelles".

Dans une terrine, mélangez tous les éléments de la pâte au fouet à main jusqu'à ce qu'elle soit bien homogène. Laissez-la reposer 1 h au frais. Pelez les oignons et hachez-les. Nettoyez, lavez, émincez et citronnez les champignons. Dans une poêle, faites fondre la matière grasse de la duxelle et mettez-y à dorer les oignons. Ajoutez ensuite les champignons et laissez-les rendre leur eau de végétation en les remuant de temps en temps. Quand toute l'eau est évaporée, ajoutez le persil et le jambon coupé en petits morceaux. Laissez en attente. Dans une casserole, préparez la sauce. Faites un roux blond avec la farine et la margarine végétale et mouillez-les avec le lait froid en 2 fois, sur feu doux, sans cesser de remuer ; assaisonnez et laissez épaissir 5 mn (en tournant toujours). Ajoutez alors la crème et le fromage et mélangez bien le tout. Versez une petite moitié de cette sauce dans la duxelle. Faites cuire aussitôt les crêpes dans une large poêle. Farcissez-les du mélange sauce-duxelle, roulez-les bien serré et rangez-les dans un plat à gratin graissé. Nappez-les dans la sauce restante et faites-les gratiner à four très chaud (250° C ou thermostat 9) 10 mn environ. Servez aussitôt.

ANGUILLE DU HOURDEL

PRÉPARATION : 15 MN - CUISSON : 30 MN - 6 PERSONNES

1,5 kg d'anguilles,
125 g de margarine végétale,
150 g d'oignons "grelots",
1 poignée de persil,
3 jaunes d'œufs,
3 cuillerées à soupe de vinaigre de cidre
3 pincées de sel,
5 tours de moulin à poivre.

Dépouillez les anguilles et videz-les. Coupez la tête et la queue et lavez-les à l'eau courante. Essuyez-les avec du papier-linge et coupez-les en tronçons de 5 cm environ que vous assaisonnerez. Pelez les oignons. Dans une cocotte à fond épais de préférence, faites rissoler dans la matière grasse chaude les tronçons d'anguilles et les oignons. Quand tout est bien doré, mouillez d'eau chaude à hauteur, ajoutez le persil en bouquet, couvrez et laissez cuire 25 mn. Ôtez alors le persil. Égouttez le poisson et les oignons et tenez-les au chaud. Battez au fouet les jaunes d'œufs dans le vinaigre et, hors du feu, liez le jus de cuisson des anguilles avec cette préparation. Versez la sauce obtenue sur les tronçons d'anguilles et servez aussitôt, après avoir rectifié l'assaisonnement au besoin. Accompagnez de pommes vapeur.

Mon conseil : il est important de prendre le temps de bien faire dorer le poisson (saisir à feu vif et continuer à feu modéré). Vous pouvez saupoudrer de persil et cerfeuil hachés avant de présenter le plat.

CABILLAUD À LA BOULONNAISE

PRÉPARATION : 20 MN - CUISSON : 30 MN - 6 PERSONNES

1,2 kg de cabillaud,
1 cuillerée à soupe de margarine végétale,
1 cuillerée à soupe d'huile de pépins de raisins,
jus d'1 citron,
1 verre de vin blanc sec,
2 beaux oignons,
3 tomates,
1 feuille de laurier,
2 brins de thym
2 branches de persil,
3 pincées de sel,
4 tours de moulin à poivre,
2 cuillerées à soupe bombées de chapelure).

Selon les goûts ou les circonstances, le cabillaud peut être remplacé par de la daurade, du colin, de la sole ou du turbot.

Nettoyez, lavez et essuyez le poisson, et posez-le dans un plat à gratin préalablement enduit de margarine. Arrosez-le d'huile ; assaisonnez-le. Pelez les oignons et coupez-les en rondelles ainsi que les tomates et entourez-en le cabillaud (alignez quelques rondelles d'oignon sur son dos). Ajoutez la feuille de laurier cassée en morceaux, le thym et le persil. Arrosez du jus de citron et du vin blanc. Faites cuire à four préchauffé, thermostat 6/7 pendant 25 à 30 mn selon l'épaisseur du morceau, en ayant soin de l'arroser souvent, avec le jus rendu. Pour que la présentation soit plus jolie, 10 mn avant la fin de la cuisson, saupoudrez de la chapelure. Servez très chaud dans le plat de cuisson avec des pommes de terre vapeur ou frites.

CAUDIÈRE D'EL BONN' IAUWE

Préparation : 30 mn - Cuisson : 25 mn - 6 Personnes

**6 tranches de cabillaud de 150 g chacune,
1 morceau de congre de 400 g,
1 rouget-grondin de 1 kg,
1 l de moules de bouchot,
4 oignons moyens,
3 gousses d'ail,
1 kg de pommes de terre à chair ferme (genre Belle de Fontenay, Sterling),
1 bouquet garni + persil,
1 poignée de sel gros,
quelques croûtons frits,
6 tours de moulin à poivre,
1 jaune d'œuf,
1 verre de crème fraîche.**

Le poisson à la "bonne-eau" ou "eau de sel" était simplement cuit dans une grande quantité d'eau salée, servi avec des branches de persil et quelquefois nappé de sauce. La recette a depuis été améliorée ; il est bon cependant de la réaliser dans un chaudron de fonte.

Ébarbez, videz, nettoyez les poissons et coupez-les en tronçons de 5 cm. Pelez et émincez les oignons et tapissez-en le fond d'une marmite assez large. Recouvrez-les des pommes de terre pelées, lavées et coupées en tranches de 3 mm d'épaisseur ; ajoutez l'ail pelé et légèrement écrasé et le bouquet garni. Posez au-dessus les tronçons de congre et de rouget. Mouillez à hauteur, d'eau, salez et poivrez ; couvrez, portez à ébullition à feu vif et laissez cuire 20 mn. 8 mn avant la fin de la cuisson, ajoutez le cabillaud. Pendant ce temps, nettoyez et lavez les moules à l'eau courante plusieurs fois pour en extraire tout le sable. Faites-les sauter à feu vif dans une casserole. Quand elles sont ouvertes, ôtez-les de leurs coquilles et mettez-les dans une grande soupière de service que vous tiendrez au chaud. Passez le jus qu'elles ont rendu au chinois. Quand la "caudière" est cuite, ôtez délicatement les poissons et posez-les sur les moules. Égouttez pommes de terre et oignons, mettez-les dans un plat de service et gardez-les au chaud. Ôtez le bouquet garni et liez le jus de cuisson avec le jaune d'œuf délayé dans la crème. Versez le bouillon dans la soupière. Présentez la soupière en même temps que le plat de pommes de terre et d'oignons, ainsi qu'une coupelle de croûtons grillés ou frits à l'huile.

Mon conseil : il existe plusieurs recettes de "caudières" ; celle que je vous propose en est une variante. Elle se prépare selon les poissons que l'on trouve sur le marché, mais il est bon de les choisir à chair ferme (rougets-grondins ; dorades ; vives ; congre ; rascasses). Votre "caudière" sera plus "riche" si vous la réalisez avec de la lotte, du flétan ou du turbot dont le coût reste assez élevé.

HARENG AU DIABLE

PRÉPARATION : 15 MN (sans la levée des filets) - CUISSON : 1 H 30 - 4 PERSONNES

1,2 kg de pommes de terre moyennes,
4 harengs fumés "bouffis",
10 gousses d'ail,
farine + eau pour lutage.

C'est une vieille recette paysanne de Picardie peu connue mais excellente et qui vaut la peine d'être réalisée.

Pelez les pommes de terre et coupez-les en cubes. Essuyez-les soigneusement mais ne les lavez pas. Ôtez la peau des "bouffis" et levez les filets (ou faites-le faire par votre poissonnier). Dans la partie inférieure d'un ustensile en terre appelé "diable", disposez les pommes de terre en pyramide sur l'ail non épluché. Posez autour de cette pyramide, de haut en bas, les filets de harengs fumés. Couvrez de la partie supérieure du "diable" et lutez les bords. Enfournez à four froid et augmentez progressivement la température jusqu'au thermostat 9. Laissez cuire alors 1 h 20. Ôtez le lutage et servez dans le récipient de cuisson.

Mon conseil : l'assaisonnement est inutile. Les "bouffis" sont généralement assez salés et gras, et leur saveur communiquée aux pommes de terre suffit à parfumer ce plat auquel l'ail apporte un subtil arôme. Les "diables" sont en vente dans les magasins spécialisés dans les ustensiles de terre cuite.

TRUITE RÔTIE AU POIVRE BOUILLI

PRÉPARATION : 20 MN - CUISSON : 25 MN - 4 PERSONNES

4 belles truites,
3 cuillerées à soupe de farine,
80 g de margarine végétale ou d'huile
(ou un mélange des deux),
8 tours de moulin à poivre,
4 pincées de sel.

Sauce :
1 verre de vin blanc sec,
150 g de champignons,
60 g d'échalotes,
150 g d'oseille,
1 cuillerée à soupe de poivre blanc,
1 pincée de sel.

Liaison :
2 jaunes d'œufs,
10 cl de crème fraîche.

Videz, lavez et épongez les truites. Assaisonnez-les et roulez-les dans la farine sans excès. Faites chauffer la matière grasse dans une poêle et mettez-y à dorer les truites (saisissez-les et baissez ensuite le feu) 8 mn sur chaque face. Dressez-les ensuite dans un plat en terre et gardez-les au chaud. Dans une casserole, mettez-les échalotes pelées et hachées, les champignons lavés et coupés en dés, l'oseille ciselée, le poivre, le sel et arrosez du vin blanc. Faites réduire presque à sec. Mélangez la crème et les œufs, ajoutez-les à la réduction, battez le tout sur feu doux sans laisser bouillir et incorporez 20 g de beurre en tournant pour rendre le tout bien homogène. Nappez les truites de cette sauce et servez aussitôt ou faites gratiner quelques minutes.

Mon conseil : vous pouvez utiliser du poivre vert et les baies — dont on dit qu'il en faut 12 par personne — peuvent êtres concassées.

PÂTÉ DE CANARD D'AMIENS

PRÉPARATION : 1 H 30 + MARINADE - CUISSON : 1 H 50 - 8 PERSONNES

1 canard bien en chair de 1,6 kg,
150 g de jambon cuit,
180 g de lard de poitrine frais,
250 g de lard gras,
200 g de foies de canards,
100 g de pistaches,
20 cl de cognac,
2 œufs,
2 cuillerées à café de sel,
16 tours de moulin à poivre.

Pâte :
380 g de farine,
190 g de margarine végétale,
1 bonne pincée de sel,
10 cl d'eau.

Une célèbre recette de pâté en croûte datant du Moyen Âge dont la confection varie légèrement d'un charcutier ou d'une ménagère à l'autre, chacun gardant jalousement son "secret". Il aurait fait, dit-on, les délices de Madame de Sévigné !

48 heures avant de servir le pâté, ôtez la peau du canard en commençant par le dos et détachez-la des chairs (cela se fait facilement), en l'abîmant le moins possible. Gardez-la au frais. Prélevez ensuite toute la chair des os, en conservant les filets entiers. Coupez en cubes toute la viande, sauf les filets, et mettez le tout dans un plat creux. Arrosez de 10 cl de cognac et laissez mariner au frais jusqu'au lendemain en remuant 2 fois. Le jour de la confection du pâté, préparez la pâte brisée en incorporant la matière grasse à la farine (au couteau ou dans un appareil électrique), salez, arrosez de l'eau et faites une boule que vous laisserez reposer 1 h au frais. Pendant ce temps, hachez à la grille moyenne toute la viande, sauf les filets que vous couperez en bâtonnets sur toute leur longueur. Mettez le hachis dans une terrine, ajoutez les œufs battus en omelette, le sel, le poivre, le cognac restant et mélangez énergiquement le tout à la fourchette pendant 5 mn environ, afin d'obtenir un mélange homogène. Abaissez alors les 2/3 de la pâte au rouleau et tapissez-en une terrine ou un moule en la laissant déborder de 2 cm. Recouvrez la pâte de la peau du canard. Garnissez ensuite d'une couche de farce dans laquelle vous enfoncerez la moitié des pistaches, des bâtonnets de filets alignés, et d'une autre couche de farce truffée du reste des pistaches. Rabattez au-dessus la peau de canard puis les bords de la pâte que vous mouillerez d'eau. Abaissez le 1/3 de pâte restant et posez-le au-dessus de la farce, en guise de couvercle en pinçant les bords avec la pâte du dessous pour souder. Dans les déchets de pâte, découpez des feuilles ou des motifs divers que vous souderez à l'eau sur le dessus. Pratiquez une cheminée et enfournez à four préchauffé thermostat 9, pendant 15 mn. Baissez alors au thermostat 7 et continuez la cuisson pendant 1 h 5. Ôtez du four et entreposez au frais jusqu'au moment de servir. Accompagnez de toasts grillés, de légumes au vinaigre. En plat principal, servez avec des pommes sautées ou frites et une salade verte.

Mon conseil : si la croûte brunissait trop, il faudrait la couvrir en fin de cuisson d'une feuille d'aluminium. Ne tendez pas trop le couvercle de pâte, car, à la cuisson, il gonfle et aurait tendance à se craqueler.

PETITS POIS À LA LAITUE

PRÉPARATION : 40 MN - CUISSON : 35 À 40 MN - 6 PERSONNES

1 kg de petits pois frais,
1 grosse laitue,
150 g de petits oignons blancs,
125 g de margarine végétale,
2 pincées de sel,
4 tours de moulin à poivre,
1 cuillerée à soupe
de sucre semoule.
75 cl d'eau chaude.

Écossez les petits pois, pelez les oignons. Éliminez les feuilles abîmées de la laitue, ainsi que le trognon et coupez-la en 4 quartiers que vous laverez et essorerez soigneusement. Dans un poêlon à fond épais (en fonte ou en terre), faites fondre la matière grasse, et mettez-y à dorer très légèrement les oignons. Ajoutez ensuite la laitue et les petits pois. Assaisonnez, saupoudrez du sucre et arrosez de 75 cl d'eau chaude. Faites cuire à couvert et à feu moyen pendant 20 mn puis continuez la cuisson à découvert pour laisser évaporer la majorité du liquide de cuisson. Servez très chaud dans un légumier avec un beurre persillé après avoir éventuellement rectifié l'assaisonnement.

GÂTEAU BATTU

PRÉPARATION : 30 MN + 2 H DE REPOS - CUISSON : 30 MN - 8 PERSONNES

300 g de farine,
6 g de sel,
25 g de levure de boulanger,
175 g de beurre,
150 g de sucre,
1/4 de verre d'eau tiède,
6 œufs.

Délayez la levure dans l'eau tiède. Versez la farine en fontaine dans une terrine. Mettez dans le puits les œufs battus en omelette, le sel, le sucre et la levure délayée. Faites tomber progressivement la farine dans ce puits et mélangez le tout pour obtenir une pâte élastique que vous travaillerez pendant 1/4 h. Ajoutez alors le beurre en pommade et continuez à travailler en soulevant la masse jusqu'à ce que la pâte se détache du récipient. Beurrez alors largement un moule à cône dit "moule à gâteau battu" et versez-y la pâte au 1/3 de sa hauteur. Couvrez d'un linge humide et laissez lever dans un endroit tiède pendant environ 2 h. Quand la pâte est montée jusqu'à 2 cm du bord du moule, enfournez à four préchauffé thermostat 6, pendant 30 mn. Plantez une aiguille à tricoter au centre du gâteau : si elle en sort sèche, c'est qu'il est cuit.

MACARONS D'AMIENS

PRÉPARATION : 30 MN - CUISSON : 20 MN

250 g d'amandes mondées,
250 g de sucre fin,
4 blancs d'œufs,
3 cuillerées à soupe
de gelée de pommes.

Pilez les amandes avec le sucre pour obtenir une pâte. Ajoutez peu à peu les blancs d'œufs battus en neige très ferme, tout en tournant pour ne pas les casser, puis la gelée. Sur la plaque du four huilée déposez des petits tas de pâte assez espacés et faites-les cuire à feu doux (thermostat 3) pendant 15 à 20 mn.

Mon conseil : vous avez intérêt à battre vos blancs d'œufs dans un bain-marie. Ils seront ainsi plus fermes.

TARTE À LA RHUBARBE

PRÉPARATION : 35 MN + REPOS - CUISSON : 30 MN - 4 À 6 PERSONNES

Pâte :
250 g de farine,
125 g de margarine végétale,
1 bonne pincée de sel,
6 cl d'eau,
500 g de rhubarbe,
125 g de sucre.

Garniture :
1 œuf,
4 cuillerées à soupe de sucre,
70 g de beurre.

Vous pourrez la confectionner toute l'année car la rhubarbe se congèle parfaitement.

La veille au soir, nettoyez votre rhubarbe, coupez-la en tronçons de 1,5 cm que vous mettrez dans un saladier avec le sucre. Mélangez bien le tout et couvrez. La rhubarbe va alors rendre toute son eau de végétation.

Préparez la pâte brisée : versez la farine dans une terrine et au centre la matière grasse coupée en cubes ; salez. Malaxez le tout jusqu'à l'obtention d'une grosse semoule. Versez alors l'eau peu à peu et incorporez-la à la farine beurrée. Roulez le tout en une boule que vous laisserez reposer au frais 30 mn à 1 h. Étalez ensuite votre pâte et foncez-en une tourtière de 26 cm de diamètre. Égouttez très soigneusement les tronçons de rhubarbe dont vous tapisserez le fond de pâte. Faites cuire à four préchauffé thermostat 6/7. Dans un bol, mélangez à la fourchette, l'œuf, le sucre et le beurre à température ambiante et nappez la rhubarbe de cette crème après 20 mn de cuisson. Enfournez encore 10 mn. Sortez du four et laissez refroidir.

Mon conseil : vous pouvez remplacer la garniture par un nappage à la confiture d'abricots. Diluez alors 2 cuillerées à soupe de confiture dans 1 cuillerée à soupe d'eau, faites chauffer et nappez-en la tarte cuite, dès sa sortie du four.

LIQUEUR DE FOURDRAINE

PRÉPARATION : 15 MN - REPOS : 3 MOIS

Fourdraines,
eau-de-vie blanche à 30 ou 40°,
sucre en poudre.

Ce sont des prunelles sauvages que l'on cueille à la fin de l'été, de mi-septembre à début octobre, selon les saisons.

Dans un torchon ou un papier-linge, essuyez les fourdraines juste cueillies. Équeutez-les et remplissez-en aux 2/3 un récipient : bocal, bouteille, etc. Couvrez-les d'eau-de-vie (5 cm au-dessus des fruits), et fermez hermétiquement. Entreposez à la cave ou dans un endroit sombre et frais pendant 3 mois. Passez alors au chinois. Mesurez le volume du jus obtenu et ajoutez 180 g de sucre par litre. Mélangez bien le tout. Versez dans des bocaux hermétiques ou de jolis bocaux et retournez le récipient de temps en temps. Servez bien frais.

Mon conseil : une jolie étiquette décorée "maison" collée sur le flacon ne gâtera rien !

ILE-DE-FRANCE

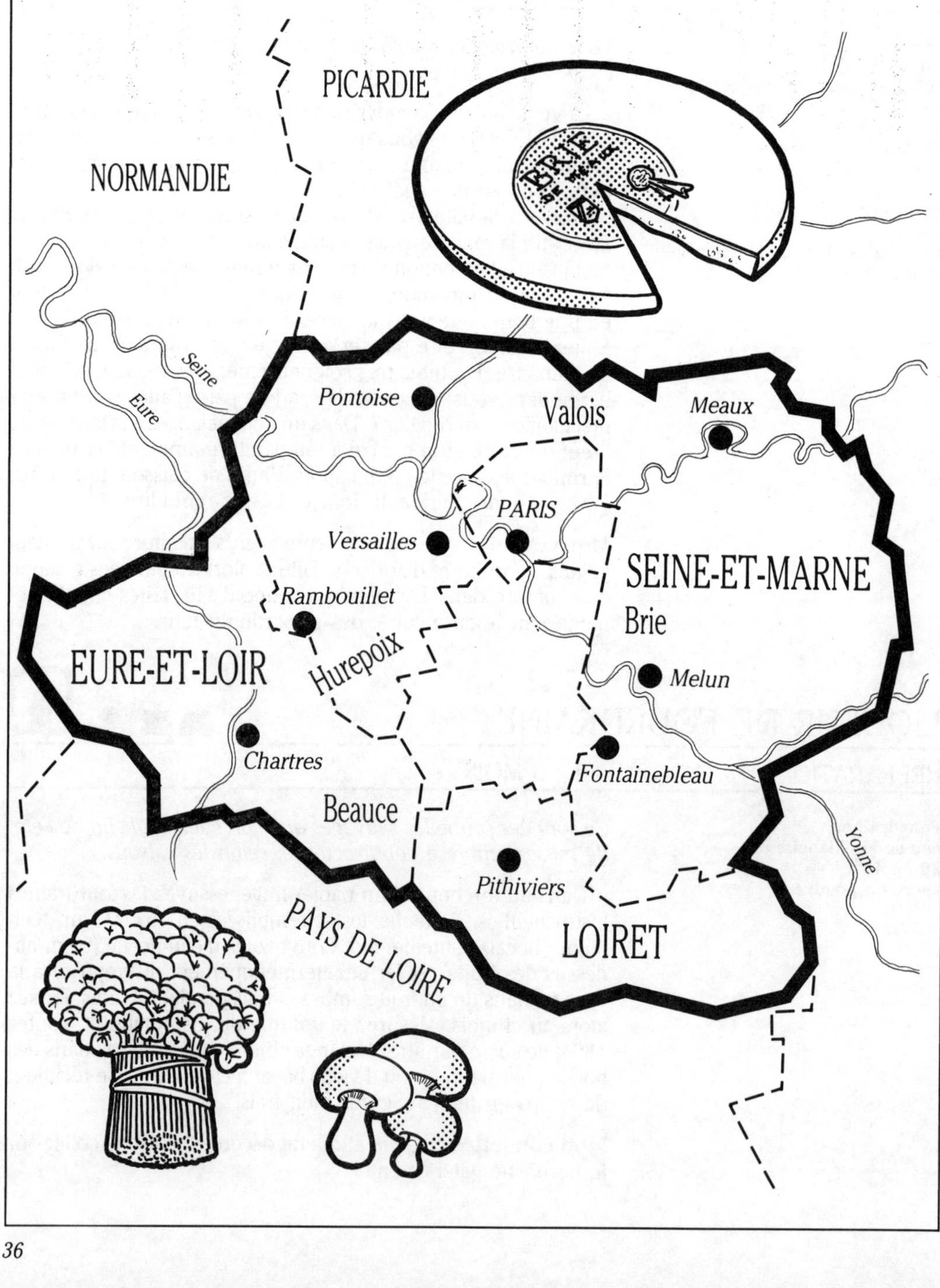

EN ILE-DE-FRANCE

On appelle communément aujourd'hui Ile-de-France la vaste région qui occupe tout le centre du Bassin parisien.

Le relief est mouvementé mais ne dépasse pourtant jamais 200 m.

Les paysages sont variés, de la Beauce, aux perspectives infinies, aux vastes espaces du Valois en passant par le Hurepoix, pays des maraîchages verts, et la Brie aux grandes cultures et aux rivières ombragées, au fond des vallées profondes.

Les rivières, Oise, Marne, Eure mais aussi Ourcq, Petit et Grand Morin, Yvette, Bièvre, Orge, Essonne, tissent autour de Paris une dentelle d'eaux vives qui donne à la région un charme incomparable.

La proximité de Paris et son débordement tentaculaire en usines, autoroutes, cités-dortoirs, grands ensembles, donnent à la paysannerie et à la vie rurale un visage très particulier.

Les domaines de 200 à 400 hectares et la culture du blé, de la betterave et des plantes industrielles exigent des moyens importants.

La ferme beauceronne a des allures de forteresse, au milieu des champs où alternent blé, maïs et orge.

Les villages aux rues désertes montrent combien la vie est repliée sur elle-même.

La nature du sol fait que la Brie présente un autre visage. Si la grande culture reste dominante, la diversité des paysages agraires, les arbres qui entourent fermes et villages, les rivières nombreuses au fond des vallées riantes et la végétation intense la différencient de la Beauce moutonnante des blés.

Le Hurepoix prolonge le plateau beauceron vers Paris et se glisse entre la forêt de Rambouillet et celle de Fontainebleau. Les rivières Juine, Orge et Yvette créent un paysage vallonné et varié. Dans les fonds marécageux, peupleraies et cultures maraîchères font de cette région les jardins de Paris, aux portes même de la capitale.

Au Valois réapparaissent blé et betterave. Les villages s'y sont bâtis au long des vallées et des vallons et les grosses fermes aux allures de manoir s'isolent dans les campagnes ouvertes, s'adossant aux forêts profondes.

Le tout s'équilibre parfaitement et donne une harmonie heureuse à ce pays d'Ile-de-France.

L'Ile-de-France est une entité particulière dans l'histoire du terroir de notre pays.

Région au climat tempéré, sillonnée de nombreuses rivières, couvertes de forêts profondes, Jacques Bonhomme disposait d'une réserve permanente de gibier : lièvres, cerfs, sangliers, gibier à plume et trouvait en abondance noisettes, merises, fraises, prunelles et châtaigniers.

La pêche lui apportait barbeaux, perches, brochets et truites. Il cultivait par ailleurs mille, orge, blé et élevait porcs et volailles. Les plus pauvres mangeaient d'épaisses soupes de légumes enrichies de lard.

Du pain, cuit chaque mois dans le four banal, on faisait des mouillettes que l'on mangeait avec un œuf ou que l'on trempait dans un peu de piquette.

Le pain est blanc, car le son est nécessaire à l'alimentation au bétail.

Mais Paris naît vite de Lutèce. La ville se développe, devient le centre des arts et de la gastronomie. Des corps de métier naissent : charcutiers, poissonniers, et se donnent des lois, des prérogatives. Les ingrédients les plus simples se transforment en mets délicieux.

La Seine, voie fluviale importante, apporte le vin de Bourgogne et les poissons de la Manche : harengs frais parfois, salé ou fumé (le sauret), morue, mais aussi les anguilles du Maine, les brochets de Châlon, les lamproies de Nantes.

La région tout entière est entraînée dans le sillage de Paris, et le monde rural évolue plus rapidement que dans les autres pays de France.

Si le porc reste la viande des plus pauvres, on peut manger du mouton, ce qui était très rare en Artois.

Le dindon et la pintade apparaissent, ainsi que l'artichaut venu d'Italie.

Les légumes poussent à foison dans les terres de Hurepoix et l'on mange spécialement pois verts, pois blancs et salades. On apprend à manger les racines : carottes, navets, salsifis, autrement que bouillies dans la soupe.

On consomme une très grande quantité d'oignons et d'oseille, alors que le chou-fleur est le légume des jours de fête.

La région est riche en arbres fruitiers : pommes, poires, cerises, sont très appréciées.

En avance sur l'ensemble du monde rural, on a trouvé très vite sur les tables paysannes de l'Ile-de-France : pêches, oranges et ananas.

Comme pour les autres terroirs étudiés dans cet ouvrage, la pâtisserie tient une grande place : brioche, savarin, crème Chantilly, saint-honoré, galettes, tarte et tartelette font partie des menus terriens.

Tout en gardant certains caractères régionalistes, la cuisine de l'Ile-de-France a évolué elle aussi sous l'influence de la métropole de la gastronomie qu'est Paris, tant est grande la diversité de ses restaurants et la qualité de ses chefs.

Jardins maraîchers, eaux courantes, forêts étendues et élevage font de l'Ile-de-France un pays de cocagne. Les halles de Rungis offrent 500 places aux seuls producteurs de fruits et légumes de la région. C'est dire leur importance. Certains produits ont atteint une grande renommée. Les haricots d'Arpajon, les tomates de la foire de Montlhéry, les petits pois de Clamart, les carottes de Crécy et les asperges d'Argenteuil sont connus et appréciés.

On cultive le cresson dans les rivières autour de Paris qui nous donnent par ailleurs la perche, le brochet et l'anguille. Le pâté en croûte de Houdan est fait à partir de poulardes qui ont acquis leurs lettres de noblesse.

Les cerises de Fontainebleau, les champignons de culture ainsi que les cèpes, chanterelles et trompettes-de-la-mort de la forêt de Rambouillet apportent leur saveur particulière et enrichissent certaines recettes régionales.

La Brie s'enorgueillit de son fromage au lait de vache entier. Qu'il soit de Meaux, de Provins, de Melun ou de Coulommiers, toujours bien crémeux, il satisfait les goûts les plus raffinés.

En envoyant à Paris les richesses de son terroir, l'Ile-de-France a contribué largement à son rayonnement culinaire.

POTAGE GERMINY

PRÉPARATION : 10 MN - CUISSON : 25 MN - 6 PERSONNES

300 g d'oseille,
60 g de margarine végétale,
2 pommes de terre,
1 cuillerée à café de sel,
3 tours de moulin à poivre,
1,5 l de bouillon de volaille,
2 cuillerées à soupe bombées de crème fraîche épaisse,
2 jaunes d'œufs,
1 bouquet de cerfeuil.

Lavez et essorez les feuilles d'oseille. Coupez-les en chiffonnade que vous ferez fondre dans la matière grasse chauffée à blanc, en même temps que le cerfeuil nettoyé et équeuté. Préparez le bouillon de volaille (à partir de tablettes) et versez-le sur les herbes. Assaisonnez et laissez cuire 10 mn à petits bouillons. Dans une casserole, mélangez au fouet les jaunes d'œufs et la crème fraîche, ajoutez tout en battant 1 louche de bouillon, et sans cesser de battre, laissez épaissir légèrement sur feu doux, en évitant soigneusement l'ébullition. Versez cette liaison dans le potage, mélangez le tout, versez dans une soupière chaude et servez aussitôt.

Mon conseil : si vous préférez un potage plus épais, faites cuire dans le bouillon 200 g de pommes de terre et passez le tout au moulin à légumes. Quelques croûtons seront les bienvenus.

POTAGE SAINT-GERMAIN

PRÉPARATION : 15 MN - TREMPAGE : 2 H - CUISSON : 1 H

250 g de pois cassés,
100 g d'oignons,
200 g de carottes,
1/2 cuillerée à café de sucre,
1 os,
5 tours de moulin à poivre,
1 poignée de sel gros,
1 cuillerée à soupe bombée de crème épaisse.

Faites tremper les pois cassés 2 h dans une bonne quantité d'eau froide. Égouttez-les, mettez-les dans un faitout, couvrez-les d'eau froide (5 cm au-dessus de leur niveau) et amenez à ébullition. Pelez carottes et oignons et coupez-les en dés. Dès l'ébullition, écumez puis ajoutez les dés de carottes et d'oignons, et l'os ; salez, poivrez et laissez cuire encore 1 h à petits bouillons. Ôtez l'os, et passez le potage au moulin à légumes. Si vous le trouvez trop épais, allongez-le d'un peu d'eau et de bouillon ; ajoutez le sucre et la crème, mélangez bien le tout, versez le potage bouillant dans une soupière et servez aussitôt.

Mon conseil : vous pouvez, avant de servir, ajouter des pluches de cerfeuil bien fraîches et accompagner de tranches de pain grillées ou dorées à l'huile.

TALMOUSES

PRÉPARATION : 30 MN - CUISSON : 20 MN - 8 PERSONNES

400 g de pâte feuilletée.

Sauce Béchamel :
25 g de margarine végétale,
25 g de farine,
1/4 l de lait.

Pâte à choux :
1/4 l d'eau,
80 g de beurre,
125 g de farine,
1 pincée de sel,
4 œufs,
150 g de gruyère.

Assaisonnement :
6 tours de moulin à poivre,
1/4 de cuillerée à café de sel.

Si "talmouse" au XVIe siècle signifiait familièrement "gifle", ces petits pâtés triangulaires ne vous en feront pas l'effet d'une.

Faites un roux blond avec la matière grasse et la farine et mouillez-le peu à peu du lait sans cesser de battre au fouet ; laissez cette sauce épaissir quelques minutes et réservez-la. Préparez la pâte à choux : dans une casserole, amenez à ébullition l'eau salée et le beurre. Hors du feu, versez la farine en une fois, remettez sur le feu et tournez avec la cuillère en bois jusqu'à ce que la pâte se détache des parois et forme une boule. Ôtez alors la casserole du feu et ajoutez les œufs entiers successivement (le premier œuf devra être incorporé quand vous ajouterez le second). Cette opération demande de l'« huile de coude ». Mélangez alors sauce, pâte à choux, gruyère râpé et assaisonnez. Étendez la pâte feuilletée sur 3 mm d'épaisseur. Découpez dedans des triangles cannelés, au centre desquels vous poserez une noix de l'appareil et ajouterez quelques dés de gruyère. Relevez les coins en tricorne et soudez-les à l'eau. Dorez la pâte à l'œuf et faites cuire 20 mn à four préchauffé thermostat 6/7. Servez-les brûlants, tels quels, ou accompagnés d'une salade verte bien aillée.

Mon conseil : vous pouvez préparer la pâte feuilletée vous-même, ou la commander chez votre pâtissier, mais la surgelée donne de bons résultats. Une bonne pâte brisée ferait également l'affaire.

GIGUE DE CHEVREUIL RÔTIE

PRÉPARATION : 20 MN + MARINADE - CUISSON : 1 H 30 - 8 PERSONNES

1 gigue ou cuissot de chevreuil de 2,5 kg environ,
15 petits lardons gras,
1/2 cuillerée à café de sel,
6 tours de moulin à poivre,
90 g de beurre ou de margarine végétale,
50 cl de sauce grand veneur.

Après 24 h de mortification, piquez la gigue des lardons et faites-la macérer dans une marinade cuite, pendant 24 h, en la retournant de temps en temps. Le jour du repas, égouttez-la, épongez-la et assaisonnez-la sur ses 2 faces. Placez-la dans un plat à gratin, enduisez-la de matière grasse, et enfournez-la à four préchauffé thermostat 7/8, pendant 1 h 15 à 1 h 30, selon que vous aimez la chair de gibier plus ou moins rosée. Pendant la cuisson, préparez la sauce grand veneur. Présentez la gigue découpée entourée de pommes-fruits pelées, évidées, rapidement cuites à l'eau ou au four, coupées en 2 sur la hauteur et nappées de gelée de groseille, ainsi qu'un légumier de marrons ou de champignons.

Mon conseil : vous pouvez également faire cuire la gigue à la broche en l'arrosant assez souvent. La purée de marrons peut être liée d'une cuillerée à soupe de crème et d'une cuillerée à soupe de beurre.

PETITS POIS DE CLAMART

PRÉPARATION : 30 MN - CUISSON : 45 MN - 6 PERSONNES

2 kg de petits pois frais,
100 g de beurre ou de margarine végétale,
1 gros cœur de laitue,
15 petits oignons "grelots",
1/2 botte de cerfeuil,
10 brins de ciboulette,
5 tours de moulin à poivre,
1/4 de cuillerée à café de sel,
20 cl d'eau.

Nettoyez, lavez et essorez la laitue. Coupez-la en 4 et ficelez chaque part. Écossez les petits pois et mettez-les dans une cocotte en fonte ou en terre, avec les oignons pelés ; enrobez le tout du beurre, ajoutez l'eau, salez, poivrez, parsemez de cerfeuil équeuté et lavé, et posez les 4 paquets de laitue sur le dessus. Couvrez bien hermétiquement, portez à ébullition et laissez mijoter à couvert pendant 30 mn, puis à découvert et à feu plus vif quelques minutes, pour faire réduire le liquide de cuisson. Servez dans la cocotte après avoir parsemé de la ciboulette hachée. Ces légumes accompagnent une viandre grillée (porc - veau).

Mon conseil : vous pouvez ajouter à la cuisson quelques lardons frais ou fumés, préalablement dorés à l'huile, qui parfumeront agréablement les légumes. Vous pouvez préparer de la même façon des petits pois surgelés.

PURÉE DE FLAGEOLETS

PRÉPARATION : 20 MN + 2 H DE TREMPAGE - CUISSON : 1 H 30 - 4 PERSONNES

250 g de flageolets (chevriers),
2 carottes,
1 bouquet garni,
2 oignons piqués de 2 clous de girofle,
1 cuillerée à soupe bombée de beurre,
10 cl de crème fraîche,
1 poignée de sel,
5 tours de moulin à poivre.

Faites tremper les haricots pendant 2 h dans de l'eau froide. Égouttez-les, versez-les dans un faitout et couvrez-les largement d'eau froide ; portez à ébullition, écumez et ajoutez les oignons, les carottes nettoyées et coupées en 4, le bouquet garni et le poivre. Laissez cuire à bouillons moyens 1 h. Salez et prolongez la cuisson 30 mn. Quand ils sont cuits à point (ils doivent s'écraser sous la pression des doigts), égouttez-les, ôtez les aromates et les carottes et passez-les au moulin à légumes, grille fine. Ajoutez-leur alors le beurre, la crème, rectifiez au besoin l'assaisonnement, versez la purée dans un légumier chaud et servez aussitôt. C'est un bon accompagnement pour le porc (rôti - saucisses) ou le mouton (côtelettes - gigot).

Mon conseil : ne salez qu'en fin de cuisson afin d'éviter le durcissement des haricots.

CRÈME SAINT-HONORÉ

PRÉPARATION + CUISSON : 20 MN - 6 PERSONNES

Crème pâtissière :
6 œufs,
40 g de farine,
1 pincée de sel,
150 g de sucre,
40 cl de lait vanillé,
50 g de beurre.

Mélangez intimement les jaunes d'œufs (réservez les blancs) et la farine dans une casserole ; mouillez peu à peu de lait tout en battant au fouet. Quand le mélange est homogène, ajoutez le sucre et le sel et portez à ébullition sur feu doux jusqu'à ce que la crème ait épaissi. Ajoutez alors le beurre. Pour obtenir la crème Saint-Honoré, ajoutez à la crème pâtissière, encore chaude, les blancs d'œufs montés en neige très ferme.

Mon conseil : vous pouvez ajouter à la crème 3 ou 4 feuilles de gélatine trempées dans l'eau froide et essorées qui lui donneront une meilleure tenue.

GÂTEAU CRÉCY

PRÉPARATION : 25 MN - CUISSON : 2 H - 6 PERSONNES

500 g de carottes pelées,
500 g de sucre,
1/2 gousse de vanille,
le zeste râpé d'une orange,
15 cl d'eau,
4 cuillerées à soupe de curaçao blanc,
sucre glace.

Râpez les carottes assez fin, et mettez-les dans une cocotte à fond épais avec le sucre, la vanille, le zeste d'orange et 15 cl d'eau. Couvrez hermétiquement et faites cuire à feu très doux pendant 2 h. Vous allez obtenir une préparation très épaisse. La cuisson terminée, ôtez la vanille, incorporez 2 cuillerées de curaçao et versez dans un moule à cake rafraîchi à l'eau très froide, égoutté, mais non essuyé. Laissez refroidir 2 h, puis entreposez au réfrigérateur. Au moment de servir, démoulez sur un plat long, arrosez de curaçao et saupoudrez de sucre.

PÂTE À CHOUX

PRÉPARATION : 20 À 30 MN - CUISSON : 20 MN

1/4 de l d'eau,
80 g de beurre,
1 pincée de sel,
1 cuillerée à soupe de sucre,
125 g de farine,
4 œufs.

Dans une casserole, faites bouillir l'eau, le beurre, le sel et le sucre. Hors du feu, versez d'un coup la farine. Remettez la casserole sur le feu et remuez à la cuillère en bois jusqu'à ce que la pâte forme une boule et se détache des parois. Ôtez la casserole du feu, incorporez le premier œuf à la cuillère en bois, puis ajoutez successivement, un à un, les 3 autres œufs. Vous devez obtenir une pâte ferme mais molle. Pour obtenir des choux, disposez sur une plaque à pâtisserie bien beurrée et à l'aide d'une cuillère, des petits tas de pâte espacés. Faites cuire à four préchauffé thermostat 6 pendant 10 mn puis baissez au thermostat 5, 10 mn encore. Ôtez-les aussitôt du four, et à l'aide d'une poche à douille, fourrez-les de crème ou de confiture.

Mon conseil : n'ouvrez pas la porte du four en cours de cuisson si vous ne voulez pas que vos choux s'effondrent ! Quand ils sont prêts, caramélisez-les légèrement.

SAINT-HONORÉ

PRÉPARATION : 60 MN - CUISSON : 55 MN - 6 PERSONNES

Pâte à foncer :
200 g de farine,
100 g de margarine végétale,
3 g de sel,
1 œuf,
10 g de sucre,
1 filet d'eau de fleur d'oranger.

Crème Saint-Honoré :
(voir page 42).

Pâte à choux :
(voir ci-dessus).

Caramel :
100 g de sucre,
5 cl d'eau.

Cet excellent gâteau dont la préparation est assez longue aurait été créé, puis perfectionné, par un grand pâtissier parisien du XIXe siècle.

Préparez la crème Saint-Honoré selon la recette de la page 42. Préparez la pâte à choux selon la recette ci-dessus et faites cuire de petits choux que vous remplirez, à la poche à douille, de crème Saint-Honoré. Confectionnez la pâte à foncer en mélangeant ensemble la farine, le sel, le sucre et en y incorporant au couteau l'œuf et la matière grasse divisée en cubes. Coupez dans la masse jusqu'à l'obtention d'une grosse semoule que vous effriterez entre les paumes de vos mains. Ajoutez l'eau de fleur d'oranger et faites une boule que vous laisserez reposer au frais 30 mn. Etendez-la alors au rouleau en un disque de 5 mm d'épaisseur environ. Piquez de disque à la fourchette et faites-le cuire à four modéré (thermostat 6° C) pendant 20 mn. Quand la pâte brisée est cuite, préparez le caramel à l'aide duquel vous collerez vos choux en couronne autour du fond de pâte. Glacez-les du caramel restant et remplissez le centre du disque de la crème Saint-Honoré montée en dôme. Servez froid.

Mon conseil : la réalisation de ce gâteau est longue et demande de l'organisation, mais n'est pas difficile.

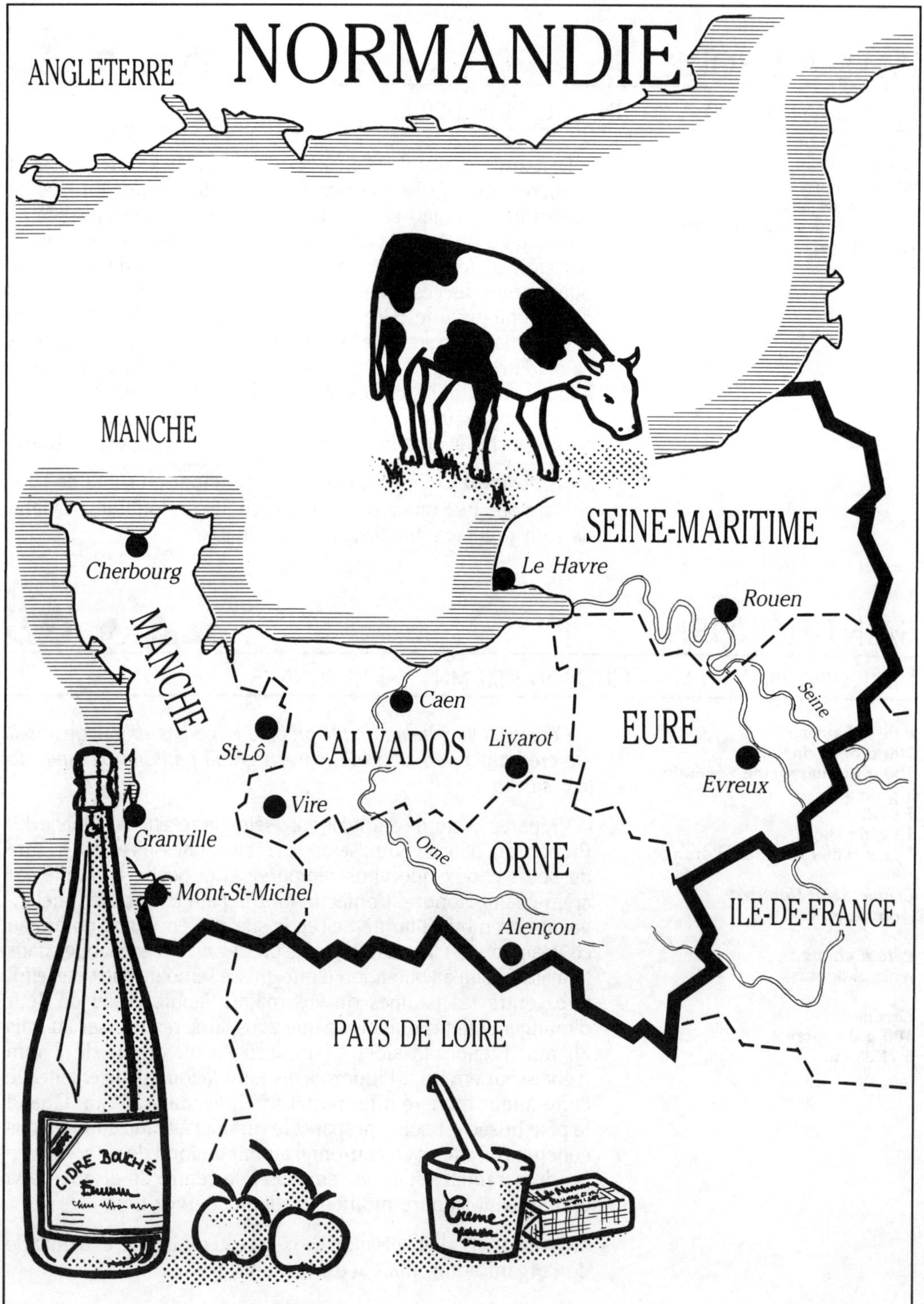
NORMANDIE
ANGLETERRE
MANCHE
SEINE-MARITIME
Cherbourg
Le Havre
Rouen
MANCHE
Seine
Caen
St-Lô
CALVADOS
Livarot
EURE
Evreux
Vire
Granville
Orne
ORNE
Mont-St-Michel
ILE-DE-FRANCE
Alençon
PAYS DE LOIRE
CIDRE BOUCHÉ
Creme

En Normandie

De toutes les provinces de France, la Normandie est, sans conteste, l'une des plus riches. Riche en tout, historiquement et géographiquement, humainement et par sa gastronomie que certains trouvent même "un peu lourde" !

Elle a connu maints brassages qui ont lentement forgé son unité. Les "Normands" (hommes du Nord) venus en pillards d'au-delà les brumes du Septentrion la choisirent comme fief entre autres terres. Et leurs ducs qui toisèrent d'égal à égal le roi de France, devinrent monarques d'Angleterre, réussissant à y débarquer, exploit unique et prodigieux !

Il devait en découler la guerre de Cent Ans qui mit à feu et à sang les provinces de la France d'alors mais la Normandie, solidement occupée par les "gents d'Albion" et leurs partisans fut relativement protégée. Seul le "Mont", l'île-abbaye de Saint-Michel échappa, à cette marque. Et bien qu'ayant "brûlé Jeanne sur bûcher à Rouen", les Normands trouvèrent une place d'honneur dans la nouvelle France libre d'occupant.

La route d'invasion se déplaçant du Nord-Ouest vers le Nord-Est devait protéger ce sol jusqu'à la Seconde Guerre mondiale qui l'éprouva cruellement mais son âme était suffisamment durcie pour traverser le malheur sans en pâtir autrement que matériellement.

Géographiquement assise sur les crêtes des couches périphériques des "bols" du Bassin parisien, la Normandie offre des sites variés. Les craies aux vals enrichis de loess et les sédiments arables de l'Est s'opposent aux granits et aux schistes cristallins de l'Ouest, séparés par les argiles ferrugineuses de Caen à Alençon. Il s'ensuit des crêtes basses, des moutonnements variés, des reliefs plus rudes qu'il n'y paraît.

Les vents océaniques régentant le climat répandant les effluves adoucis du "Gulf Stream" ont contribué à tout éroder sous des pluies abondantes, bien réparties dans le temps et entretenant un manteau végétal opulent.

A l'aise dans sa province, générant malgré son harmonie une Haute-Normandie au nord de la Seine et une Basse-Normandie au sud de ce fleuve, le Normand ne pouvait être qu'un homme comblé.

Pourtant, le démon de l'aventure le jeta vers des terres lointaines où on le retrouve encore aujourd'hui, attaché à ses traditions d'origine, notamment au Canada, dont il fut avec les Bretons l'un des pionniers.

Le "savoir manger" en Normandie se forga patiemment sur les produits du terroir et sur ceux de la mer voisine mais davantage exploitée pour sa vie côtière que pour ses richesses hauturières.

Si l'on excepte quelques traces saxonnes dans sa cuisine, restes de la guerre de Cent Ans, celle-ci est l'une des plus pures qui soit en France, n'ayant pas subi d'influences extérieures notables. Cette homogénéité aboutit à une gastronomie extrêmement variée malgré l'omniprésence de quelques produits essentiels de son terroir : le lait, la crème, le beurre, les pommes, le cidre, l'eau-de-vie de Calvados.

Malgré son évolution sans grands remous, la cuisine de Normandie est aujourd'hui toujours vivace, très appréciée et elle a diffusé certaines de ses recettes dans le monde entier, là où ont fait souche des Normands. Nous avons eu la surprise de trouver à la carte de restaurants, tant à Wellington en Nouvelle-Zélande qu'à Hong-Kong ou à San-Francisco, du poulet à la crème, du faisan flambé au Calvados, des tartes tatins aux pommes que n'eût pas reniés le plus distingué des grands chefs normands !

Air doux et humide, tempéré par la proximité de la Manche et du courant venu du golfe des Caraïbes, sol léger et fertile... la Normandie est un paradis pour les produits de la terre et l'élevage.

Toutes les primeurs prospèrent, alimentant les marchés, la consommation intérieure, et pour une bonne partie, les Halles de Rungis.

Les vergers sont moins éclectiques que les jardins. Ils sont essentiellement de pommiers et, dans une moindre mesure, de poiriers. Pommiers aux petits fruits, chiffonnés et acides mais donnant le meilleur des cidres et la plus délectable des eaux-de-vie colorées, d'ailleurs baptisée du nom de son département d'élection, le "Calvados".

Mais ce sont les produits de l'élevage qui marquent la cuisine normande. Ici, le domaine de la prairie, encore quadrillée par les haies, malgré les ravages commis au nom du "remembrement", est immense. Il offre une herbe grasse à des chevaux élevés dans de nombreux haras et produisant les cracks de nos sports hippiques. Il accueille surtout la "vache normande", l'une des meilleures races au monde de "laitières".

Le lait, la crème, le beurre sont dans presque toutes les recettes de la province, en sauces onctueuses et bien liées. Pour être moins réputée, la viande de ces bovins donne, sur la table, d'excellents plats. Il en est de même pour les moutons, élevés de-ci, de-là et surtout autour de la baie du Mont-Saint-Michel, dans les zones inondées fournissant le "pré salé".

Poissons d'eau douce et de mer abondent aussi et permettent de nombreuses recettes savoureuses et parfumées. Il en est de même des fruits de mer, crustacés et mollusques.

Quant au gibier, il est également présent, moins peut-être que dans d'autres cuisines provinciales, mais de fumet inégalable.

La variété et le somptueux des fromages découlent naturellement de la qualité du lait et d'une longue expérience. Entre camembert, livarot, pont-l'évêque, le fromage de Neufchâtel-en-Bray, le bondon, le gournay, les fromages frais, le double-crème, l'appétit ne sait que choisir. C'est la fraîche vallée d'Auge, fief de la superbe vache rousse, un peu trapue, qui semble régner en ce domaine.

Même opulence côté desserts. Tous les gâteaux et tartes à la crème, pur beurre oblige, se pressent sur la table. Là, ce sont les brioches et galettes, les célèbres galuchons. Ici, les mirlitons de Rouen, la fallue ou brioche coulante, les suichettes, sont d'incomparables tentations. Comment y résister... ?

POTAGE D'AVRANCHES

PRÉPARATION : 10 MN - CUISSON : 45 MN - 6 PERSONNES

1 kg de tomates,
4 gros oignons,
2 gousses d'ail,
1/2 feuille de laurier,
1 branche de thym,
1 dl de crème fraîche,
1 jaune d'œuf,
50 g de beurre,
1 cuillerée à soupe de farine,
1 cuillerée à soupe de cerfeuil taillé,
1 l d'eau.

Epluchez les oignons, les tomates ; coupez-les en morceaux et faites revenir doucement avec la moitié du beurre. Tournez, ajoutez l'ail écrasé et la farine. Mouillez lentement avec l'eau. Ajoutez laurier et thym. Menez à ébullition douce et couvrez. Laissez cuire pendant 40 mn. Passez alors cet appareil à la moulinette très fine. Recueillez le jus dans une soupière pré-chauffée au fond de laquelle vous aurez versé la crème et le jaune d'œuf bien battus puis le reste du beurre. Saupoudrez avec le cerfeuil et servez très chaud.

Mon conseil : ce potage, dit aussi "avranchinais", est originaire du sud de la Manche et de l'Orne. On le préparait déjà ainsi au XVIIIe siècle. Il peut s'accompagner de croûtons frits de pain de campagne. Il doit toujours être très velouté.

OMELETTE DE LA MÈRE POULARD

PRÉPARATION : 15 MN - CUISSON : 10 MN - 4 PERSONNES

10 œufs,
50 g de beurre.

Préparez 2 omelettes dans 2 bols et 2 poêles avec pour chacune 5 œufs et 25 g de beurre. Tout le secret réside dans la manière de battre, de préférence à la fourchette, et avec patience l'omelette ! Il faut le faire vivement, amplement pour que de l'air entre dans l'appareil et fasse augmenter son volume du double. Vous versez alors l'omelette dans le beurre brûlant et laissez cuire à feu vif sans remuer. Ce met se sert très chaud et moelleux en son centre, tel ou plié en deux.

Il s'agit là d'un véritable "monument provincial normand" ! On connaît cette omelette sur les 5 continents et certains touristes viennent au Mont autant pour l'omelette de la Mère Poulard que pour l'élan mystique et l'architecture de l'Abbaye !

La Mère Poulard n'est cependant pas normande mais nivernaise, arrivée au Mont Saint-Michel à la fin du XIXe siècle. Et elle trouva sur place une recette d'omelette dont elle s'est inspirée... !

Voici cette recette : vous battez séparément les jaunes et les blancs d'œufs. Vous versez d'abord les jaunes dans la poêle, puis les blancs mélangés avec 1 dl de crème fraîche. Vous servez très chaud, encore moelleux.

ANDOUILLE À L'OSEILLE

PRÉPARATION : 20 MN - CUISSON : 45 MN - 4 PERSONNES

16 tranches d'andouille fermière,
5 livres d'oseille,
150 g de beurre,
1 dl de crème fraîche,
2 cuillerées à soupe d'échalotes hachées,
1 dl de calvados.

Epluchez, lavez l'oseille, faites-la cuire dans une poêle avec la moitié du beurre. A mi-cuisson ajoutez la crème, l'échalote et remuez bien. Dans une autre poêle avec le reste du beurre, faites revenir les tranches d'andouille. Après cuisson, déposez l'oseille à la crème dans un plat de service pré-chauffé, décorez avec les tranches d'andouille. Déglacez la poêle des andouilles au calvados et nappez le plat avec ce jus parfumé. Servez très, très chaud.

L'andouille de Vire est mondialement réputée. Sa préparation : fumage, cuisson, sont parfois encore des secrets de famille qu'on se transmet de mère à fille la veille du mariage. Parmi les innombrables recettes de Basse et de Haute-Normandie, (de Criquebeuf, aux fèves, au cidre, etc.), celle-ci, de Haute-Normandie est, disait Victor Hugo "ensorcelante" !

HARENGS MARINÉS DE HONFLEUR

PRÉPARATION : 25 MN - MACÉRATION : 5 H - CUISSON : 25 MN - 4 PERSONNES

8 petits harengs avec leur laitance,
3 dl de vin blanc,
3 dl de vinaigre,
3 carottes,
4 gros oignons,
3 clous de girofle,
8 grains de poivre noir,
2 grosses poignées de sel marin,
1/2 feuille de laurier,
1 branche de thym.

Par les ouïes, videz les harengs sans ôter les laitances. Lavez et essuyez-les et enlevez toutes les écailles. Dans un plat, disposez une couche de gros sel de mer ; placez dessus les harengs ; recouvrez du reste de sel.

Dans une casserole, versez le vin blanc, le vinaigre ; ajoutez le laurier, le thym, les clous de girofle, le poivre. A petite ébullition, faites cuire pendant 15 mn. Après 5 h de macération, retirez les harengs du sel. Essuyez-les soigneusement. Epluchez et coupez en rondelles les oignons. Faites de même des carottes. Dans une terrine, disposez alternativement une couche de harengs, une de rondelles de carottes, une d'oignons en anneaux, ainsi de suite. Terminez par des anneaux d'oignons. Arrosez avec le vin-vinaigre bouillant. Faites cuire en mettant la terrine à feu doux. Laissez pendant 15 mn à frissonner. Laissez refroidir ensuite pendant 24 h.

La Normandie est très riche en hors-d'œuvre et entrées puisés dans les racines de son terroir. Citons entre autres le hors-d'œuvre aux crevettes et à la crème fleurette, les huîtres en barquette à la normande, le boudin blanc aux pommes, le pâté de Rouen, la célèbre terrine cauchoise, les rillettes du Vexin, l'andouille à la purée de fèves. Curiosité de la cuisine normande : plus de la moitié de ses recettes de hors-d'œuvre et entrées sont chaudes !

MARMITE DIEPPOISE

PRÉPARATION : 75 MN - CUISSON : 1 H 45 - 8 PERSONNES

500 g de lotte coupée en 4 tranches,
1 turbot de 1 kg 200 levé en filets et parures réservées,
4 coquilles Saint-Jacques,
4 soles en filets et parures,
1 l de moules,
1 poignée de gros sel.

Court-bouillon :
3 échalotes,
1 poignée de persil,
1 poireau,
2 carottes,
2 oignons,
1 branche de céleri,
1 verre de vin blanc sec,
1/2 feuille de laurier,
1 branche de thym,
100 g de beurre,
30 g de farine,
1,5 dl de crème épaisse,
1 forte pincée de sel,
poivre.

Cuisson des moules :
1/2 feuille de laurier,
1 branche de thym,
3 échalotes,
1 poignée de persil,
poivre mignonnette,
1 dl de vin blanc sec.

Lavez, épongez les tranches de lotte, frottez-les de sel ; faites de même pour les filets de turbot. Ouvrez les coquilles Saint-Jacques, retirez les noix et ôtez la petite poche noire ; lavez, épongez noix et corail. Grattez et lavez les moules. Epluchez, hachez les échalotes. Lavez, épongez, taillez le persil. Mettez-les dans une sauteuse avec les moules, le vin blanc et le poivre mignonnette ainsi que le thym, le laurier de ce court-bouillon. Jetez-y les moules et faites-les ouvrir à feu vif. Egouttez-les, sortez-les des coquilles et passez le court-bouillon au travers d'un linge très fin.

Préparez le fond de cuisson avec têtes et arêtes des soles et du turbot, le vert du poireau, les échalotes écrasées, le persil haché, les oignons en lamelles, le céleri, les épices. Jetez dans une sauteuse et faites revenir avec la moitié du beurre en remuant. L'ensemble ne doit pas colorer. Versez dessus 1,5 l d'eau salée bouillante ; ajoutez le vin blanc, les têtes et arêtes de poisson. Laissez frémir pendant 30 mn et passez au travers d'un linge fin.

Dans une marmite, avec le court-bouillon, mettez les soles, turbot et lotte. Ajoutez les coquilles Saint-Jacques. Laissez frémir durant 20 mn. Dans une sauteuse faites fondre le reste du beurre, préparez un roux blanc avec la farine ; mouillez-le avec le court-bouillon et le jus de cuisson des moules. Incorporez la crème fraîche après 15 mn de cuisson à petit feu. Ajoutez alors les poissons, les coquilles Saint-Jacques et les moules. Laissez cuire 5 mn sans bouillir. Dans une soupière pré-chauffée, dressez les poissons et arrosez du bouillon. Servez très, très chaud.

Cette véritable "bouillabaisse" de Haute-Normandie est apparue au début du XIXe siècle par le perfectionnement lent et progressif de la "soupe aux restes" que faisaient les familles de pêcheurs avec les chutes de poissons et des coquillages. Gastronomique, c'est là un plat assez coûteux qui trouve sa place à table lors des fêtes de famille. On le consomme surtout sur la côte, de Granville au Tréport, par Cherbourg, Deauville et Fécamp.

BARBUE AUX POMMES

PRÉPARATION : 30 MN - CUISSON : 50 MN - 6 PERSONNES

1 barbue d'environ 1,5 kg,
200 g de beurre,
5 dl d'huile (arachide, tournesol),
2 échalotes,
1,5 dl de vin blanc,
1/3 l de lait,
5 anchois salés,
60 g de farine,
1 kg de pommes de terre,
1 forte pincée de sel,
poivre.

Demandez à votre poissonnier de lever des filets de barbue et d'ôter la peau. Mettez à tremper, à eau froide, les anchois. Dans une casserole d'eau bouillante, jetez les pommes de terre avec leur peau. Avec 25 g de beurre et autant de farine, préparez une béchamel au lait ; salez, poivrez. Épluchez les échalotes, hachez-les. Mettez-les dans une casserole avec le vin. Faites réduire complètement. Égouttez et essuyez les anchois ; hachez-les en ôtant les arêtes. Épluchez et coupez en rondelles les pommes de terre cuites. Dans la casserole d'échalotes fondues au vin, ajoutez la béchamel, les anchois hachés, l'assaisonnement et laissez cuire 5 mn à feu très doux. Dans une poêle, faites chauffer l'huile et faites-y sauter les pommes de terre jusqu'à ce qu'elles soient blondes et croquantes. Sur un plat de service pré-chauffé, dressez les filets de barbue. Entourez-les de pommes de terre. Passez la sauce au chinois et nappez-en le plat. Servez très chaud.

LAPIN AU CIDRE

PRÉPARATION : 25 MN - CUISSON : 1 H - 6 PERSONNES

1 lapin de 1,5 kg,
3 gousses d'ail,
4 gros oignons,
200 g de champignons,
200 g de lard fumé,
80 g de beurre,
7 dl de cidre sec,
1/2 cuillerée à soupe de farine,
50 g de beurre,
1 forte pincée de sel,
poivre.

Coupez le lapin en morceaux. Épluchez et coupez les oignons en quatre. Épluchez puis écrasez les aulx. Lavez et coupez en rondelles les champignons. Coupez le lard en petits dés. Dans une sauteuse avec un peu de beurre, faites revenir les oignons et les lardons. Retirez et gardez au chaud. Dans le même beurre, faites dorer les morceaux de lapin puis les champignons ; assaisonnez et couvrez à feu doux. Arrosez avec le cidre, ajoutez les lardons et les oignons, les aulx écrasés. Recouvrez pour laisser cuire. Préparez un beurre manié avec ce qui reste de beurre et la farine. Ajoutez à la sauce, remuez bien.

Dans un plat de service pré-chauffé, dressez les morceaux de lapin. Nappez avec la sauce. Servez très chaud.

Originaire de l'Orne, cette recette est toujours à l'honneur par toute la Normandie. Elle est également très connue en Cornouailles britannique et en Irlande où l'on prétend que ce sont des marins normands qui l'y ont apportée.

POULET AU BLANC À LA NORMANDE

PRÉPARATION : 1 H - CUISSON : 1 H - 6 PERSONNES

1 poulet d'1 kg 700 environ,
2 carottes,
2 oignons,
75 g de beurre,
2 branches de persil,
1 forte pincée de sel,
poivre.

Sauce :
100 g de beurre,
30 g de farine,
4 œufs,
2 dl de crème fraîche,
300 g de champignons,
1/2 citron,
1/2 l de bouillon de volaille (cube),
1 forte pincée de sel,
poivre.

Épluchez et coupez en rondelles les oignons et les carottes. Faites-les revenir au beurre dans une cocotte, avec le persil taillé. Posez le poulet, recouvrez d'eau. Assaisonnez et faites cuire à petit feu. Pendant ce temps, préparez la sauce. Nettoyez, lavez, essuyez, coupez les champignons. Mettez-les à cuire à l'eau dans une casserole. Ajoutez sel, poivre et le jus du citron, puis 30 g de beurre et laissez bouillir à couvert durant 5 mn.

Dans une autre casserole, mettez à chauffer le reste du beurre. Ajoutez la farine en remuant et versez lentement le bouillon. Menez à ébullition et laissez cuire pendant 15 mn en versant de temps en temps un peu de l'eau des champignons. Séparez les jaunes des blancs des œufs et délayez les jaunes dans un bol avec la crème puis un peu de l'eau des champignons. Retirez la sauce ; versez-en un peu dans le bol. Remuez. Versez le contenu du bol dans la sauce et faites bouillir brièvement. Retirez-la du feu en la posant au bain-marie dans de l'eau bouillante. Dans un plat de service pré-chauffé, dressez le poulet coupé. Nappez-le avec un peu de sauce. Servez très chaud avec le reste de sauce en saucière pré-chauffée.

CÔTES DE PORC À LA NORMANDE

PRÉPARATION : 5 MN - CUISSON : 25 MN - 8 PERSONNES

8 côtes de porc,
250 g de gruyère râpé (ou d'emmental),
3 dl de crème fraîche,
1 cuillerée à soupe de moutarde,
100 g de beurre,
2 dl de vinaigre de cidre.

Dans une poêle, au beurre, à feu vif, faites dorer les côtes, d'un seul côté. Mélangez fromage râpé et crème et nappez-en les côtes retournées. Mettez à four chaud (200° C ou thermostat 7/8) durant 15 mn. Retirez et conservez les côtes au chaud. Déglacez la sauce au vinaigre ; liez avec la moutarde et passez au chinois. Dans un plat de service pré-chauffé, versez cette sauce. Dressez les côtes et servez très chaud.

Le fleuron des poulets normands est produit en vallée d'Auge. Il est dégusté au calvados, à la crème, aux herbes, en préparations qui sont toutes succulentes. Lui aussi, tout comme la dinde à la crème ou le lapin "à la cauchoise" ou "en compote (de Gisors)", comme l'oie (la pirotte) en daube, les poussins de Vire "à la Père Chauvel", illustre la place que tiennent les "volailles" dans l'histoire culinaire de la Normandie !

ÉPAULE DE MOUTON MARINÉE

PRÉPARATION : 20 MN - MARINADE : 12 H - CUISSON : 1 H 40 - 8 PERSONNES

1 épaule de mouton avec son os,
400 g de crème fraîche,
1 cuillerée à soupe de farine,
200 g de beurre,
1 forte pincée de sel,
poivre.

Marinade :
1/2 l de vin rouge,
2 dl de calvados,
1 dl de vinaigre de vin 7°,
1 cuillerée à soupe d'huile,
2 oignons,
2 gousses d'ail hachées,
2 clous de girofle,
1 forte pincée de sel,
poivre,
1/2 feuille de laurier,
1 branche de thym.

Dans un grand récipient, mettez la viande à tremper dans la marinade et retournez-la plusieurs fois. Le lendemain, retirez-la et séchez-la. Dans une cocotte, avec le beurre bien chaud, faites dorer cette viande de tous côtés, à feu vif. Saupoudrez de farine, ajoutez la marinade, couvrez, laissez cuire à petit feu en remuant de temps en temps et retournant la viande. Sur un plat de service préchauffé, réservez l'épaule, découpée en tranches. Avec la crème, liez la sauce bien dégraissée, à petit feu, en remuant. Nappez la viande et servez chaud.

Mon conseil : on prépare aussi ce plat avec, pour la marinade, du cidre sec bouché à la place du vin. Originaire de la baie du Mont-Saint-Michel, cette recette a été affinée depuis un siècle dans le Sud de la Manche et dans l'Orne.

LES TRIPES À LA MODE DE CAEN

Au temps du panthéon des dieux et déesses de la Grèce antique, Athénée se régalait de "gras intestins de bestiaux". En Vexin, dit-on, Guillaume le Conquérant apprit à déguster les "gaudebillaux", et c'est en se régalant de tripes que la Gargamelle de Rabelais accoucha de Gargantua !

Le mode des tripes en cuisine remonte aux siècles les plus reculés mais c'est seulement depuis le Moyen Âge que la "recette" de Caen a triomphé de par le monde. Sans doute grâce à Sidoine Benoît qui codifia la manière "de l'assaisonner condimenter", ensuite parce que les tripes exigent des bovins bien gras, et donc des prairies opulentes à l'herbe généreuse, privilège de la Normandie.

En cette fin du XXe siècle, on vient du monde entier déguster en Calvados les fameuses "vraies tripes à la mode de Caen" et la confrérie gastronomique normande de "La Tripière d'or" récompense les meilleurs plats de tripes, de Normandie certes mais aussi d'ailleurs en France et même d'outre-frontières !

Poule de l'Argoat (Bretagne p.66)

Rillons d'Anjou (Pays de Loire p. 74)

Huîtres charentaises (Charentes p. 84)
et Moules rochelaises (Charentes p. 84)

Ragoût de veau aux cèpes (Périgord p. 102)

CHOU-FLEUR DE BARFLEUR

PRÉPARATION : 10 MN - CUISSON : 30 MN - 8 PERSONNES

2 beaux choux-fleurs,
2 dl de crème fraîche,
200 g de fromage râpé (emmental ou gruyère),
1 pointe de muscade,
1 cuillerée à soupe de ciboulette taillée.

Épluchez, lavez les choux. Détachez les "fleurs", éliminez le plus gros des côtes. Jetez les fleurs dans un faitout empli d'eau salée bouillante. Laissez cuire 15 mn à gros bouillons. Disposez délicatement les fleurs dans un plat à four. Saupoudrez de fromage, nappez avec la crème où vous aurez délayé la muscade. Mettez à four très chaud (250° C ou thermostat 9) pendant 15 mn. Sortez quand la crème est bien dorée. Saupoudrez d'herbes et servez très chaud.

C'est dans la région de Barfleur que se récoltent la plus grande partie des choux-fleurs normands (8 000 tonnes/an !). Ce légume est apprécié tel quel, cru en salade ou cuit avec sauce à la crème. Il convient tout particulièrement aux viandes blanches.

SALADE AU CIDRE

PRÉPARATION : 25 MN - CUISSON : 30 MN - 6 PERSONNES

4 grosses pommes de terre tenant à la cuisson,
2 dl de cidre,
1 scarole bien blanche,
1 cœur de céleri,
300 g de chair de poulet rôti,
4 pommes,
1 grand bol de mayonnaise,
1 forte pincée de sel,
poivre,
2 cuillerées à soupe de jus de citron.

Lavez les pommes de terre et faites-les cuire, sans les peler, dans une casserole d'eau bouillante salée. Lavez la scarole, ne gardez que les feuilles blanches, finement coupées. Lavez le cœur de céleri, coupez-le en rondelles. Epluchez, épépinez, coupez en dés les pommes. Coupez la chair de poulet en petits dés. Humectez les morceaux de pommes de jus de citron. 30 mn après le début de cuisson des pommes de terre, pelez-les et coupez-les en dés. Faites chauffer le cidre au seuil d'ébullition. Versez-le sur les dés de pommes de terre et laissez refroidir. Dans un saladier, mélangez tous ces ingrédients, mélangez bien avec la mayonnaise et servez bien refroidi.

DOUILLONS NORMANDS

PRÉPARATION : 25 MN - CUISSON : 45 MN - 6 PERSONNES

Pâte brisée :
300 g de farine,
150 g de beurre,
10 dl d'eau,
2 jaunes d'œufs,
1 pincée de sel.

Garniture :
6 belles poires,
9 cuillerées à soupe de sucre,
50 g de beurre.

Étalez la pâte brisée au rouleau jusqu'à une épaisseur de 3 à 4 mm. Epluchez les pommes entières en conservant leur queue.

Avec un bol, découpez de larges rondelles de pâte. Posez sur chacune l'une des poires. Enveloppez chaque fruit avec la pâte, ne laissant apparaître que la queue. Disposez ces poires enveloppées sur une plaque de four, beurrée et mettez pour 45 mn à four chaud (200° C ou thermostat 7/8). Servez chaud ou froid en saupoudrant de sucre.

FLAN DE ROUEN

PRÉPARATION : 35 MN - CUISSON : 1 H - 6 PERSONNES

Pâte brisée :
300 g de farine,
150 g de beurre,
10 dl d'eau.

Garniture :
4 cuillères à soupe de farine,
3 œufs,
150 g de sucre,
1/2 l de lait,
2 jaunes d'œufs,
600 g de pommes.

Préparez une pâte brisée ; étalez-la et garnissez-en un moule à tarte. Epluchez les pommes et disposez-les, coupées en tranches, bien serrées sur la pâte. Délayez la farine avec le sucre, les œufs entiers et les jaunes. Ajoutez le lait. Versez cet appareil sur les pommes. Mettez à four moyen (175° C ou thermostat 6/7) et laissez cuire pendant 1 h. Servez tiède ou froid.

GÂTEAU DU VERGER

PRÉPARATION : 45 MN - CUISSON : 2 H - 8 PERSONNES

2 kg de pommes acides,
300 g de mie de pain rassis,
250 g de sucre cristallisé,
1 dl de calvados.

Crème anglaise :
1 l de lait,
6 jaunes d'œufs,
150 g de sucre en poudre
20 g de sucre vanillé.

Beurrez largement fond et parois d'un grand moule à charlotte. Au fond, dessinez un motif avec des lamelles de pommes épluchées, épépinées. Disposez dessus des couches successives de 2 cm d'épaisseur de pommes et de mie mélangée au sucre. Finissez par des pommes, parsemez de lamelles de beurre, mouillez avec le calvados, recouvrez d'une feuille de papier sulfurisé et posez un poids. Mettez à four tiède (175 °C ou thermostat 6/7) et laissez cuire durant 2 h. Démoulez à froid et nappez avec la sauce anglaise.

GALETTE DE CHERBOURG

PRÉPARATION : 20 MN - REPOS : 3 H - CUISSON : 45 MN - 6 PERSONNES

200 g de beurre frais,
2 œufs,
1 dl de calvados,
400 g de pâte au levain achetée chez le pâtissier,
2 fortes pincées de sel fin,
50 g de beurre.

Faites fondre le beurre, mélangez-le à la pâte, ajoutez les œufs, le sel, le calvados, et pétrissez bien, fouettez durant quelques minutes. Laissez reposer au chaud. Mettez cet appareil dans un moule beurré et mettez au four chaud (200° C ou thermostat 7/8). L'appareil monte beaucoup. Sortez du four. Démoulez et servez chaud immédiatement.

TARTE AUX POMMES À LA NORMANDE

PRÉPARATION : 35 MN - CUISSON : 40 MN - 6 PERSONNES

Pâte feuilletée :
500 g de farine,
500 g de beurre,
3 dl d'eau.

Garniture :
1,5 kg de pommes douces,
2 dl de crème fraîche,
150 g de sucre en poudre,
500 g de marmelade de pommes,
1 dl de calvados.

Abaissez la pâte et garnissez-en un moule à tarte avec de hauts rebords. Répartissez la marmelade sur le fond puis les quartiers, fins, de pommes épluchées et épépinées en allant en spirale de la périphérie au centre. Saupoudrez de sucre et mettez à four très chaud (25° C ou thermostat 9) pendant 40 mn. Pendant ce temps, battez la crème en chantilly sucrée. A la sortie du four, arrosez la tarte avec l'eau-de-vie et recouvrez-la avec la crème Chantilly. Servez tiède.

NOYAU D'ABRICOTS

PRÉPARATION : 30 MN - REPOS : 100 JOURS

1 l de calvados,
50 noyaux d'abricots,
500 g de sucre.

Brisez la moitié des noyaux pour en extirper les amandes. Versez le tout dans récipient en terre cuit ou en grès et ajoutez le sucre, puis le calvados. Remuez bien, couvrez et laissez reposer pendant 100 jours au frais, au sec et à l'ombre.

Cette liqueur, très parfumée se boit après le repas ou au goûter.

BRETAGNE

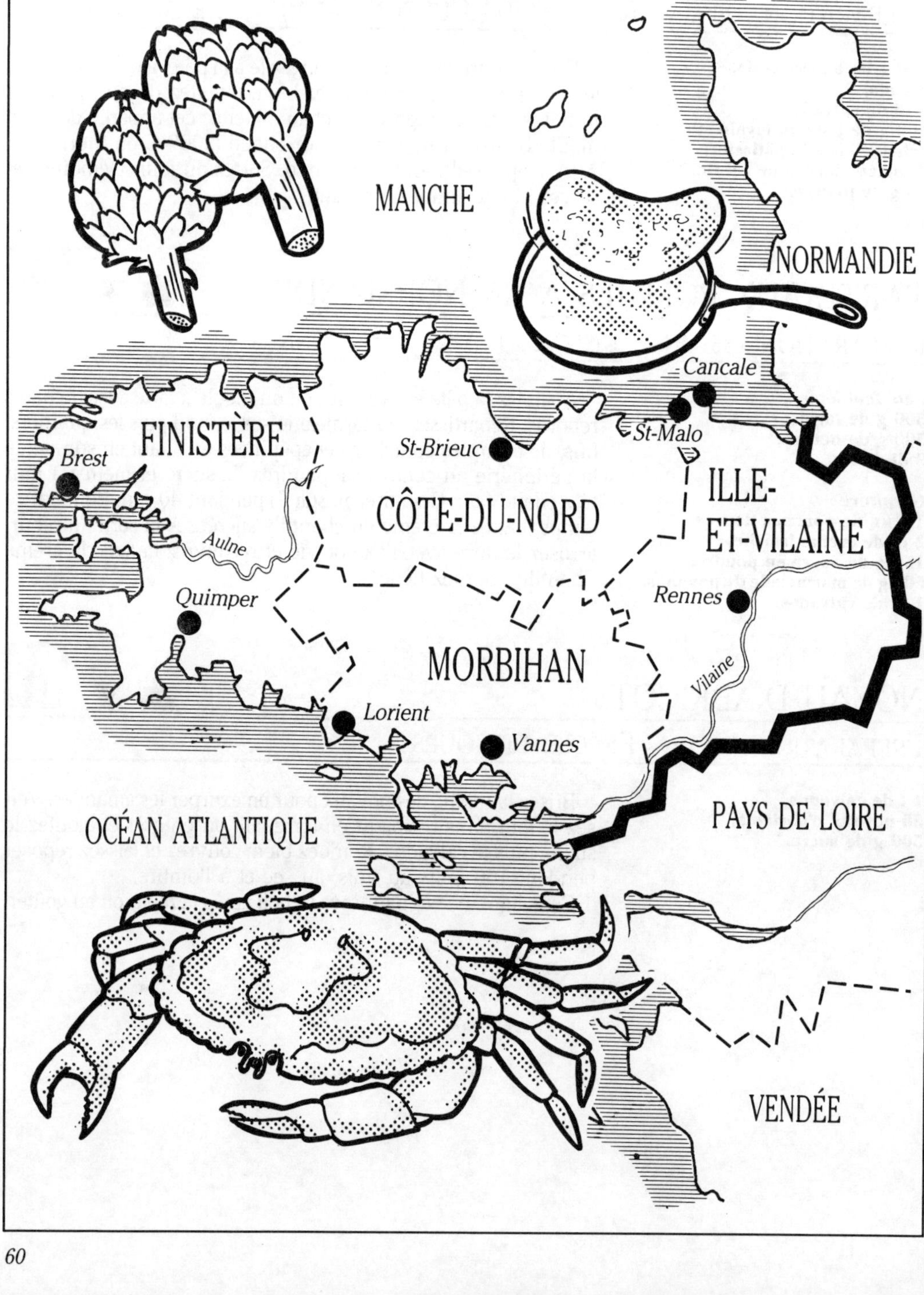
MANCHE
NORMANDIE
Cancale
St-Malo
St-Brieuc
FINISTÈRE
Brest
CÔTE-DU-NORD
ILLE-
ET-VILAINE
Aulne
Quimper
Rennes
MORBIHAN
Vilaine
Lorient
Vannes
OCÉAN ATLANTIQUE
PAYS DE LOIRE
VENDÉE

EN BRETAGNE

PROVINCE singulière que la Bretagne, projection de terres anciennes lancées vers l'Atlantique à l'Ouest français du continent européen !

Au nord, la Manche, à l'ouest et au sud l'Atlantique, à l'est une base terrestre faite d'anciens plissements hercyniens, vieux de 400 millions d'années, arasés par les agents atmosphériques et le ruissellement des eaux de surface. D'un côté, une vocation océanique, aventureuse, largement ouverte aux produits de la mer et à ses influences. De l'autre, une maintenance difficile sur des sols pauvres, ne donnant que de maigres récoltes, malgré l'usage d'engrais appropriés.

Rares forêts, landes souvent sauvages, bocage quadrillant des prairies d'élevage et de rares champs de céréales, parfois des primeurs de légumes entre vergers de pommiers et de poiriers, tel se présente l'Arcoat ou "Pays de la forêt". L'Armor ou "Pays de la mer" alterne, lui, avec une grandiose beauté, plages de sables blancs ou roses, rochers déchiquetés de schistes, gneiss ou granits, falaises rébarbatives et noires, îles semées comme au hasard, de Bréhat la fleurie à Belle-Ile en passant par Ouessant, Sein, Les Glénans et Groix, et varie à l'infini ses richesses : cinquante variétés de coquillages, vingt sortes de crustacés, cent poissons différents relevant des pêches côtières ou hauturières. Mais des pêches trop exigeantes raréfient les peuplements de homards et langoustines, de crevettes même ; elles épuisent les bancs de sardines, harengs, maquereaux, poissons plats, merlus qu'il faut sans cesse aller chercher plus loin en payant trop souvent tribut aux tempêtes. A ces prédestinations géographiques, la cuisine bretonne doit des influences marquées dans son histoire.

Les Vénètes, population originelle de la Bretagne, celtisés mille ans avant notre ère, résistèrent farouchement à l'invasion des légions et de la culture romaines. Aux Ve et VIe siècles, ils s'enrichissent des "Brittons" de Grande-Bretagne fuyant l'invasion des Saxons et des Angles. Les raids des Vikings laissent des Normands faire souche près de Nantes, de Lorient, de Quimper et sur toute la côte nord, de Saint-Pol-de-Léon à Cancale. Puis ce furent, au hasard des mariages seigneuriaux, des heurs et malheurs de la guerre de Cent Ans, des rivalités entre couronnes de France et d'Angleterre, plusieurs siècles d'incertitudes quant au devenir des Bretons. Le mariage d'Anne de Bretagne avec Charles VIII (1491), puis avec Louis XII (1498), enfin l'union de sa fille Claude de France avec le futur François Ier (1514) allaient cheviller définitivement la Bretagne au royaume de France. Symbiose qui, pourtant, ne fut jamais totale. Le particularisme breton s'exprima et s'exprime toujours par ses différences, la langue n'en étant qu'une des expressions les plus sensibles. La cuisine en étant une autre car force est d'admettre en cette fin du XXe siècle que l'art du savoir manger français s'est davantage enrichi de recettes bretonnes qu'il ne lui en a, lui-même, cédé.

A notre époque, le retour aux sources qui se manifeste partout comme une nécessité vitale pour échapper aux contraintes d'une vie trop accélérée et artificielle fait explosion en Bretagne. On en revient à la pratique de la langue comme au port des sabots, à la renaissance des crêperies comme à l'épanouissement de ces mille recettes qui sommeillaient depuis des siècles. Evolution enrichissante et passionnante entre toutes !

Toute la côte bretonne est vouée aux produits et aux "fruits de mer" résultant de la "cueillette" à marée basse ou de la pêche au filet, à la traîne ou au casier. Aucune cuisine provinciale française, ni même européenne, n'a eu à accommoder de cent manières autant de mollusques, de crustacés, de poissons.

Ces recettes ont gagné l'intérieur, l'Arcoat, l'imprégnant mais avec moins d'exclusive. Ne soyons donc pas surpris si les produits marins tiennent une si grande place dans tous les services de la table bretonne, à l'exception toutefois des desserts, mais ce n'est que naturel !

Les produits de la terre, quant aux céréales, s'axent sur le blé noir, le "blé des pauvres" ou sarrazin, seule graine se satisfaisant durant des siècles de l'aride terre d'entre monts d'Arrée et Montagne Noire, d'entre le Trégorrois et le Vannetais.

Heureusement, aujourd'hui, le Breton mange le pain de froment du blé qu'il récolte mais les légumes, la pomme de terre au premier rang, tiennent une place essentielle.

Deux se distinguent, encore qu'alimentant davantage le marché national et européen que la consommation intérieure : le chou-fleur et l'artichaut.

Place importante aussi pour les salades cultivées en primeurs autour de Rennes, sur la côte du pays de Léon et dans les plaines côtières du Morbihan. Les jardins privés produisent aussi beaucoup de légumes assurant, hiver comme été, une base suffisamment variée aux menus.

Place importante des fruits, qu'ils viennent de petits ou de grands vergers, qu'ils résultent de cultures à petite ou à grande échelle ainsi qu'il en est pour les fraises.

Les poulaillers individuels et les élevages industriels approvisionnent la Bretagne en volailles et lapins tout en alimentant largement le marché national et européen. Il en découle une grande disponibilité en œufs, et beaucoup de recettes les utilisent.

Le gibier en Bretagne est davantage représenté par des animaux de prairies et de landes que par sangliers, cerfs et chevreuils de forêts. Ce sont surtout les garennes, lièvres, faisans, bécasses et le gibier d'eau qui se retrouvent sur la table bretonne.

Quant à la viande, elle a sa place, importante malgré la suprématie du poisson. Le porc tient la première place. La Bretagne peut être fière de ses charcuteries. Le bœuf vient ensuite qui figure souvent aux repas. Et si la crème et le beurre breton, salé, n'ont pas la réputation des produits laitiers normands et charentais, ils n'en sont pas moins célèbres pour leur qualité et leur saveur.

Malgré les faits de géographie, la cuisine bretonne est donc plus homogène qu'on ne pourrait le penser. Elle trouve sur son propre sol et son prolongement océanique tout ce qui lui est nécessaire pour briller.

SOUPE DES PIRATES

PRÉPARATION : 45 MN - CUISSON : 90 MN - 8 PERSONNES

**1 kg de sardines fraîches,
1 vieille,
1 grondin,
1 morceau de merlu,
1 tête de congre,
têtes, arêtes et parures de divers poissons,
2 oignons,
2 échalotes,
8 gousses d'ail,
1/2 feuille de laurier,
1 branche de thym,
1 bouquet de persil et cerfeuil,
1 poireau,
1 carotte,
1 l de vin rouge ordinaire,
1 citron,
1 filet de vinaigre,
1 pincée de noix de muscade,
5 clous de girofle,
1 forte pincée de sel,
1 forte pincée de poivre noir,
1 pincée de piment de Cayenne,
50 g de beurre,
40 g de farine,
8 tranches de pain de campagne, fines, rassies et dorées au gril.**

Préparez les poissons. Dans un grand faitout, mettez-les avec les légumes épluchés et coupés, le laurier, le thym, toutes les épices. Mouillez avec le vin, puis de l'eau pour bien couvrir le tour. Mettez à mitonner à petit feu durant 1 h. A la poêle, faites revenir au beurre les oignons, échalotes et 5 gousses d'ail coupés en lamelles. Liez avec la farine en remuant. Passez au chinois le bouillon de poissons. Versez-le doucement en remuant sur le sauté d'oignons, d'échalotes et d'aulx. Vérifiez en assaisonnant que celui-ci est très fort. Cette soupe doit être très, très relevée. Ajoutez un filet de vinaigre, le jus du citron et remettez à cuire pour 20 mn. Faites griller les tranches de pain. Disposez-les au fond d'une grande soupière pré-chauffée, après les avoir bien frottées avec le reste d'ail. Versez dessus le bouillon à nouveau passé au chinois et servez très chaud.

Si l'on excepte les soupes de restes de poissons consommées depuis le XVe siècle dans les ports de pêche, les potages et autres soupes ne sont apparues en Arcoat comme en Armor qu'au début du XIXe siècle.

Ce ne furent parfois que galettes de blé noir émiettées et arrosées de bouillon gras. Puis apparurent des soupes aux légumes : chou-fleur, pommes de terre, asperges, des soupes aux marrons, aux oignons, au potiron, à l'oseille, aux haricots blancs puis rouges, aux haricots verts à Mordelles, et à Quimper, la soupe aux bricolins (petits choux verts ayant été fripés par les premières gelées hivernales). A présent, soupes aux moules, mises au point à Dinan et Saint-Malo, soupes aux berniques de Saint-Brieuc, soupe au congre de l'Ile de Sein, soupe aux sardines de Douarnenez et aux crabes d'Ouessant ont acquis leurs lettres de noblesse. Car, maintenant, soupes et potages tiennent une place importante dans les menus bretons.

OMELETTE DU VANNETAIS

PRÉPARATION : 10 MN - CUISSON : 20 MN - 4 PERSONNES

8 œufs,
6 sardines fraîches,
2 oignons,
2 échalotes,
100 g de beurre,
1 forte pincée de sel,
poivre,
1 bouquet de persil et cerfeuil.

Nettoyez les sardines, écrasez leur chair. Epluchez oignons, échalotes et hachez-les menu. Mélangez bien aux sardines. Assaisonnez. Dans une poêle, faites revenir, au beurre, cet appareil. Après 15 mn, versez dessus les œufs battus en omelette. Mettez à feu vif et arrêtez la cuisson quand l'omelette est encore bien baveuse.

Servez très chaud, en roulant et saupoudrant avec les herbes.

ARTICHAUTS AU FROMAGE BLANC

PRÉPARATION : 25 MN - CUISSON : 25 MN - 4 PERSONNES

4 gros artichauts,
300 g de fromage blanc,
100 g de crème fraîche,
3 échalotes,
1 cuillerée à soupe de farine,
2,5 l d'eau salée,
2 citrons,
1 forte pincée de sel,
poivre,
1 gros bouquet de persil
et cerfeuil,
4 feuilles de menthe fraîche.

Ne gardez que les fonds d'artichauts (consommez la chair des feuilles à part, à la vinaigrette). Trempez-les immédiatement dans le jus de citron. Dans un faitout, faites bouillir 2,5 l d'eau salée. Délayez la farine dans un peu d'eau tiède et ajoutez-la. Plongez les fonds dans l'eau et laissez bouillir pendant 20 mn. Retirez et égouttez. Dans un saladier, fouettez le fromage et la crème. Ajoutez sel, poivre, les herbes taillées, les échalotes hachées. Déposez un gros dôme de cet appareil sur chaque fond, décorez avec une feuille de menthe fraîche. Servez très frais sur des feuilles de salade.

TARTE DE CANCALE

PRÉPARATION : 30 MN - CUISSON : 40 MN - 8 PERSONNES

Pâte brisée :
300 g de farine,
150 g de beurre,
10 dl d'eau,
1 jaune d'œuf,
1 pincée de sel.

Garniture :
1 sauce blanche,
1/4 l de muscadet,
100 g de chapelure,
100 g de beurre,
1 l de moules,
coquillages variés : praires, palourdes, coques, berniques, ouverts au naturel,
2 douzaines d'huîtres.

Etalez la pâte, disposez-la sur un plat à tarte et mettez à cuire, 10 mn à vide, recouverte d'une feuille d'aluminium ménager. Pendant ce temps, videz les coquillages et parfumez la sauce blanche au muscadet. Mélangez le tout et garnissez la pâte précuite avec cet appareil. Recouvrez de chapelure, parsemez de noisettes de beurre et remettez au four chaud (200° C ou thermostat 7/8). Servez chaud.

Mon conseil : vous pouvez ajouter quelques crevettes et langoustines cuites à la crème des coquillages. Cette recette de l'Armor, dite aussi "tarte du port", est originaire de Cancale et des environs de Saint-Malo. On la faisait donc avec des huîtres plates disposées en décoration sur les autres mollusques.

SARDINES EN FRIANDS

PRÉPARATION : 10 MN - CUISSON : 35 MN - 4 PERSONNES

Pâte feuilletée :
500 g de farine,
500 g de beurre,
3 dl d'eau,
1 cuillerée à café de sel.

Garniture :
16 sardines,
2 œufs,
1 citron,
2 oignons,
2 gousses d'ail,
1 forte pincée de sel,
poivre,
1 bouquet de persil et cerfeuil,
1 cuillerée à soupe d'huile,
80 g de beurre.

Nettoyez les poissons, coupez les têtes, faites frire à l'huile. Etalez la pâte et formez 4 rectangles. Sur chacun, posez 4 sardines cuites, en quinconce deux à deux, salez, poivrez, saupoudrez d'oignons, d'ail et d'herbes taillés, arrosez d'un filet de citron ; ajoutez une noix de beurre. Refermez le rectangle en formant sac, soudé à l'eau. Badigeonnez le dessus de chaque friand avec du jaune d'œuf et rayez légèrement en croisillons. Mettez à cuire à four chaud (200° C ou thermostat 7/8) pendant 25 mn. Servez très chaud.

Cette recette, dite aussi friands de Douarnenez, nous vient du Finistère et du XIXe siècle. Elle fut longtemps servie lors des fêtes de Saint-Yves et de Sainte-Anne.

DAURADE BRESTOISE

PRÉPARATION : 30 MN - CUISSON : 30 MN - 4 PERSONNES

4 filets de daurade,
4 échalotes,
500 g de queues de crevettes décortiquées,
4 l de moules,
1 boîte de quenelles de brochet,
150 g de beurre,
2 dl de crème fraîche,
2 citrons,
sel,
1 bouquet de persil.

Beurrez un plat à four, répartissez les échalotes taillées, déposez dessus les filets de poisson, salez. Mettez à feu vif puis au four chaud (200° C ou thermostat 7/8) pendant 10 mn. Sortez les moules des coquilles. Dressez les filets sur un plat de service allant au four. Décorez avec crevettes et moules. Déposez une quenelle sur chaque filet. Passez au chinois le jus de cuisson et réduisez-le. Liez avec le reste de beurre. Mettez à four très chaud (250° C ou thermostat 9) pendant 20 mn. Ajoutez la crème en remuant bien, nappez les filets avec cette sauce et saupoudrez de persil taillé. Servez chaud avec des rondelles de citron.

Plus de 50 recettes à base d'artichauts caractérisent la cuisine bretonne. Les artichauts farcis de chair et viande hachée et les "paotred rosko" aux crevettes, les artichauts frits ou en ragoût, braisés ou aux foies de volaille (à la karabasenn) sont autant de régals qui font de l'artichaut le légume breton par excellence !

POULE DE L'ARGOAT

PRÉPARATION : 20 MN - CUISSON : 3 H - 6 PERSONNES

1 belle poule,
300 g de poitrine de porc fumée,
150 g de chair à saucisse,
100 g de mie de pain rassis,
1 dl de lait,
2 poireaux,
2 carottes,
2 navets,
3 gros oignons,
1 chou blanc,
2 pommes de terre (ou mieux, 2 rutabagas),
2 échalotes,
2 gousses d'ail,
4 clous de girofle,
1/2 feuille de laurier,
2 branches de thym,
1 gros bouquet de persil,
2 fortes pincées de poivre.

Epluchez échalotes et aulx. Hachez-les. Faites tremper la mie de pain dans le lait. Coupez en très petits dés le lard fumé. Hachez le persil. Mélangez le tout avec la chair à saucisse. Assaisonnez et bourrez la poule nettoyée avec cette farce. Cousez soigneusement l'ouverture. Dans un faitout, disposez la poule, les légumes épluchés et blanchis à l'eau bouillante, le thym, le laurier, les oignons, la girofle. Couvrez d'eau et menez à ébullition. Laissez mitonner durant 3 h, à petits bouillons. Disposez la poule sur un plat de service pré-chauffé, entourez-la des légumes. Servez bouillant. L'eau de cuisson fera un excellent bouillon, tel, ou fond de soupe avec pâtes ou haricots.

Un plat "paysan" très apprécié dans toute la Bretagne intérieure. Il semble qu'il remonte à Henri IV et à sa fameuse "poule au pot".

LAPEREAU AUX RAISINS

PRÉPARATION : 20 MN - TREMPAGE - CUISSON : 1 H - 6 PERSONNES

1 lapereau,
100 g de pruneaux,
400 g de raisins de Smyrne,
1 livre de saucisses à cuire,
2 dl de vin blanc,
1 verre de porto,
2 dl de bouillon de bœuf,
1 verre d'eau-de-vie de prune ou de calvados,
250 g de petits oignons ronds,
1 bouquet de persil et cerfeuil,
150 g de beurre salé,
2 fortes pincées de sel et de poivre.

Faites tremper les raisins, une nuit, dans du thé tiède. Dénoyautez les pruneaux et faites-les tremper à eau tiède, une nuit. Faites cuire la saucisse à eau bouillante, 20 mn et, refroidie coupez-la en tranches. Au beurre, dans une cocotte, faites sauter et dorer les morceaux du lapereau. Gardes-les au chaud. Déglacez la cocotte au vin et au bouillon. Faites réduire de moitié. Remettez le lapereau, ajoutez les oignons, le persil et le cerfeuil taillés grossièrement et assaisonnez. Laissez cuire doucement pendant 1 h en adjoignant, après 45 mn les raisins, les pruneaux, le porte, l'eau-de-vie et la saucisse. Servez très chaud.

SAUCISSES MALOUINES

PRÉPARATION : 10 MN - CUISSON : 1 H 30 - 4 PERSONNES

4 saucisses fumées longues,
500 g de poitrine de porc fumée,
1 beau chou blanc,
2 dl de bouillon de bœuf,
2 dl de cidre sec,
100 g de beurre salé,
1 dl d'eau-de-vie de prune
ou de calvados,
une forte pincée de poivre.

Faites blanchir le chou effeuillé à l'eau bouillante. Roulez chaque saucisse, préalablement piquée, dans plusieurs feuilles de chou et déposez-les dans un plat allant au four. Poivrez, arrosez avec l'eau-de-vie et flambez. Ajoutez le cidre et le bouillon et mettez à four très chaud (250° C ou thermostat 9) pendant 30 mn. Servez brûlant et bien doré.

Connue depuis le XVIIIe siècle, cette recette a été utilisée comme base pour de nombreux autres mets, élaborés à partir de saucisses et de chou et tous en provenance de la région de Saint-Malo. Certains consistent en terrines au four alternant couches de chou, de saucisses, de carottes ou de pommes de terre, de lardons grillés imprégnés de cidre et de bouillon.

SALADE D'ALGUES

PRÉPARATION : 10 MN - 6 PERSONNES

800 g de laitue de mer
(*Ulva lactuca*) et de chicorée
de mer (bizin wenn),
5 cuillérées à soupe d'huile,
4 cuillérées à soupe
de vinaigre de vin 7°,
1 forte pincée de poivre,
1 pointe de cayenne,
2 oignons,
1 échalote,
2 gousses d'ail,
250 g de poitrine de porc fumée,
50 g de beurre.

Lavez longuement les algues à l'eau douce. Séchez-les à demi, porte du four ouverte. Epluchez oignons, ail, échalote. Coupez-les finement et battez-les, dans un saladier avec huile, vinaigre et assaisonnement. Faites dorer au beurre la poitrine de porc coupée en petits dés. Mettez les algues dans le saladier. 5 mn avant de servir, versez dessus les lardons chauds et remuez bien.

CRÊPES BRETONNES

PRÉPARATION : 20 MN - CUISSON : 3 MN PAR CRÊPE

500 g de farine de froment,
100 g de farine de blé noir,
3 œufs entiers,
250 g de sucre en poudre,
200 g de beurre salé,
4 cuillérées à soupe de fleur d'oranger ou 1 dl d'eau-de-vie (kirsch, prune) ou de rhum,
13 dl d'eau,
13 dl de lait.

Dans un saladier, versez les deux farines, les œufs, le sucre. Travaillez vigoureusement en ajoutant peu à peu l'eau et le lait jusqu'à ce que la pâte soit souple, juste liquide (la quantité d'eau et de lait nécessaire peut varier suivant la qualité des farines). Versez alors le beurre fondu et les parfums. Laissez reposer. Faites cuire sur le "galetier" ou à la poêle légèrement graissés. A feu vif, faites prendre, retournez et faites glisser sur un plat préchauffé. Se consomme tiède ou froid, tel ou garni à volonté.

De réputation mondiale, les crêpes bretonnes peuvent être préparées selon une quarantaine de recettes. Elles peuvent être à base unique de froment ou de blé noir, plus souvent d'un mélange variable de l'une et l'autre de ces farines. Elles peuvent être salées ou sucrées et fourrées selon le goût de chacun, de confiture ou de jambon, de miel ou de macédoine de légumes. Si Quimper fut le berceau des crêpes, voici au moins 3 siècles, rapidement chaque région de Bretagne, chaque ville ou même village se singularisa par une recette spécifique. Flambées ou au chocolat, de la duchesse Anne ou de Landrévarzec, dentelles ou "surprises" de Morlaix (un gâteau de crêpes fourrées superposées), toutes sont savoureuses, succulentes.

FAR BRETON

PRÉPARATION : 10 MN - CUISSON : 45 MN - 6 PERSONNES

250 g de farine,
250 g de sucre en poudre,
1 l de lait,
1 pincée de sel,
4 œufs,
250 g de pruneaux,
1 dl de rhum,
50 g de beurre.

Dans un saladier, versez la farine, le sel ; cassez les œufs un par un et mélangez soigneusement pour éviter tout grumeau. Ajoutez le sucre, le lait, le rhum sans cesser de remuer. Joignez les pruneaux trempés à l'eau tiède mais sans jus. Beurrez un plat à four. Versez-y cet appareil et mettez à four très chaud, puis chaud après 10 mn. Après 45 mn, retirez et laissez refoidir. Se consomme froid.

Une des vingt recettes connues de far breton. Certaines comportent la mise de la pâte dans un linge, trempé pour cuisson dans un faitout de bouillon brûlant. Le far aux pruneaux est le plus classique mais on peut remplacer ces derniers par des abricots secs, voire des raisins secs. Le far breton est après la galette au beurre la pâtisserie la plus connue de cette province.

BIGOUDENS

PRÉPARATION : 20 MN - CUISSON : 30 MN

1 kg de farine,
500 g de sucre en poudre,
2 dl de crème fraîche double,
400 g de beurre salé,
7 jaunes d'œufs,
2 dl d'eau-de-vie de prune ou de calvados,
250 g d'amandes mondées,
2 dl de lait.

Dans un saladier, versez la farine et faites un puits. Ajoutez la crème, les jaunes d'œufs, les 3/4 du beurre à demi fondu, le sucre et l'eau-de-vie. Travaillez vigoureusement pour obtenir une pâte lisse. Ajoutez alors les amandes. Sur la table farinée, étalez cette pâte à 1/2 cm d'épaisseur. Découpez-la en figures géométriques et déposez-les sur la plaque beurrée du four. Badigeonnez avec le lait. Mettez à four chaud (200° C ou thermostat 7/8) pendant 30 mn. Laissez refroidir et gardez-les en boîte métallique, au sec et au frais.

LIQUEUR D'ANGÉLIQUE

PRÉPARATION : 30 MN - REPOS : 1 MOIS PUIS 3 MOIS

1/2 livre de tiges d'angélique,
1 litre d'alcool à fruits,
1 kg de sucre en morceaux,
1/2 dl d'eau.

Laissez bien sécher l'angélique pendant un mois. Brisez-la en petits morceaux, mis à tremper dans l'alcool pendant 3 mois. Imbibez alors d'eau les morceaux de sucre et ajoutez-les dans le bocal. Quand le sucre est fondu, filtrez et mettez en bocal ou bouteille.

L'angélique est très appréciée en Bretagne où on la cultiva jusqu'au début du XXe siècle, notamment dans la région de Chateaubriant. Confite et utilisée en pâtisserie comme en confiserie ou destinée à la préparation de liqueurs suivant plusieurs recettes, elle est encore une spécialité de la ville de Dinard.

Le Breton boit beaucoup d'eau-de-vie, dès le matin dans son café, la “goutte” ! puis tout au long de la journée. Dès le XVIIIe siècle, on s'inquiéta de cette consommation mais la vie rude et la misère souvent lui furent des excuses.

Aujourd'hui, toutes les eaux-de-vie de France et d'ailleurs sont consommées en Bretagne mais surtout, toujours, l'eau-de-vie de cidre et celle de prune, sauvage ou non.

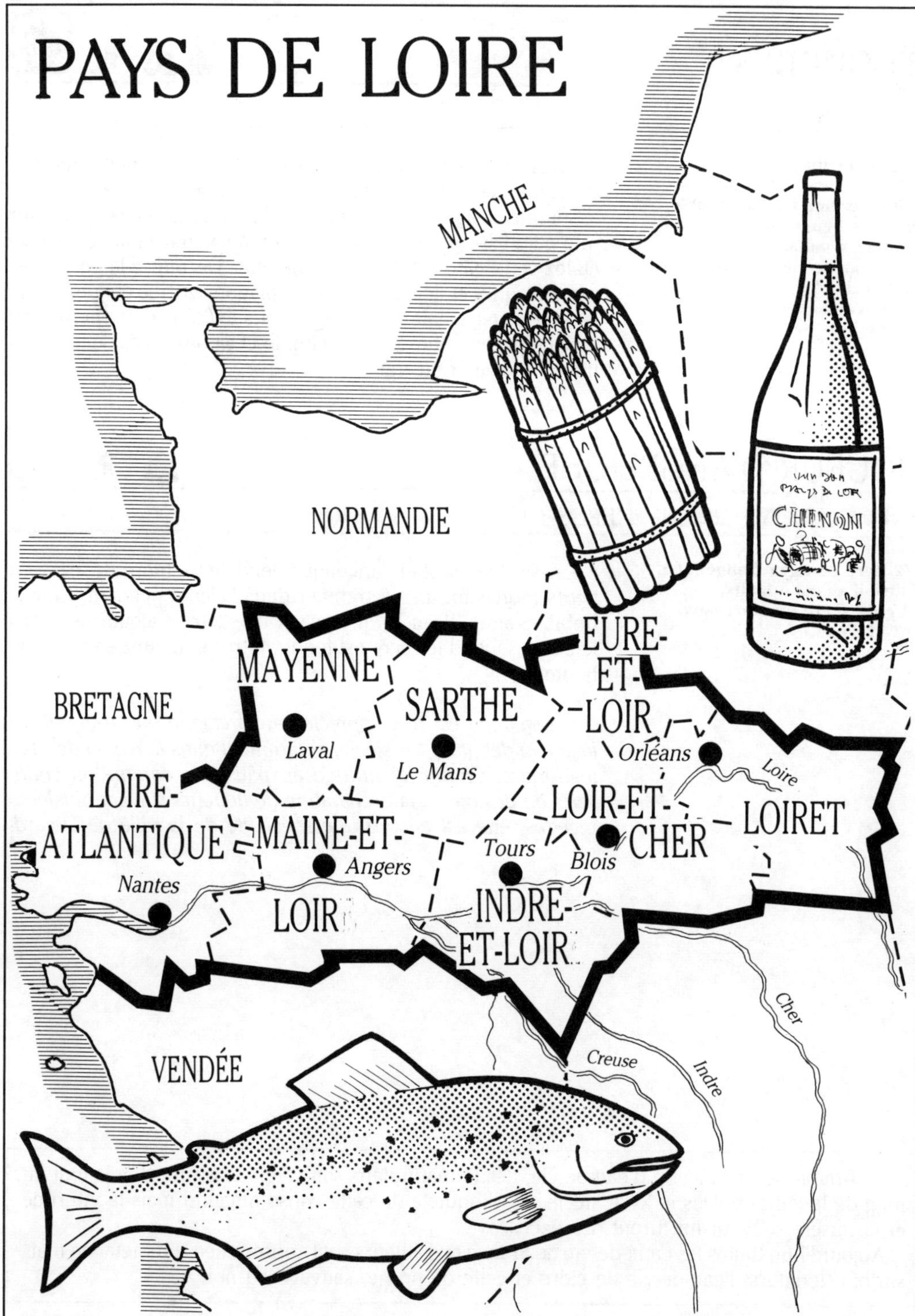
PAYS DE LOIRE
MANCHE
NORMANDIE
CHINON
BRETAGNE
MAYENNE
SARTHE
EURE-ET-LOIR
Laval
Le Mans
Orléans
Loire
LOIRE-ATLANTIQUE
MAINE-ET-LOIR
LOIR-ET-CHER
LOIRET
Tours
Blois
Angers
Nantes
INDRE-ET-LOIR
VENDÉE
Creuse
Indre
Cher

EN PAYS DE LOIRE

LES Pays de Loire existent-ils... ? Du moins pour la basse partie du fleuve, avant son arrivée dans l'Atlantique ? Géographiquement oui, mais ni historiquement, ni humainement. Et la récente "régionalisation" en les entérinant a quelque peu violé la Nature et les faits.

Géologiquement, le Massif armoricain est le chicot de ce qui fut de très hautes montagnes, essentiellement granitiques, il y a 450 millions d'années. Cette base primaire déborde largement au sud de l'estuaire de Loire. Il englobe les actuels Vendée et Sud du Maine-et-Loire. L'Ouest du Maine-et-Loire et une grande partie de la Mayenne et de la Sarthe sont faits de terrains argileux ou calcaires, de couches sédimentaires ou alluviales plus récentes, anciennes de seulement cent à deux cents millions d'années.

Historiquement, ces Pays de Loire regroupent des provinces qui ont connu des destinées très diverses. Terres de domaine royal autour d'Angers ; duché d'abord superbement indépendant puis rattaché à la couronne de France : la Bretagne dont Nantes était la capitale, fière du château de sa Duchesse Anne.

Deux périodes historiques ont fortement marqué ces Pays de Loire : la guerre de Cent Ans, et la grande Révolution française de 1789. Ce furent alors davantage de misères, de famines, de pillages et massacres du fait des bandes armées parcourant les campagnes et assiégeant les villes.

Les pays de Loire sont de plaines, à peine mammelonnées, descendant doucement vers le lit du fleuve. Sur le socle "primaire ancien", des alluvions se sont lentement déposées au fil du temps, offrant aux cultures comme à l'élevage, des terres riches et fécondes.

L'important dans ce pays de Loire, c'est le Val, la voie royale, le fleuve, à la fois capricieux, nonchalant ou fougueux. On l'a corseté de digues et de "levées" pour s'en protéger. Abrité en toutes saisons des vents du nord-ouest par les collines du Perche et de Normandie, le Val est effleuré, l'été, par l'avancée des hautes pressions venues des Açores et profite, l'hiver, de l'influence des vents de l'Atlantique.

Il tombe 680 mm d'eau à Tours et 600 mm à Angers ; si l'hiver est parfois brumeux, il n'est jamais rigoureux. L'automne est la saison radieuse qui fait de ce pays chanté par Rabelais, du Bellay et Ronsard, le pays de la lumière, du bien-être et de la "douceur angevine".

Le climat a permis aux plantes de région méditerranéenne de s'adapter en Touraine et en Anjou. On trouve, aujourd'hui, en pleine terre, palmiers, grenadiers, amandiers, abricotiers, camellias et magnolias, mais il a fallu l'habileté de l'homme pour transformer les rives du fleuve en pépinières. Si, au siècle dernier, on cultivait la garance et l'anis, la région des Mauges s'est spécialisée aujourd'hui dans la culture des plantes médicinales : mélisse, camomille, menthe et belladone. On a développé dans le bocage choletais l'élevage des bovins et la culture du lin.

Dans les fermes des plateaux, bâties sur une éminence pour échapper aux inondations, on élève vaches laitières, volailles et porcs.

La Vienne tourangelle apporte ses alluvions sur lesquelles se cultivent pommes de terre, potirons, choux fourragers et topinambours.

Le long de l'Authion, on élève bovins et canards. Tout au long du fleuve, les grottes crayeuses se sont transformées en champignonnières. Les petits exploitants ont ajouté à leurs activités l'élevage du lapin angora.

La cuisine trouve là un tel choix de légumes et de fruits, de viandes de qualité et de volailles dodues, de "lapins à l'herbe" qu'elle ne peut que les utiliser avec inspiration et réussite.

Le gibier est, lui aussi, abondant. Gibier de prairies et de haies là où les fâcheux remembrements n'ont pas sévi, détruisant un équilibre bionaturel millénaire. Cailles, perdrix, lièvres, garennes, également gibier d'eau sur les bords vaseux de Loire et dans la Grande Brière, refuge-escale pour les migrateurs mais comptant nombre d'espèces sédentaires. Sangliers, chevreuils, cervidés, ne sont pas absents qui fréquentent encore les forêts.

La pêche en eau douce est extrêmement abondante et variée, tant dans la Loire elle-même que dans ses affluents. Le saumon réapparaît et les anguilles qui vont régulièrement se reproduire de l'autre côté de l'Atlantique, dans la mer des Sargasses, peuplent toujours les marais de Grande Brière. De l'autre côté, le lac de Grandlieu, au sud de l'estuaire, près du pays de Retz, et maints autres plans lacustres ou étangs fournissent carpes, brochets et autres hôtes des eaux douces et calmes.

Pour être moins importante que dans la Bretagne et les Charentes voisines, la pêche océanique est active sur la face maritime des Pays de Loire. Côtière entre Belle-Isle et Noirmoutier ou hauturière, elle produit la base de recettes savoureuses. Crustacés et fruits de mer approvisionnent une consommation locale régulière.

Les Pays de Loire, ce sont aussi des vins réputés récoltés essentiellement sur la rive sud du fleuve. Vins rouges, rosés ou blancs d'Anjou, le vouvray, le bourgueil au goût de cassis, le chinon, le vin de Rabelais, vin blanc sec des coteaux d'Aubance ; quarts-de-Chaume et bonnezeaux des Côteaux du Layon ; coulée-de-serrant et roche-aux-moines des coteaux de Loire sont tous des vins excellents, des crus de bonne venue, savoureux à l'envie. Mais ce sont les divers muscadets, selon les crus plus ou moins secs, fruités, venant des coteaux de Loire ou de Sèvres-et-Maine ainsi que le gros-plant, moins noble, qui attirent l'attention.

Il n'est pas de province, en France métropolitaine, qui ne façonne dans son terroir quelque fromage savoureux. Les Pays de Loire produisent notamment, en terre d'Anjou le crémet d'Anjou, anciennement de chèvre, maintenant de vache, et le valençay, dit aussi pyramide, utilisant du caillé de chèvre.

Et comment ne pas évoquer Curnonsky et Marie Chevalier, sa cuisinière, qui, pendant quarante cinq ans, mijota les plats du terroir, quand on goûte le succulent "cul de veau". La viande réduite pendant des heures, accompagnée de légumes et de vin du pays, doit être assez fondante pour être coupée à la cuillère. Le long de cette route qui marche : la Loire, la campagne accueillante, les fleuves et le vignoble qui semble pousser par plaisir font de ce pays le coin le plus harmonieusement français. Sa cuisine des femmes relève d'une admirable simplicité venue du terroir. Autrefois riche en protéines et calories, elle s'est aujourd'hui adaptée à notre mode de vie climatisée et protégée. Elle est à l'image des habitants : équilibrée au pays du bien-manger, boire-joyeux et des digestions calmes.

SOUPE AUX FANES DE RADIS

PRÉPARATION : 15 MN - CUISSON : 40 MN - 4 PERSONNES

Fanes fraîches d'une botte de radis,
2 gros oignons,
1 cuillerée à soupe rase de farine,
40 g de margarine végétale,
1 l d'eau,
1 cuillerée à soupe de beurre,
1/2 cuillerée à soupe de sel gros,
3 tours de moulin à poivre.

Lavez les fanes et ciselez-les. Pelez et émincez les oignons. Dans une cocotte, faites fondre la margarine et mettez-y à étuver fanes et oignons pendant 3 mn. Saupoudrez-les alors de la farine, mélangez le tout et mouillez de l'eau. Salez, poivrez, amenez à ébullition et laissez cuire 30 mn à feu moyen. Avant de servir, ajoutez 1 cuillerée à soupe de beurre et rectifiez l'assaisonnement si besoin est. Présentez très chaud, en soupière.

Mon conseil : vous pouvez passer le potage au moulin à légumes, présenter en même temps des croûtons frits ou grillés et aussi l'enrichir d'1 cuillerée à soupe de crème épaisse.

SOUPE AUX ORTIES

PRÉPARATION : 10 MN - CUISSON : 45 MN - 4 PERSONNES

500 g de pommes de terre,
2 poireaux,
350 g de feuilles d'orties,
1 dl de crème fraîche,
1 forte pincée de sel et poivre,
4 tranches de pain de campagne,
80 g de beurre.

Epluchez les pommes de terre, les poireaux ; coupez-les en morceaux et hachez les orties. Jetez le tout dans une casserole d'eau bouillante salée. Après 35 mn, passez au mixeur et remettez dans la casserole avec juste ce qu'il faut d'eau de cuisson et la crème fraîche pour rendre la soupe liquide mais onctueuse. Faites dorer au beurre les tranches de pain coupées en quatre et versez dessus, dans la soupière pré-chauffée, le potage réchauffé durant 10 mn. Se consomme très chaud.

OMELETTE AUX CIVELLES

PRÉPARATION : 5 MN - CUISSON : 6 À 8 MN - 4 PERSONNES

9 œufs,
300 g de civelles,
1 citron bien juteux,
1 poignée de sel gros,
4 tours de moulin à poivre.

Les civelles ou piballes sont de très jeunes anguilles de 6 à 7 cm qui remontent les cours d'eau.

Faites bouillir de l'eau additionnée du jus de citron et du sel et mettez-y à pocher les civelles pendant 5 mn. Egouttez-les sur un papier-linge et tenez-les au chaud. Préparez alors votre omelette de la manière habituelle (poivrez-la, mais ne la salez pas ou très peu), et, avant de la replier, dans le plat de service chaud, fourrez-la des civelles. Servez aussitôt.

Mon conseil : n'oubliez pas que pour qu'une omelette "n'attache" pas, il faut jeter les œufs dans la matière grasse très chaude : une poêle à revêtement anti-adhésif vous évitera ce problème. Vous pouvez saupoudrer les civelles d'un hachis d'herbes : ciboulette, persil, cerfeuil, etc.

QUICHE TOURANGELLE

Préparation : 20 mn + 30 mn de repos - Cuisson : 30 mn - 6 Personnes

Pâte brisée :
180 g de farine,
90 g de margarine végétale,
1 pincée de sel,
6 cl d'eau.

Garniture :
200 g de rillettes.

Crème :
20 cl de crème fraîche,
3 œufs,
1 cuillerée à soupe bombée de persil haché,
5 tours de moulin à poivre.

Quiche garnie de rillettes de Tours, bien entendu !

Dans une terrine, versez la farine. Incorporez-lui la matière grasse, cube par cube, au couteau, comme si vous coupiez dans la masse, jusqu'à l'obtention d'une grosse semoule. Ajoutez alors le sel et l'eau et mélangez le tout. Formez une boule que vous laisserez reposer 30 mn au frais. Etalez-la alors, et foncez-en une tourtière. Disposez les rillettes sur ce fond de pâte. Dans une jatte, battez ensemble les œufs, la crème, et le persil ; assaisonnez ce mélange. Enfournez à four préchauffé thermostat 6 pendant 30 mn. Servez tiède.

Mon conseil : vous pouvez remplacer la moitié des rillettes par des dés de rillauds et accompagner d'une salade verte bien assaisonnée.

RILLAUDS OU RILLONS D'ANJOU

Préparation : 15 mn + 12 h de repos - Cuisson : 2 h 30

3 kg de poitrine de porc fraîche non découennée,
80 g de sel gros,
1 kg de saindoux.

Coupez la poitrine de porc en gros cubes. Mettez-les dans une terrine, saupoudrez-les du sel, mélangez le tout et laissez reposer 12 h au frais. Faites fondre le saindoux dans une cocotte à fond épais, ajoutez les cubes de viande que vous aurez secoués pour ôter l'excédent de sel et laissez cuire à feu très doux pendant 2 h 30. Quand ils sont cuits, égouttez les rillauds et servez-les chauds ou froids avec une salade verte ou une salade de pommes de terre.

Mon conseil : vous pouvez les conserver comme du confit dans des pots, recouverts de graisse de cuisson.

ALOSE FARCIE

PRÉPARATION : 35 MN - CUISSON : 1 H - 6 PERSONNES

1 alose de 1,5 kg,
250 g d'oseille,
200 g de beurre,
3 œufs,
1/2 cuillerée à café de sel,
6 tours de moulin à poivre,
6 échalotes,
1 bouteille de vin blanc sec,
3 cuillerées à soupe de persil haché,
2 cuillerées à soupe bombées de crème fraîche.

Écaillez l'alose, videz-la par les ouïes, afin de ne pas l'ouvrir, passez-la sous l'eau et épongez-la. Équeutez, lavez et essorez l'oseille. Faites-la fondre dans une casserole, à feu doux et dans 30 g de beurre, pendant 10 mn. Préparez la farce : dans un mortier, pilez la laitance ou les œufs de poisson, puis incorporez-leur peu à peu 150 g de beurre coupé en cubes ; quand le mélange est homogène, ajoutez-lui les œufs battus en omelette et l'oseille refroidie ; salez et poivrez. Mêlez bien le tout et emplissez de cette farce votre poisson (par les ouïes). Pelez et hachez les échalotes, mélangez-les au persil et tapissez-en un plat ovale en terre ou en porcelaine, à bords assez hauts. Posez au-dessus le poisson, mouillez du vin et parsemez du reste du beurre détaillé en noisettes. Enfournez à four préchauffé thermostat 7 et laissez cuire 1 h en arrosant souvent. Pour servir, débarrassez le poisson de sa peau et posez-le sur un plat de service tenu au chaud. Faites réduire le jus de cuisson à feu vif, liez-le de 2 cuillerées à soupe bombées de crème fraîche et nappez-en le poisson. Servez très chaud accompagné d'une purée de pommes de terre ou d'épinards.

Mon conseil : vous pouvez "muscader" légèrement la farce et faire quelques entailles en biais sur le corps du poisson (dessous et dessus).

BROCHET À LA TOURANGELLE

PRÉPARATION : 20 MN + 24 H DE MACÉRATION - CUISSON : 30 MN - 6 PERSONNES

1 brochet de 1,2 kg à 1,5 kg,
1 gros oignon,
2 échalotes,
2 gousses d'ail,
3 brins de persil,
1 brin de thym,
1/2 cuillerée à café de sel,
5 tours de moulin à poivre,
1 litre de vin blanc sec.

Sauce :
150 g de beurre,
1 cuillerée à soupe de farine,
2 jaunes d'œufs,
4 tours de moulin à poivre,
2 pincées de sel.

Écaillez le brochet, parez-le et videz-le par les ouïes. Pelez et hachez : oignons, échalotes, ail. Ajoutez-leur le persil haché également, le thym émietté, le sel et le poivre. Mélangez le tout ; introduisez ce hachis à l'intérieur du poisson et posez ce dernier dans un plat creux. Arrosez-le du vin et laissez-le mariner 24 h, dans un endroit frais en le retournant de temps en temps. Une heure avant le repas, mettez le brochet et le vin de macération dans une poissonnière ou une marmite ovale. Portez à ébullition et laissez cuire à feu moyen pendant 30 mn. Faites alors fondre le beurre dans une casserole à fond épais ; incorporez-lui la farine peu à peu en battant au fouet à main, ajoutez 2 verres de bouillon de cuisson, salez, poivrez et laissez cuire environ 5 mn. Hors du feu, ajoutez les jaunes d'œufs et tenez au chaud. Égouttez le brochet, dépouillez-le et dressez-le dans un plat de service long et chaud. Nappez-le de la sauce, et servez aussitôt.

Mon conseil : servez le reste de la sauce en saucière. Vous pouvez, avant de présenter le poisson, le saupoudrer d'herbes hachées et décorer le plat de fleurons de pâte feuilletée préalablement réchauffés.

ANGUILLE À LA BROCHE

PRÉPARATION : 30 MN - 3 H DE MACÉRATION : 3 H - CUISSON : 1 H - 8 PERSONNES

1 ou 2 belles anguilles (chacune de 0,750 à 1 kg),
250 g de poitrine de porc grasse,
1 dl d'huile,
6 échalotes,
200 g de beurre,
4 citrons,
4 cuillerées à soupe de vinaigre de vin 7°,
1 feuille de laurier,
2 branches de thym,
2 branches de romarin,
1 pincée de sel,
1 cuillerée à café de poivre en grains concassés.

Faites dépouiller les anguilles par votre fournisseur. Videz, coupez les têtes. Essuyez pour ôter toute trace de sang. Coupez la moitié de la poitrine de porc en minces bâtonnets et entrelardez les poissons. Coupez les anguilles en morceaux. Mettez dans un saladier avec sel, poivre, jus de 2 citrons, la moitié des herbes aromatiques ; arrosez d'huile, et en remuant de temps à autre, laissez macérer pendant 3 h. Égouttez alors les morceaux de poisson et enfilez-les sur une broche. Au gril, faites cuire à feu vif. Hachez 3 échalotes, le reste du lard et les aromates. Faites fondre à la poêle avec un peu de beurre. Avec cette purée, arrosez le poisson en cours de cuisson. Dans une autre casserole, versez le reste des échalotes coupées en lamelles très fines et le vinaigre. Faites réduire. Ajoutez le jus de cuisson des anguilles, passé pour retenir les fragments d'herbes aromatiques. Incorporez le reste de beurre coupé en morceaux. Battez au fouet. Présentez les morceaux de poisson sur un plat de service préchauffé, entourés de rondelles de citron. Servez la sauce à part, tiède ou chaude.

CHAPON AUX POMMES

PRÉPARATION : 20 MN - CUISSON : 80 MN - 6 PERSONNES

1 beau chapon paré à rôtir,
6 carottes,
4 oignons,
1 forte pincée de sel et poivre,
1/2 feuille de laurier,
2 branches de thym,
100 g de beurre,
8 belles pommes,
2 dl de cidre,
1 cuillérée à soupe d'eau-de-vie de cidre, de prune ou de calvados.

Épluchez, lavez, coupez en morceaux les légumes et emplissez-en le chapon. Assaisonnez, glissez le laurier et le thym, puis cousez la volaille. Dans un plat à four ou au gril, faites cuire à four chaud (200 °C ou thermostat 7/8) pendant 80 mn. Dans une poêle, au beurre, faites dorer les pommes épluchées, épépinées et coupées en lamelles épaisses. Ajoutez le cidre et l'eau-de-vie. Couvrez, laissez mitonner 10 mn. Sur un plat de service préchauffé, étalez les pommes et déposez dessus le chapon farci et rôti. Servez très chaud.

LAPIN AU BLANC

PRÉPARATION : 30 MN - CUISSON : 1H - 6 PERSONNES

1 lapin de 1,2 à 1,5 kg.

Court-bouillon :
1 oignon,
1 carotte,
1 bouquet garni (thym, laurier, serpolet, céleri),
1 cuillerée à café de sel,
4 tours de moulin à poivre,
1 pincée de noix muscade.

Sauce :
1 cuillerée à soupe de matière grasse (margarine végétale, huile ou saindoux),
12 petits oignons blancs,
1 cuillerée à soupe de farine,
1 grand verre de bon vin de Loire.

Crème :
2 jaunes d'œufs,
1 jus de citron,
100 g de crème fraîche,
1 gousse d'ail hachée,
2 cuillerées à soupe de persil.

Dans une marmite, mettez les morceaux de lapin ainsi que tous les éléments du court-bouillon. Couvrez juste d'eau et portez à ébullition sur feu vif. Écumez, baissez le feu et laissez cuire encore 10 mn à bouillons moyens. Sortez alors les morceaux de lapin avec une écumoire, égouttez-les sur un papier-linge (réservez le bouillon). Dans une sauteuse, faites bien chauffer la matière grasse et faites-y revenir la viande de tous côtés avec l'oignon pelé et émincé. Quand le tout est bien doré, saupoudrez de farine et mouillez du bouillon passé au chinois et du vin. Remuez délicatement, couvrez hermétiquement et laissez cuire 35 à 40 mn. Dressez alors les morceaux sur un plat de service tenu au chaud. Dans un bol, battez tous les éléments de la crème, et hors du feu, liez-en la sauce restée dans la sauteuse. Mélangez à la cuillère en bois, et nappez-en les morceaux de lapin. Saupoudrez du persil haché et servez aussitôt. Accompagnez de riz créole.

"CUL DE VEAU" À L'ANGEVINE

PRÉPARATION : 20 MN - CUISSON : 2 H 45 - 6 PERSONNES

1 kg de veau dans le quasi,
2 cuillerées à soupe d'huile ou de margarine végétale,
3 couennes de lard frais,
3 carottes moyennes émincées,
2 oignons pelés, coupés en rondelles,
1 bouquet garni,
1/2 l de vin blanc sec,
1/2 l de bouillon de volaille (en tablettes),
1 cuillerée à café de sel fin,
6 tours de moulin à poivre,
1 cuillerée à soupe de beurre manié.

Dans une sauteuse, faites chauffer la matière grasse et mettez-y à revenir le morceau de veau sur toutes ses faces pendant 15 mn environ. Tapissez des couennes le fond d'une cocotte, côté gras en dessous, étalez dessus les carottes et les oignons sur lesquels vous poserez la viande. Ajoutez le bouquet garni, salez, poivrez et mouillez avec le vin et le bouillon (au moins aux trois quarts de la hauteur). Couvrez le plus hermétiquement possible et laissez cuire à feu doux 2 h 30 environ. Débarrassez alors le veau dans un plat de service tenu au chaud. A feu vif, faites réduire la sauce et liez-la d'une cuillerée à soupe de beurre manié. Passez-la au chinois et nappez-en la viande. Servez aussitôt accompagné d'une purée de légumes : carottes, céleri, pommes de terre, navets, épinards, ou d'une fondue d'oignons ou de champignons frais sautés au beurre.

Mon conseil : vous pouvez arroser la viande, avant la cuisson, d'un verre à liqueur d'eau-de-vie de pays que vous ferez flamber, et ajouter à la sauce 1 cuillerée à soupe bombée de crème fraîche.

CASSEMUSSES OU CASSE-MUSEAUX

PRÉPARATION : 15 MN + 30 MN DE REPOS - CUISSON : 25 MN - 6 PERSONNES

250 g de fromage blanc bien égoutté,
250 g de farine,
100 g de beurre,
1 pincée de sel,
150 g de sucre semoule,
3 œufs.

Mettez dans une terrine le fromage blanc, le sucre, les œufs battus, le sel et le beurre ramolli. Mélangez bien le tout et incorporez la farine petit à petit. Quand la pâte est bien homogène, laissez-la reposer 1/2 h au frais (elle doit être molle, mais pas liquide). Beurrez une plaque à pâtisserie et répartissez-y des petits tas de pâte faits à la cuillère. Enfournez à four préchauffé thermostat 5/6 et laissez cuire environ 20 à 25 mn.

Mon conseil : vous pouvez ajouter un peu de rhum pour parfumer la pâte.

MERVEILLES ANGEVINES

PRÉPARATION : 15 MN + 2 H DE REPOS - CUISSON : 20 MN

150 g de farine,
50 g de beurre,
25 g de sucre,
2 jaunes d'œufs,
1/2 verre d'eau,
sucre cristallisé,
1 bonne pincée de sel.

Dans une terrine, pétrissez rapidement à la main tous les ingrédients. Faites-en une boule que vous laisserez reposer 2 h au frais. Étendez alors la boule au rouleau sur une épaisseur de 3 mm environ. Découpez dans la pâte diverses formes à la roulette à pâtisserie ou à l'emporte-pièce et faites-les frire dans de l'huile très chaude. Égouttez-les sur un papier-linge, saupoudrez-les de sucre cristallisé et servez-les aussitôt.

Mon conseil : vous pouvez remplacer le sucre cristallisé par du sucre glace. Si vous mélangez un sachet de vanille en poudre à un sucrier rempli de sucre cristallisé, vous obtiendrez un sucre vanillé parfumé, très agréable pour les pâtisseries et les yaourts.

BOURDONS EN CROÛTE

PRÉPARATION : 20 MN - CUISSON : 25 MN - 4 PERSONNES

4 belles et grosses pommes,
1 œuf,
100 g de sucre semoule.

Pâte brisée :
300 g de farine,
150 g de beurre,
10 dl d'eau,
2 œufs.

Épluchez les pommes et ôtez délicatement les pépins sans abîmer la chair des fruits. Enveloppez chaque pomme dans un rond de pâte que vous fixez à la queue en mouillant d'un peu de farine et d'eau. Badigeonnez l'enveloppe avec du jaune d'œuf et saupoudrez de sucre. Mettez à four chaud (200 °C ou thermostat 7/8) pendant 25 mn. La pâte doit être bien dorée. Servez chaud.

Un dessert originaire du Maine et remontant au XVIIe siècle. Il était cuit alors dans le four du boulanger où chacun le portait en ornant ses pommes d'un signe distinctif, en relief.

CRÉMETS D'ANGERS

PRÉPARATION : 20 MN + 3 H DE REPOS - 6 PERSONNES

400 g de crème fraîche,
2 œufs,
100 g de sucre semoule,
2 sachets de sucre vanillé.

Battez en neige les blancs d'œufs, incorporez-les à 250 g de crème et battez le tout pour obtenir un appareil onctueux, mousseux. Mettez-le dans une mousseline puis dans une faisselle (moule perforé pour fromages blancs). Laissez "prendre" pendant 3 h en haut du réfrigérateur. Démoulez, couvrez de crème non battue, saupoudrez de sucre vanillé et de sucre semoule à volonté.

LIQUEUR DE CASSIS

PRÉPARATION : 15 MN - REPOS : 2 MOIS

1 kg de cassis,
1,5 l d'eau-de-vie blanche pour fruits,
600 g de sucre en poudre,
100 g de framboises (facultatif) et quelques feuilles bien lavées de cassissier.

Égrappez, lavez, égouttez, essuyez les cassis et framboises. Disposez-les dans un bocal et recouvrez d'eau-de-vie. Ajoutez les feuilles, couvrez. Laissez reposer pendant 2 mois à l'ombre, au sec et au frais. Passez alors au tamis le mélange de grains alcoolisés. Préparez un sirop avec le sucre et un peu d'eau. Ajoutez à l'alcool parfumé, remuez bien et mettez en bouteilles. Peut se consommer immédiatement et se conserve bien durant 2 à 4 ans.

LIQUEUR DE COING

PRÉPARATION : 5 MN - REPOS : 2 MOIS

6 coings bien lavés,
1 l d'eau-de-vie blanche pour fruits.

Coupez les coings en quartiers. Déposez-les dans un bocal et emplissez d'alcool. Couvrez et mettez au frais, à l'ombre et au sec. Cette liqueur peut se consommer après 2 mois de repos. Elle se conserve pendant 2 à 3 ans.

VENDÉE-POITOU-CHARENTES

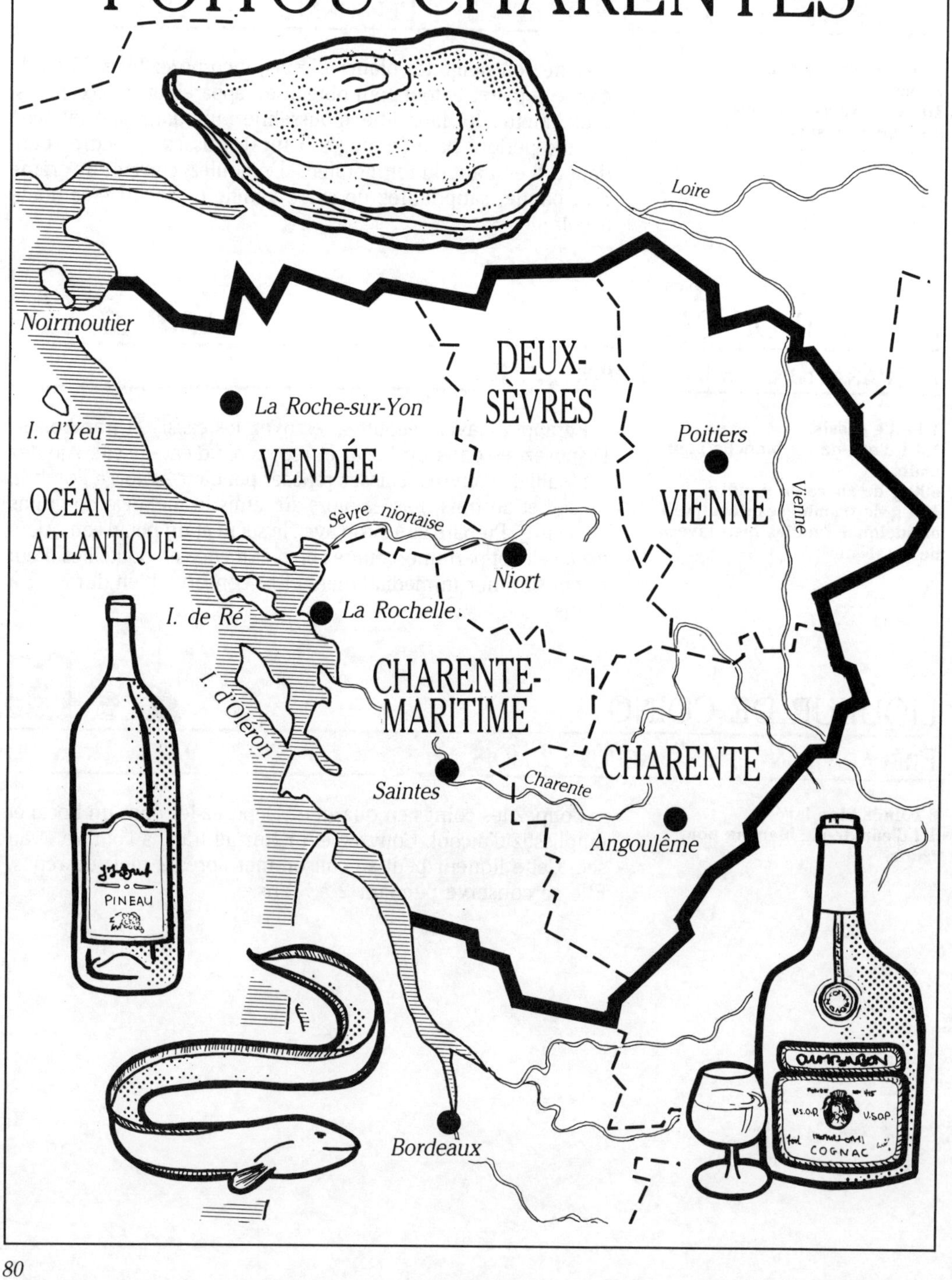

EN VENDÉE-POITOU-CHARENTES

LE Nord de la Vendée relève du chicot armoricain, des vieilles montagnes arasées datant d'il y a plus de 450 millions d'années.

Les Charentes sont faites d'une assise beaucoup plus récente, sédimentaire et alluviale, tout comme le Poitou, coincé entre la vallée de la Loire et la souche du Massif central, graniteuse et schisteuse.

Trois failles importantes, mais non génératrices de séismes, du moins pour l'instant, marquent la croûte terrestre dans cette région. Axées nord/ouest-sud-est, l'une longe le cours du Layon et se poursuit jusqu'au cours de la Vienne. Les deux autres, moins longues, se situent au sud de Niort et au nord de Saint-Maixent.

Malgré les deux caractères, opposés, de la géologie locale, la géographie est assez homogène. Les provinces de Vendée, Aunis, Saintonge et Poitou constituent un ensemble de terres relativement basses, ondulées de collines molles, sans vigueur. Seule une chaîne de reliefs culminant à 284 mètres d'altitude au mont Mercure et au puy Crapaud, sur la rive gauche de la Sèvre nantaise, rompt l'uniforme monotonie de l'horizon.

C'est là paysage idéal pour le bocage. Les haies de Vendée, de Poitou, d'Aunis confèrent à ces provinces l'aspect morcelé propice à la petite exploitation agricole. Le remembrement n'en est heureusement pas venu à bout. Il en découle une flore extrêmement variée et riche qui a fixé en ces régions une faune indigène très diverse.

Descendant en pente très douce de l'est vers l'ouest, ces terres se font palustres sur la rive atlantique, entre les plages de sable qui s'étalent largement de l'embouchure de la Loire à la Gironde. Le marais poitevin autour de l'anse de l'Aiguillon et le pertuis d'Antioche, croisé des damiers de ses parcs à huîtres, offrent des paysages insolites.

Au large de ces côtes sablonneuses ou vaseuses, plusieurs îles : Noirmoutier, plus ou moins rattachée au continent, Yeu, Ré et Oléron viennent compléter la diversité géographique de cet ensemble.

Le climat de ces provinces est doux, océanique certes mais cependant moins pluvieux qu'on le pourrait croire. Les hivers sont rarement et peu rigoureux. Les étés sont tièdes, sans chaleurs excessives, sauf saison exceptionnelle. Pareil cadre ne devrait pas attirer les foudres de l'histoire. Les frontières "disputées" de la France en ont toujours été fort éloignées. Pourtant, Vendée, Aunis, Saintonge et Poitou ont connu trois périodes cruelles.

La guerre de Cent Ans, d'abord, qui les exposa aux déplacements de bandes indisciplinées des deux armées rivales. Les guerres de Religion, ensuite, qui laissèrent les traces profondes et durables, encore sensibles, de maints massacres, pillages et "sacs" de toutes sortes. Enfin, la révolte royaliste et catholique, dite "chouannerie", ravagea ces terres, surtout celles de Vendée, prenant souvent l'aspect, de la part des "bleus" républicains, de véritables massacres.

Le marché de l'alimentation n'a pas toujours été ce qu'il est présentement. Aujourd'hui, la variété et la capacité des moyens de transport nous permettent d'avoir, en continuité à notre disposition des produits alimentaires venus de toutes les régions de France, d'Europe ; même de tous les pays du monde. Nos techniques, très diverses, nous permettent de les conserver jusqu'au jour où nous les utiliserons. Ce sont là prodiges, éléments de confort dont nous ne disposons que depuis quelques décennies. Auparavant, chaque terroir devait se suffire à lui-même, vivre sur sa propre production, sur ses légumes, ses poissons, ses viandes, ses fruits. Les échanges, limités, étaient toujours coûteux, véhiculant des produits qui étaient alors réservés aux menus de fêtes. Quant aux épices qui apparurent très tôt au cours du Moyen Âge européen, venant d'Insulinde grâce aux Arabes et Vénitiens, au-delà de leur route de diffusion par le Rhin vers les Iles britanniques et la Scandinavie, elles étaient cédées à un prix dissuasif et réservées aux tables ecclésiastiques et princières.

On ne pouvait alors être plus excentrés que la Vendée, le Poitou, les Charentes. Si, au nord et au sud, deux fleuves pouvaient drainer des courants commerciaux, entre leurs estuaires, Loire et Gironde, il fallait produire ce dont on avait besoin ou, plutôt, vivre sur ce que l'on produisait. Heureusement, la terre est riche et le climat agréable.

Toutes les céréales viennent bien : blé, maïs, orge, seigle, avoine.

Les prairies sont grasses, opulentes, parcourues de bovins et d'ovins au long des côtes basses, sur prés-salés. Il en découle l'un des meilleurs beurres d'Europe, le seul qui bénéficie actuellement d'un label d'origine ; également une crème onctueuse, un lait excellent, des fromages variés, une viande moelleuse.

Partout, même en tissu urbain, on cultive des légumes souvent précoces et relevant des "primeurs". Partout aussi, on élève des volailles et lapins. Les récoltes d'œufs sont abondantes.

Comme le sont les poissons dans les calmes et paresseuses rivières locales, les canaux du marais poitevin, les eaux peu profondes du rivage océanique, sablonneux, propice aux crevettes, soles, limandes.

Un abondant gibier, surtout de plaine (lièvres, garennes, faisans, perdrix, bécasses) et d'eau (colverts, petits échassiers, poules, etc.) apporte aussi sa contribution à la cuisine de ce terroir.

Quant aux vergers, nombreux et disséminés par toutes ces provinces, ils fournissent à satiété pommes, poires, groseilles, fraises, cerises, pêches, prunes, entre autres fruits savoureux.

Dus à la qualité du lait et à l'inauguration des hommes, les fromages de cette région sont nombreux et nous ne saurions les oublier : crémet d'Anjou, pâte molle du Valençay fermier, brebis d'Oléron, jonchée d'Aunis, caillebotte d'Andilly, trois-cornes de Marans, curée de Vendée à pâte pressée et croûte lisse, cités entre trente autres tous aussi délectables...

Et puis il y a, et sans lesquelles la gastronomie originelle de ce terroir ne serait pas aussi célèbre, il y a les productions de la vigne et des parcs à huîtres.

La vigne couvre coteaux et plaine, bien exposés au soleil au sud de Niort et, surtout, sur les rives gauche et droite de la moyenne Charente entre Angoulême et Tonnay, avec pour capitale Cognac. D'autres vignobles, plus au sud, sont exposés sur la rive gauche de la Seugne, en Saintonge, face à la Gironde.

Ce sont là les terres avantageuses produisant le fameux cognac, le pineau des Charentes et quelques vins "de terroir" assez remarquables.

Les parcs à huîtres couvrent les côtes marécageuses, vaseuses d'entre la pointe d'Arvert et l'anse de l'Aiguillon, à l'abri des deux grandes îles que sont Ré et Oléron. Dites "portugaises" depuis qu'une variété originaire du Portugal se développa en ces lieux après un naufrage, au cours du siècle dernier, elles bénéficient d'eaux remarquablement propices à leur culture. Une algue spécifique les affine et elles sont alors dites "de Marennes". Ces huîtres, expédiées partout en Europe, tiennent, avec d'autres "fruits de mer" : praires, palourdes, etc., une place importante dans la cuisine régionale.

La gastronomie de terroir pouvait aisément se structurer sur de pareilles richesses !

SOUPE DE POISSONS

PRÉPARATION : 30 MN - CUISSON : 1 H - 8 PERSONNES

1 daurade grise (800 g),
2 merlans,
2 grondins,
500 g de congre,
60 g de beurre,
3 cuillerées à soupe d'huile,
3 gros oignons,
2 échalotes,
1 gousse d'ail,
200 g de tomates pelées,
5 dl de vin blanc,
1/2 feuille de laurier,
1 branche de thym,
1 forte pincée de poivre,
1 pointe de couteau de poudre de safran,
3 dl de crème fraîche,
300 g de pain rassis coupé en tranches,
1 forte pincée de sel,
1 pincée de poivre de Cayenne.

Épluchez les oignons, échalotes, l'ail et coupez-les en fins morceaux. Coupez aussi en tronçons les poissons. Dans une cocotte, faites fondre le beurre, ajoutez l'huile et faites dorer à feu vif les morceaux de poissons. Retirez-les ; gardez-les au chaud. A leur place, faites dorer oignons, échalotes, l'ail puis versez les tomates pelées, le vin (muscadet ou blanc de Saumur), le laurier, le thym, le cayenne, le safran, le sel, le poivre. Remuez bien, couvrez et laissez mijoter durant 30 mn. Remettez alors les morceaux de poissons dans la cocotte. Couvrez et laissez encore cuire, à petit feu, durant 20 mn. Retirez les poissons, ôtez les arêtes. Passez la chair au mixeur et mouillez la purée avec une louche du bouillon. Reversez le tout dans la cocotte et laissez frissonner à la limite d'ébullition durant 5 mn. Versez cette soupe dans un récipient de service préchauffé et disposez dessus les rondelles de pain frits au beurre. Nappez de crème fraîche en remuant doucement.

CORBEILLES D'OIGNONS

PRÉPARATION : 20 MN - 4 PERSONNES

16 gros oignons,
4 tomates,
4 œufs durs,
100 g de crevettes roses,
1 pincée de sel et poivre,
1 bouquet de persil et cerfeuil,
1 cœur de laitue,
4 petits triangles ou ronds de pain de campagne grillé.

Épluchez les oignons, coupez-les en deux et détachez très soigneusement pour ne pas les rompre les demi-sphères les plus grandes. Gardez le reste pour d'autres préparations. Lavez, épluchez les tomates. Dans le plat de service, déposez les feuilles de salade en quatre cercles, posez dessus les morceaux de pain grillé puis les demi-sphères d'oignons. Dans chacune déposez un morceau de tomate ; salez et poivrez. Posez encore une rondelle d'œuf dur, puis 2 ou 3 crevettes. Saupoudrez d'herbes taillées. Mettez au réfrigérateur et sortez 20 mn avant de servir.

PÉTONCLES GRILLÉS

PRÉPARATION : 30 MN - CUISSON : 15 MN - 6 PERSONNES

1 kg de pétoncles,
200 g de beurre demi-sel,
2 pincées de sel et poivre,
1 bouquet de persil et cerfeuil.

Lavez les pétoncles ; ôtez la partie supérieure des coquilles. Lavez soigneusement les mollusques à l'eau salée. Posez les demi-coquilles sur la grille du four ; salez, poivrez. Déposez sur chaque mollusque un petit morceau de beurre. Faites cuire à four chaud (200° C ou thermostat 7/8). Servez immédiatement sortis du four, en saupoudrant d'herbes taillées.

HUÎTRES CHARENTAISES

PRÉPARATION : 30 MN - CUISSON : 20 MN - 4 PERSONNES

4 douzaines d'huîtres,
150 g de beurre salé,
250 g de champignons sauvages ou de Paris,
4 gousses d'ail,
4 échalotes,
150 g de chapelure,
2 pincées de sel et poivre,
1 bouquet de persil et cerfeuil,
2 dl de crème fraîche.

Faites ouvrir les huîtres à four chaud. Détachez et jetez la coquille supérieure. Détachez les mollusques en conservant la partie creuse de la coquille. Recueillez le jus des huîtres. Dans une casserole, faites blanchir quelques minutes les mollusques dans ce jus bouillant. Dans une autre casserole, faites suer et très légèrement dorer au beurre les champignons lavés et brossés, les aulx, échalotes, herbes préalablement hachés. Ajoutez la crème, réduite dans un autre récipient et à petit feu. Mélangez le tout et assaisonnez. Avec cette farce, remplissez les parties creuses des coquilles, et sur chacune, déposez une huître. Saupoudrez de chapelure. Faites gratiner 10 mn à four très chaud (200° C ou thermostat 7/8). Servez brûlant.

MOULES ROCHELAISES

PRÉPARATION : 30 MN - CUISSON : 25 MN - 6 PERSONNES

3 l de moules,
100 g de champignons sauvages ou de Paris,
6 échalotes,
3 gousses d'ail,
2 dl de vin blanc (gros-plan),
1 branche de céleri,
75 g de beurre,
1 pincée de noix de muscade râpée,
100 g de mie de pain,
2 pincées de sel et poivre,
1 bouquet de ciboulette,
1 bouquet de cerfeuil.

Lavez, brossez les moules. Dans une casserole avec le vin et 3 échalotes hachées, faites-les ouvrir. Retirez, détachez et jetez la demi-coquille à laquelle le mollusque n'est pas attaché. Épluchez, lavez, hachez le reste d'échalotes, l'ail, le céleri, les champignons, la ciboulette. Dans une poêle, au beurre et à feu vif, saisissez les moules en remuant, durant 10 mn. Ajoutez la farce, la mie de pain, la muscade, salez et poivrez. Couvrez et laissez cuire durant 5 mn. Servez très chaud en saupoudrant de cerfeuil taillé.

LOTTE EN BROCHETTES

PRÉPARATION : 20 MN + 3 H DE MARINADE - CUISSON : 10 MN - 6 PERSONNES

3 livres de lotte,
3 citrons,
2 dl d'huile,
250 g de poitrine de porc fumée,
50 g de graines de fenouil,
2 dl de crème fraîche,
1 œuf,
2 pincées de sel et poivre,
1 pincée de cayenne,
1 bouquet de persil et cerfeuil.

Coupez la lotte en morceaux d'environ 4×4 cm. Laissez-les macérer durant 3 h dans l'huile, le jus de citron, le sel, le poivre, le cayenne, le fenouil en retournant de temps en temps. Enfilez les morceaux de lotte sur des brochettes en les intercalant avec des tranches minces de la poitrine de porc fumée. Mettez au gril en tournant de temps en temps et en recueillant le jus. Liez ce jus avec la crème, le jaune de l'œuf et nappez les brochettes avec cette sauce au moment de servir. Saupoudrez de persil et de cerfeuil taillés.

ROUGETS DE FOURAS

PRÉPARATION : 20 MN - CUISSON : 20 MN - 8 PERSONNES

8 rougets-barbets,
125 g de crème fraîche,
75 g de farine,
150 g de beurre,
1 dl de cognac,
1 forte pincée de sel et poivre,
1 soupçon de cayenne,
1 bouquet de persil ou de cerfeuil.

Nettoyez les poissons non vidés. Roulez-les dans la farine. Dans une poêle, au beurre, faites-les cuire à feu vif en retournant souvent. Après 10 mn de cuisson, retirez-les, ouvrez-les délicatement, videz-les en conservant les foies. Écrasez ceux-ci dans la poêle, arrosez de cognac et flambez. Ajoutez alors la crème, le sel, le poivre et le cayenne et maniez le tout. Déposez les poissons sur cet appareil et faites cuire encore 5 mn à feu moyen. Servez très chaud dans la poêle de cuisson. Saupoudrez avec persil ou cerfeuil taillés.

Mon conseil : dans ce plat originaire de l'île d'Oléron et de la région de Rochefort, Brouage, les rougets-barbets sont meilleurs si on ne les vide pas pour les cuire. Seul inconvénient : ils doivent être consommés très frais.

Les fruits de mer et les poissons tiennent dans les cuisines de terroir vendéennes et charentaises (d'Aunis et de Saintonge) une place plus importante qu'en toute autre province de France : les berniques farcies, les huîtres en crépinettes, la mouclade d'Aunis, les brochettes de saint-jacques au pineau, les palourdes grillées et les sourdons (coques) aux herbes, les couteaux de Fouras, entre autres entrées et hors-d'œuvre, sont des régals qu'il faut goûter. Les créats rôtis (esturgeons), les carpiats au gril (petites carpes), les sardines fraîches à l'étouffée, les maquereaux marinière et la chandrée de fours (ou potée fourasine de poissons), les anguilles en collier et les piballes frites (ou alevins d'anguille en friture), les céteaux (ou petites soles) en friture, le froie de tremble (ou poisson-torpille) en ragoût, les seiches farcies et le ragoût de seiche de l'île de Ré, le cabillaud au vin blanc et la touille (requin) aux champignons, la raiteau (jeune raie) à l'échalote et les meuilles (mulets) à la charentaise et la lotte aux crevettes et tant d'autres... ! des merveilles qu'il faut aller déguster sur place pour mieux les préparer chez soi !

POULET CHARENTAIS

PRÉPARATION : 45 MN - CUISSON : 1 H 30 - 6 PERSONNES

1 beau poulet de ferme,
4 douzaines d'huîtres,
2 échalotes,
2 oignons,
1 cuillerée à soupe de farine,
1 dl de vin blanc
(sancerre ou saumur),
1/2 feuille de laurier,
1 branche de thym,
1 dl de crème fraîche,
1 forte pincée de poivre,
20 tranches de pain
de campagne sautées
au beurre et coupées
en morceaux.

Videz, nettoyez, flambez, parez le poulet. Faites-le rôtir au four ou à la brochette durant 1 h en recueillant sa graisse et son jus dans la lèchefrite. Ouvrez les huîtres en recueillant leur jus. Détachez-les de leur coquille et réservez-les. Dans une sauteuse, au beurre, faites fondre et dorer légèrement les oignons et échalotes épluchés et émincés. Saupoudrez de farine, mouillez avec le vin. Filtrez l'eau des huîtres et ajoutez-la ; poivrez, incorporez le laurier et le thym et la crème fraîche. Faites réduire à feu moyen. Recueillez le jus de la lèchefrite ; dégraissez-le et versez-le dans la sauteuse. Dans cette sauce, mais sans bouillir, faites pocher durant 3 à 4 mn les huîtres. Dans un plat de service préchauffé, dressez le poulet. Entourez-le de pain grillé. Posez dessus les huîtres et nappez avec la sauce. Servez chaud.

DAUBE SAINTONGEAISE

PRÉPARATION : 45 MN - CUISSON : 5 H - 8 PERSONNES

2 kg de macreuse
ou de jumeau de bœuf,
1 pied de veau désossé,
250 g de poitrine de porc
grasse,
1 couenne,
2 kg de carottes,
2 oignons,
400 g d'échalotes,
2,5 l de vin rouge,
1 dl de cognac,
200 g de beurre,
1/2 feuille de laurier,
1 branche de thym,
6 gousses d'ail,
1 cuillerée à café de sel,
3 fortes pincées de poivre.

Coupez le lard gras et le pied de veau en petits morceaux. Faites-les revenir dans une cocotte avec 100 g de beurre à petit feu durant 15 mn. Retirez les morceaux dorés et gardez-les au chaud. Dans la même cocotte, introduisez la viande coupée en morceaux moyens. Poussez à feu vif durant 20 mn, en remuant. La viande doit bien dorer sur toutes ses faces. Dans une sauteuse, avec le reste de beurre, faites revenir et dorer les carottes épluchées, coupées en rondelles et les échalotes épluchées et émincées. Dans une casserole, faites chauffer le vin à premier bouillon. Ajoutez le cognac et flambez. Versez la purée d'échalotes et les carottes, le pied de veau et les lardons, la couenne coupée en morceaux, le vin chaud parfumé au cognac sur la viande, dans la cocotte. Introduisez le laurier, le thym, l'ail épluché et écrasé. Couvrez et laissez cuire à petit feu durant 4 h. Salez et poivrez seulement à la 3e heure de cuisson. Servez en cocotte, chaud. Ou mieux, comme les Charentais, préparez ce plat la veille. Il est meilleur réchauffé ainsi qu'il en est de toutes les daubes.

MAROLLET DU POITOU

PRÉPARATION : 40 MN + 2 H DE MACÉRATION - CUISSON : 1 H - 6 PERSONNES

3 livres de foie de porc,
600 g de poitrine de porc grasse,
1 ou 2 crépines de porc,
75 g de beurre ou saindoux,
1 dl de cognac,
1/2 feuille de laurier,
1 branche de thym,
1 forte pincée de quatre-épices,
2 fortes pincées de sel et poivre.

Lavez, essorez soigneusement la crépine. Dans un saladier, laissez-la mariner dans le cognac ; retournez-la de temps en temps. Coupez en dés la poitrine de porc. Hachez le foie. Ajoutez-lui le sel, le poivre, les quatre-épices, le cognac, et mélangez bien. Étalez la crépine. Tartinez-la avec la purée de foie épicé. Rabattez les bords de la crépine. Vous pouvez former ce boudin en cylindre ou en rectangle. Mettez à four moyennement chaud (175 °C ou thermostat 6) dans un plat bien graissé. Posez dessus le laurier et le thym. Laissez cuire pendant 1 h et sortez pour un refroidissement total. Se consomme froid et se garde une dizaine de jours.

Originaire de la région Melle/Saint-Maixent, et vieille de 3 siècles, cette recette découle de la "purée de marollet aux oignons" que les paysans poitevins apportaient avec eux au champ quand ils devaient y déjeuner.

RAGOÛT DE PORC

PRÉPARATION : 20 MN - CUISSON : 2 H 20 - 6 PERSONNES

3 livres de porc (côtes ou hauts de côtes),
75 g de saindoux,
10 oignons,
6 tomates,
16 pommes de terre,
2 cuillerées à soupe de farine,
1/2 feuille de laurier,
1 branche de thym,
2 fortes pincées de sel et poivre.

Dans une cocotte, avec le saindoux, faites fondre les oignons épluchés, émincés. Après 10 mn, au centre, placez les morceaux de viande. Laissez dorer. Saupoudrez alors de farine et laissez encore chauffer jusqu'à obtenir une couleur ocre foncée. Pelez, écrasez les tomates et versez sur la viande. Ajoutez le laurier, le thym, salez, poivrez. La viande doit être bien recouverte. Au besoin, versez un peu d'eau. Couvrez et laissez mitonner 2 h à petit feu. C'est 40 mn avant la fin de cuisson que vous introduirez les pommes de terre coupées en morceaux.

VANNEAU RÔTI

PRÉPARATION : 15 MN - CUISSON : 20 MN - 4 PERSONNES

4 vanneaux,
100 g de poitrine de porc maigre,
100 g de poitrine de porc grasse,
75 g de beurre,
1 barde,
4 tranches de pain de mie,
2 citrons,
2 fortes pincées de sel et poivre,
1/2 dl de cognac ou d'eau-de-vie de prune.

Plumez, flambez, videz, troussez et bardez les oiseaux. Faites-les rôtir avec le lard gras et le lard maigre durant 15 mn. Écrasez les foies. Faites-les revenir avec un peu de beurre et à feu vif. Faites frire les tranches de pain au beurre. Étalez dessus un peu de purée de foies. Posez chaque oiseau rôti sur une tranche de pain et assaisonnez. Faites chauffer le cognac ou l'eau-de-vie et versez, flambé sur chaque vanneau. Déglacez le jus avec un soupçon de cognac et servez à part, en saucière.

CIVET DE LIÈVRE

PRÉPARATION : 30 MN - CUISSON : 4 H - 6 PERSONNES

1 lièvre,
500 g d'échalotes grises,
4 gousses d'ail,
200 g de poitrine de porc fumée très maigre,
100 g de poitrine de porc fraîche grasse,
1 l de vin rouge,
1 dl de cognac,
1 cuillerée à soupe de farine,
3 fortes pincées de sel et poivre.
1/2 feuille de laurier,
1 branche de thym,
50 g de beurre.

Dans une cocotte, au beurre, faites revenir le lard gras et le lard fumé coupés en petit morceaux. Ajoutez le lièvre coupé en parts, couvrez et laissez cuire durant 1 heure à feu doux. Ajoutez les échalotes et l'ail épluchés et émincés. Recouvrez et laissez cuire durant 30 mn. Dans une casserole, versez le vin, mettez le laurier, le thym et faites bouillir durant 30 mn. Saupoudrez de farine en remuant bien le lièvre et les échalotes. Lentement, versez le vin réduit sur cet appareil. Couvrez et laissez cuire à petit feu durant environ 2 h. La viande du lièvre doit se détacher facilement. Versez le cognac et flambez-le. Servez très chaud.

Le gibier d'eau a toujours tenu une place importance dans les terroirs de Vendée, Poitou et Charentes. Les marais y sont nombreux et servent d'asile aux oiseaux migrateurs. La chasse à la tonne (abri léger) et le braconnage aux pots de soufre, aux grains alcoolisés, aux feux aveuglants de nuit ont permis de fournir, certaines "mauvaises années" de guerre ou disette, plus de 60 % de la "chair consommée".

Aujourd'hui, malgré la raréfaction des marais et les abus de chasse, ce gibier conserve une place importante sur les tables de la région.

Soupe au tursan (Aquitaine p. 110)

Foie de canard au chasselas (Aquitaine p. 112)

Entrecôte à la bordelaise (Aquitaine p. 113)

Gigot de mouton basquaise (Pays basque p. 123)

SALADE DE PIPOU

PRÉPARATION : 10 MN - 6 PERSONNES

350 g de pourpier tendre et jeune,
1 cuillerée à soupe de vinaigre,
3 cuillerées à soupe d'huile de noix,
1 pincée de sel et poivre,
6 échalotes grises,
3 gousses d'ail,
1 bouquet de ciboulette,
1 cuillerée à soupe de cognac.

Épluchez, lavez, essorez le pourpier en détachant les feuilles. Dans un saladier, versez l'huile, le vinaigre, le sel, le poivre, échalotes, ail et ciboulette hachés. Disposez le pourpier dessus. 20 mn avant de servir, remuez soigneusement et ajoutez, goutte à goutte, le cognac. Servez frais.

Mon conseil : on peut aussi préparer cette salade avec 2 dl de crème et sans huile. Quelques lardons frits de poitrine de porc maigre fumée donnent aussi un cachet très agréable à cette salade sauvage dont l'origine remonte au Moyen Âge. Toutes les herbes "libres" comme pourpier, tiche, pissenlit étaient abandonnées par les seigneurs aux "manants" qui surent trier les meilleures d'entre elles et les accommoder à leur goût.

BOTTREAUX CHARENTAIS

PRÉPARATION : 35 MN + 3 H DE REPOS - CUISSON : 2 MN PAR PIÈCE - 10 PERSONNES

350 g de farine,
3 œufs,
75 g de sucre,
1 pincée de sel,
3 cuillerées à soupe de lait,
125 g de beurre,
1 sachet de sucre vanillé,
1/2 sachet de levure,
1 zeste de citron râpé,
2 l d'huile de friture,
250 g de sucre glace.

Versez la farine et la levure dans une terrine, creusez un puits et ajoutez les œufs, le lait, progressivement, le sucre, le sel, le sucre vanillé, 80 g de beurre fondu et le zeste de citron râpé. Mélangez bien à la main. Étalez cette pâte sur 1 cm d'épaisseur et badigeonnez avec le reste de beurre, fondu. Malaxez bien à nouveau. Laissez reposer durant 3 h. Étalez la pâte au rouleau à 1/2 cm d'épaisseur. Découpez en triangles, carrés, ronds, losanges, etc., et jetez dans la friture très chaude. Retournez au bout d'1 mn. Retirez ces bottreaux, épongez-les avec un papier absorbant. Déposez sur le plat de service en saupoudrant généreusement de sucre glace. Se consomme chaud ou froid.

CROÛTE AUX PRUNES

PRÉPARATION : 25 MN - CUISSON : 40 MN - 6 PERSONNES

300 g de pain blanc ou de mie,
1 kg de prunes rouges ou blanches,
175 g de beurre,
200 g de sucre en poudre.

Coupez le pain en tranches fines et faites dorer celles-ci avec la moitié du beurre dans une poêle, à feu vif. Avec ces tranches grillées, tapissez le fond d'un plat à four. Lavez, essuyez, ouvrez en deux moitiés, jetez les noyaux des prunes. Déposez ces moitiés de prunes sur le pain, peau en dessous. Vous obtenez une succession de creux dans lesquels vous ajoutez du sucre et une pointe de couteau de beurre. Mettez à four chaud (200 °C ou thermostat 7/8) et laissez cuire durant 40 mn en surveillant. Les moitiés de prunes doivent caraméliser à brun roux mais non à noir. Retirez et servez chaud.

TOURTE SÈCHE DU POITOU

PRÉPARATION : 35 MN - CUISSON : 35 MN - 8 PERSONNES

300 g de sucre en poudre,
300 g de beurre,
550 g de farine,
1 dl d'eau-de-vie (de prune ou marc),
1 dl de lait,
4 œufs,
1 pincée de sel.

Dans une terrine, battez 3 des œufs avec l'eau-de-vie, le sucre, le sel jusqu'à obtenir une crème claire et lisse. Ajoutez alors le beurre fondu. Travaillez énergiquement. Versez lentement la farine et pétrissez pour obtenir une boule de pâte. Coupez-la en quatre et pétrissez à nouveau. Coupez encore et malaxez pour refaire une boule homogène et se détachant bien des mains. Avec les doigts, abaissez cette boule à la dimension d'un plat à four ou d'une tourtière. Mettez-la en place dans le récipient et, avec une fourchette, dessinez des motifs sur le haut de la pâte. Mélangez et battez ensemble le jaune d'œuf restant avec le lait. Badigeonnez la pâte avec cette sauce. Mettez à four moyennement chaud (175° C ou thermostat 6) et laissez cuire durant 40 mn. Servez froid en attendant le refroidissement total pour sortir de la tourtière.

GÂTEAU POITEVIN

PRÉPARATION : 20 MN - CUISSON : 35 MN - 6 PERSONNES

2 œufs,
125 g de sucre semoule,
125 g de beurre,
250 g de farine,
75 g d'angélique confite,
1 cuillerée à café de levure chimique,
1 jaune d'œuf,
1 pincée de sel,
50 g de beurre pour graisser le moule.

Dans un saladier, mélangez farine, sucre et levure. Faites une fontaine et incorporez les œufs entiers, le sel, le beurre fondu, la moitié de l'angélique coupée en petits morceaux. Pétrissez bien. Déposez cette boule de pâte dans un moule à manqué beurré. A la main, faites-lui épouser la forme du moule et lissez la surface au couteau. A la fourchette, dessinez des croisillons ou d'autres dessins. Dorez au jaune d'œuf. Décorez avec le reste de l'angélique. Mettez à four chaud (200° C ou thermostat 7/8) durant 35 mn. Démoulez, laissez refroidir.

Mon conseil : à cette recette remontant au XVIIe siècle, née dans la "campagne" de Niort et perfectionnée dans les cuisines ecclésiastiques et monacales, on lui ajoute parfois de l'eau-de-vie de prune ou du marc, voire du cognac, pour parfumer cette délicieuse galette.

GALETTE DE VENDÉE

PRÉPARATION : 15 MN + 1 H 40 DE REPOS - CUISSON : 30 MN

500 g de pâte à pain fermentée,
150 g de beurre,
3 œufs,
150 g de sucre semoule,
1 cuillerée à soupe d'eau de fleurs d'oranger,
1 pincée de sel.

Achetez la pâte chez votre boulanger. Pétrissez-la longuement en lui incorporant le beurre fondu, les œufs, le sucre. Parfumez avec l'eau de fleurs d'oranger et mettez cette pâte dans un moule à four, rectangulaire (ou rond, ou encore ovale) beurré légèrement. Laissez lever à l'ombre et au tiède. Glissez à four moyen (175° C ou thermostat 6) et laissez cuire durant 30 mn. Servez tiède ou froid.

RAISIN AU PINEAU

PRÉPARATION : 20 MN - REPOS : 2 MOIS

1 l de pineau,
1 dl de cognac,
2 kg de raisins blancs (chasselas) ou de préférence rouges (muscats),
1 clou de girofle.

Choisissez de très belles grappes de raisin, égrappez-les. Les grains doivent être sains, bien mûrs sans trop et parfaitement secs. Disposez-les dans un bocal nettoyé et bien sec. Recouvrez avec le pineau et le cognac. Ajoutez le clou de girofle. Fermez hermétiquement et rangez à l'ombre, au frais et au sec. Pendant 3 semaines, contrôlez tous les 3 à 4 jours et ajoutez du pineau quand le raisin en a absorbé. Il doit toujours être recouvert. Après 2 mois, le raisin est bien imbibé et vous pouvez consommer.

PÉRIGORD-QUERCY

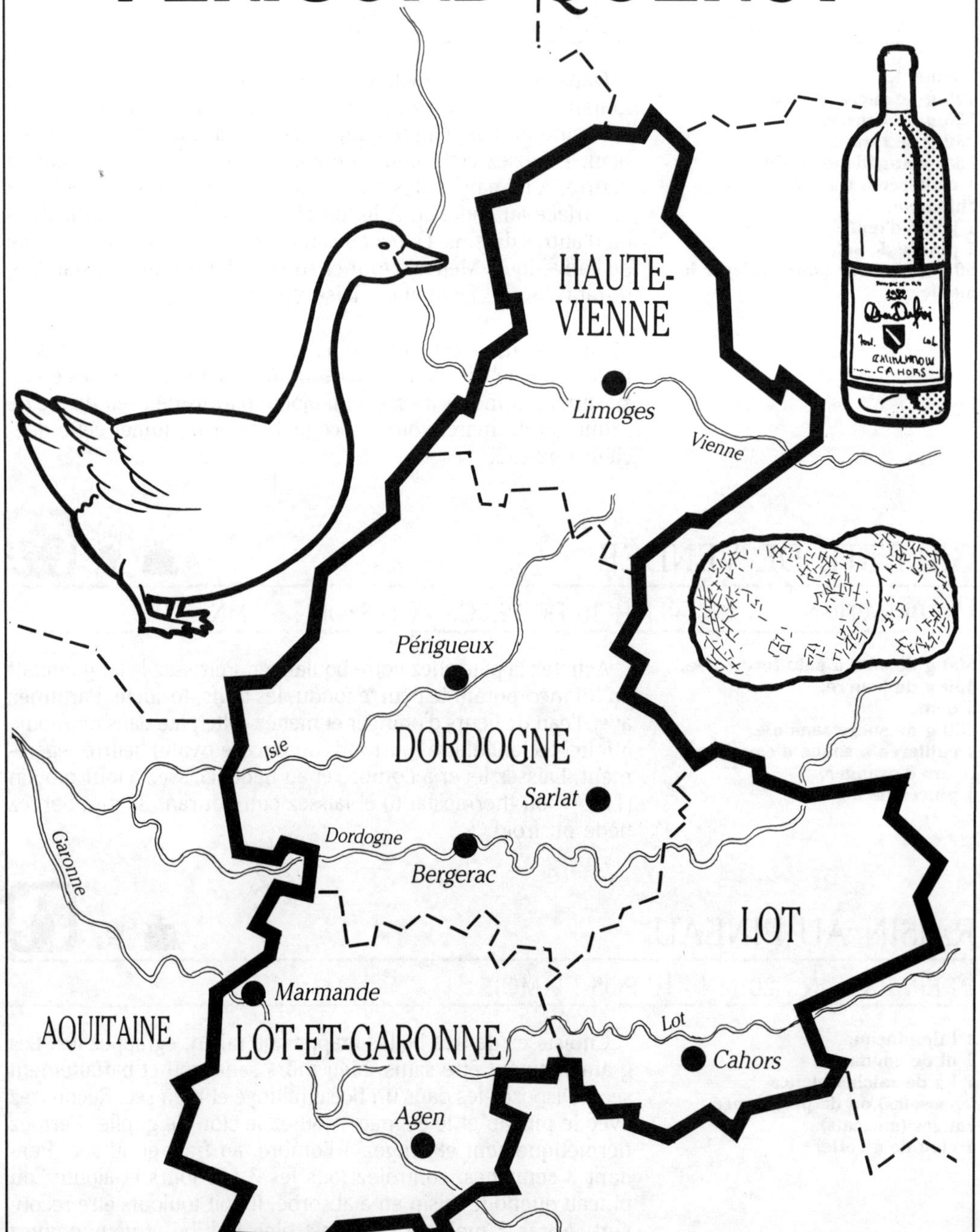

En Périgord et Quercy

Tout le monde reconnaît que le Périgord est un pays de bonne chère. Mais hélas, il est de plus en plus difficile de partager cette cuisine, parce que nos "mères" périgourdines sont en voie de disparition. Les chefs qui les ont remplacées ne font pas preuve de recherche pour essayer de mettre en "phase" la cuisine et le Périgord.

Il est dommage que dans les restaurants de la région, nous ne puissions plus nous régaler de ces merveilleux plats du terroir périgourdin que sont la mique levée, le lapin en cabessal, l'ase farci, l'enchaud périgourdin, le poulet au verjus, la poule à la farce noire, la grive confite, la sanguette, le pain de méteil, le millassou, la cajasse, sans parler de la blanquette d'anguilles, de la carpe à la Neuvic, ou de coucoules, magnifiques et minuscules champignons cuits en 3 mn sur la braise et arrosés au verjus.

Et comment ne pas parler de ce repas du matin qui commençait par un tourain simple ou blanchi, puis on faisait chabrol et on terminait par un bout de fromage de chèvre et enfin un café ?

Le repas du midi ou "lou merenda" débutait par une soupe aux légumes au goût de fricassée, suivi du chabrol. Après, on continuait par une saucisse de pays, lapin ou coq au vin, le plat principal s'appelait pompirau.

Périgord, où sont nos repas d'antan ? Je vous invite à les retrouver. Nous déborderons dans ce chapitre les frontières du Périgord jusqu'au Quercy et au Rouergue.

Bien sûr, la connotation du Périgord c'est le foie gras. J'en profiterai pour vous donner des conseils utiles dans le choix d'un foie gras, dans la préparation et dans la dégustation.

Le choix : le premier geste à accomplir est de prendre le foie dans la paume de la main et de le lisser doucement du pouce afin d'éprouver sa fermeté. Si le pouce s'enfonce aisément, on se trouve en face d'un foie qui ne perdra pas trop de poids à la cuisson.

La préparation : soignez le dénervage, adoucissez le foie en le faisant tremper 2 h dans du lait pour expurger le sang. Disposez les lobes les uns sur les autres, salez et poivrez au poivre blanc du moulin.

Procédez au mouillage, en mettant une quantité (qui varie avec les chefs cuisiniers) d'armagnac, de sauternes, de porto ou de madère, etc. Choisissez la cuisson. Sachez que le mi-cuit permet de goûter à toutes les saveurs du foie gras, mais attention, il ne se conserve pas longtemps.

La dégustation : placez le foie gras 3 h au réfrigérateur avant la dégustation, enroulé dans une feuille d'aluminium. Sortez-le 30 mn avant la dégustation. Servez-le sans rien, avec seulement le moulin à poivre blanc et des toasts de pain de campagne grillés.

Le vin idéal : il n'est pas le même pour tous et son choix reste très controversé. Certains préfèrent le porto et je l'aime bien moi aussi, ainsi que le sauternes. D'autres vous diront qu'avec le xérès, c'est divin ! Les producteurs conseillent un cahors, un madiran, un monbazillac ou un "Château Le Caillou". D'autres, comme moi, vous diront qu'avec un grand bordeaux, un pauillac par exemple, c'est superbe !

Quant au vin blanc, choisissez des grands bourgognes blancs. Il y a aussi une curiosité que j'aime bien, c'est le foie gras avec un armagnac blanc.

Le foie gras n'est pas le seul plat à déguster dans le Périgord. Il y en a bien d'autres, et bien sûr, d'autres vins les accompagnent.

Commençons par vous proposer un côte-de-duras "Domaine de Durand", blanc sec à l'arôme fin et puissant, long en bouche, pour accompagner un poisson. Citons aussi le bergerac rouge "Château Panisseau" aux arômes de cabernet sauvignon, pour accompagner divinement une omelette aux cèpes.

Enfin, je vais provoquer quelques gastronomes classiques, en vous proposant de goûter un magnifique roquefort avec un monbazillac, c'est absolument divin.

Les fromages du Périgord, du Quercy et du Rouergue constituent un très beau plateau. Ainsi, vous avez :

— *dans le Périgord :* l'abbaye-d'échourgnac, le chevrotin de Thiers, le cubjac, l'échourgnac ;

— *dans le Quercy :* le bleu de Quercy, le cabécou de Livernon, le cabécou de Cahors, le livernon, le picadou, le rocamadour ;

— *dans le Rouergue :* l'aligot, le bassey, le bleu des Causses, le brebis du Larzac, le cabécou d'Entraygues, la fourme de Laguiole, le laguiole, le perail, le roquefort, la tomme d'aligot, la tomme fraîche, la tomme fraîche de Cantal.

Menu de noce en Périgord

Les noces en Périgord dépassent en ampleur tout ce que l'on peut imaginer. Voici le menu pour un mariage, il y a une vingtaine d'années, se déroulant dans une grange, où 100 convives sont autour d'une longue table dressée.

Bouillon des noces aux quatre viandes
Chabrol généreux
Hors-d'œuvre variés
Bœuf et veau du bouillon sauce tomate
Poule et dinde du bouillon sauce champignons
Écrevisses sarladaises
Brochet froid sauce mayonnaise
Truffes sous la cendre
Civet de lièvre ou lapin aux cèpes
Poulet rôti aux céleris braisés
Salade aux fines herbes
Fromage
Gâteau de mariage
Fruits
Café
Champagne

TOURAIN BLANCHI

PRÉPARATION : 10 MN - CUISSON : 12 MN - 8 PERSONNES

1,5 l d'eau,
1 grosse cuillerée de saindoux ou graisse d'oie,
9 gousses d'ail,
10 g de farine,
1 branche de thym,
1 cuillerée à café de vinaigre de vin,
2 œufs,
2 cuillerées à soupe d'eau bouillante,
morceaux de pain rassis,
sel, poivre.

Faites chauffer l'eau dans un faitout jusqu'à ébullition. Écrasez grossièrement les gousses d'ail et poêlez-les à la graisse d'oie. Saupoudrez-les de farine, laissez roussir la farine, mouillez avec les 2 cuillerées à soupe d'eau bouillante et remuez bien jusqu'au premier bouillonnement. Versez le contenu de la poêle dans le faitout d'eau bouillante. Ajoutez le thym, le sel, le poivre et portez à nouveau à ébullition. Cassez les œufs dans le bouillon, en ne laissant tomber que le blanc et réservez les jaunes dans un bol. Versez un filet de vinaigre sur les jaunes. Remuez et ajoutez 3 cuillères à soupe de bouillon. Remuez et versez dans le faitout. Retirez aussitôt du feu. Consommez avec des morceaux de pain rassis.

SOBRONADE

PRÉPARATION : 20 MN + 10 H DE TREMPAGE - CUISSON : 3 H 5 - 8 PERSONNES

800 g de haricots secs,
1 tranche de jambon cru de pays,
saindoux,
1 rave,
3 pommes de terre,
2 carottes,
1 branche de céleri,
2 oignons,
2 gousses d'ail,
2 clous de girofle,
1 bouquet de persil,
1 bouquet garni,
tranches de pain de seigle,
sel, poivre blanc du moulin.

La veille, mettez à tremper les haricots secs. Le lendemain, faites-les blanchir 10 mn dans de l'eau bouillante. Jetez l'eau qui a servi à les blanchir. Faites bouillir à nouveau de l'eau. Disposez les haricots dans la marmite et recouvrez-les largement avec l'eau bouillante. Découpez en dés le jambon cru et versez-les dans la marmite. Épluchez et émincez la rave en rondelles. Faites-les revenir dans une poêle au saindoux avec le porc découpé en petits morceaux. Versez cette fricassée dans la marmite. Épluchez et coupez en morceaux les pommes de terre, les carottes, le céleri. Versez-les dans la marmite et ajoutez les oignons piqués des clous de girofle, le bouquet garni, les gousses d'ail écrasées, le persil, salez, poivrez. Versez 2 l d'eau chaude et portez à ébullition. Baissez le feu et faites cuire pendant 3 h, à petits bouillons. Versez la soupe sur des croûtons de pain de méteil (mélange de seigle et de froment) rassis.

MOURTAYROL

PRÉPARATION : 15 MN - CUISSON : 2 H 40 - 6 PERSONNES

1 poule,
4 poireaux,
3 carottes,
2 oignons,
2 clous de girofle,
1 navet ou rave,
1 pincée de safran,
40 g de vermicelles,
croûtons de pain rassis,
sel, poivre blanc du moulin.

Dans une grande marmite, placez la poule entourée des poireaux, des carottes, du navet ou de la rave, des oignons piqués de clous de girofle. Recouvrez-la d'eau froide et portez à ébullition. Salez, poivrez, et écumez de temps en temps. Faites cuire, à feu très doux, pendant 2 h 30. Retirez la poule et les légumes et réservez au chaud. Passez le bouillon au chinois et ajoutez du safran. Faites chauffer et ajoutez 2 poignées de vermicelles pendant 7 mn. Dégustez le bouillon versé sur du pain rassis. La poule se déguste lorsque le "mourtayrol" a été consommé.

OMELETTE AUX TRUFFES

PRÉPARATION : 10 MN - CUISSON : 10 MN - 4 PERSONNES

6 œufs,
1 grosse truffe,
10 g de graisse d'oie,
1 cuillerée à soupe de madère,
sel, poivre.

Faites cuire la truffe fraîche dans le madère, pendant 7 mn. Coupez-la en lamelles de 1 mm d'épaisseur et détaillez celles-ci en petits cubes. Montez 2 blancs d'œufs en neige ferme. Dans un saladier, battez six jaunes et quatre blancs. Mélangez ensuite les cubes de truffe et les blancs montés. Ajoutez une cuillerée à soupe de madère ayant servi à la cuisson et fouettez. Dans une poêle, faites chauffer très chaud la graisse d'oie, versez l'appareil, l'omelette doit être cuite rapidement et roulée dans le plat de service.

La truffe en conserve

Il y a la truffe de 1re ébullition dont le parfum reste pratiquement intact. C'est une production particulière presque introuvable, réservée uniquement aux grands restaurants.

La truffe de 2e ébullition a moins de parfum mais une meilleure texture, car la truffe, contrairement au foie gras, supporte bien la cuisson. Nous la trouvons commercialisée sous les noms suivants dans l'ordre décroissant :

— truffes brossées extra, truffes brossées 1er choix, morceaux de truffes, pelures de truffes.

Vous prenez une boîte de truffes pelées 1er choix, vous la faites réchauffer au bain-marie, et vous mangez vos truffes tout bêtement avec du gros sel et du pain de campagne grillé.

ALICOT

PRÉPARATION : 40 MN - CUISSON : 4 H - 6 PERSONNES

3 abattis de poulet, d'oie, de canard (cous, ailerons, gésiers, carcasses),
25 g de graisse d'oie,
2 oignons,
100 g de carottes,
300 g de scorsonères,
20 g de farine,
1 branche de thym,
1 bouquet de persil,
1 feuille de laurier,
2 cuillerées à soupe de sauce tomate (concentré),
35 cl de bouillon,
sel, poivre.

Épluchez les oignons que vous émincerez ensuite, les carottes que vous couperez en rondelles, et les scorsonères que vous couperez en tronçons.

Dans une cocotte, faites revenir dans la graisse d'oie les abattis coupés en morceaux. Retirez-les, lorsqu'ils sont dorés, remplacez-les par les oignons, les carottes et les scorsonères. Faites dorer tous ces légumes. Remettez les abattis. Saupoudrez de farine et mouillez avec le bouillon. Ajoutez le thym, le persil, le laurier et la sauce tomate. Salez, poivrez et laissez mijoter à couvert pendant 4 h.

COU D'OIE FARCI

PRÉPARATION : 1 H 20 + 4 H DE MARINADE - CUISSON : 1 H - 4 PERSONNES

1 peau de cou d'oie,
525 g de chair à saucisse,
150 g de graisse d'oie,
1 petit foie de canard,
1 petite truffe,
5 cl de marc,
6 cl de vin blanc sec,
1 pincée de quatre-épices,
sel, poivre blanc.

Enlevez le cou d'une oie. Du cou de l'oie, ne conservez que la peau soigneusement nettoyée et absolument intacte. C'est dans ce manchon que vous glisserez la farce. Laissez le manchon mariner 4 h dans le marc et les quatre-épices.

Préparez la farce : émincez finement la truffe et hachez-la. Écrasez le foie de canard. Mélangez la chair à saucisse, la truffe hachée et le foie de canard. Salez, poivrez, ajoutez la marinade et le vin blanc et travaillez bien la farce. Garnissez le manchon de peau. Ficelez les deux extrémités et plongez-le dans la graisse bouillante. Lorsqu'il remonte à la surface, il est cuit. Retirez-le avec une écumoire, réservez-le dans une terrine, et laissez-le refroidir. Recouvrez le cou farci avec la graisse d'oie dans laquelle il a cuit.

FOIE GRAS FRAIS AUX CÂPRES

PRÉPARATION : 1 H 30 - CUISSON : 35 MN - 6/8 PERSONNES

600 g de foie d'oie frais,
50 g de câpres,
20 g de beurre fin,
10 g de farine,
10 cl de cognac,
15 cl de porto,
sel, poivre blanc.

Choisissez un beau foie gras aux grains fins. Dénervez-le et arrosez-le de cognac, salez-le, poivrez-le et farinez-le. Dans une cocotte, faites-le dorer dans le beurre. Ajoutez les câpres, faites cuire le tout à couvert à feu doux pendant 35 mn. Retirez le foie et dressez-le sur un plat. Déglacez le plat de cuisson au porto et nappez le foie gras de cette sauce.

ÉCREVISSES À LA MODE DE SOUILLAC

PRÉPARATION : 1 H - CUISSON : 10 MN - 6 PERSONNES

20 cl de court-bouillon,
une cinquantaine d'écrevisses,
6 œufs,
20 cl de crème fraîche double,
20 g de beurre,
75 g de cantal râpé,
50 g de farine,
sel, poivre blanc du moulin.

Détachez l'écaille centrale de chaque queue d'écrevisse et retirez le boyau noir. Faites un bon court-bouillon bien relevé et pochez les écrevisses. Détachez les queues et décortiquez-les. Passez les carcasses au mixeur et réservez-les. Dans une grande casserole, faites fondre le beurre. Ajoutez la farine, remuez bien à la spatule, ajoutez la crème fraîche et le court-bouillon. À feu très doux, liez la sauce avec les jaunes d'œufs et ajoutez la purée de carcasses. Salez, poivrez et ajoutez les queues d'écrevisses. Faites cuire à feu très doux, pendant 6 mn. Versez le tout dans un plat allant au four. Saupoudrez de cantal râpé et mettez à gratiner 4 mn.

ENCHAUD PÉRIGOURDIN

PRÉPARATION : 20 MN + 12 H DE REPOS - CUISSON : 2 H 30 - 6 PERSONNES

1,7 kg de filet de porc désossé,
4 gousses d'ail,
40 g de saindoux ou graisse d'oie,
1 verre d'eau tiède,
sel, poivre blanc du moulin.

Salez, poivrez votre filet cru et aillez-le. Roulez-le sur lui-même et ficelez-le. Réservez-le au frais pendant 12 h. Dans une cocotte, faites dorer le filet au saindoux ou à la graisse d'oie. Salez, poivrez, déglacez avec un verre d'eau tiède. Faites cuire à couvert, à feu très doux, pendant 2 h 30. Dégustez chaud ou froid dans sa gelée.

RAGOÛT DE VEAU AUX CÈPES

PRÉPARATION : 25 MN - CUISSON : 2 H - 6 PERSONNES

1,3 kg de veau (épaule),
8 petits oignons,
60 cl de bouillon de veau,
10 cl de vin blanc sec,
2 gousses d'ail,
1 bouquet de persil,
1 bouquet garni,
450 g de cèpes,
5 cl d'huile d'arachide,
30 g de beurre,
5 g de farine,
sel, poivre.

Découpez l'épaule de veau en morceaux de moyenne grosseur. Épluchez les oignons. Dans une cocotte, faites revenir vos morceaux de veau à l'huile et au beurre avec les petits oignons et l'ail. Saupoudrez de farine et laissez roussir. Mouillez avec le bouillon et le vin blanc. Ajoutez le bouquet garni, et laissez cuire 1 h 10. A part, préparez les cèpes, émincez-les grossièrement. Sautez-les à l'huile dans une poêle. Faites-les cuire 30 mn. Ajoutez-les dans le ragoût. Faites cuire encore à feu doux 50 mn. Au moment de servir, saupoudrez de persil haché.

BÉCASSES À LA PÉRIGOURDINE

PRÉPARATION : 30 MN - CUISSON : 15 MN - 6 PERSONNES

3 bécasses,
3 fines bardes,
3 tranches de pain de campagne,
40 g de mousse de foie d'oie,
100 g de gras de jambon,
1 truffe,
2 échalotes,
3 cl d'armagnac,
10 cl de madère,
sel, poivre.

Plumez et videz les bécasses, en réservant les intestins. Flambez-les et enlevez les bréchets. Hachez les intestins, le gras de jambon, la truffe et les échalotes. Ajoutez la mousse de foie d'oie, salez, poivrez et arrosez cette farce d'armagnac. Farcissez les bécasses et bardez-les. Bridez-les en traversant à hauteur des cuisses avec leur bec. Faites-les cuire à four vif, 15 mn. Dorez au beurre les tranches de pain de campagne. Déglacez le plat du four au madère. Émulsionnez. Servez chaque bécasse sur une tranche de pain de campagne et nappez de la sauce.

TRUFFES EN RAGOÛT

PRÉPARATION : 15 MN - CUISSON : 20 MN - 6 PERSONNES

6 truffes,
1 bouteille de bergerac blanc,
100 g de beurre d'Échiré,
10 g de farine,
sel, poivre blanc du moulin.

Dans une cocotte, faites fondre le beurre. Ajoutez la farine et remuez avec une cuillère en bois. Mouillez avec le vin blanc. Réduisez le roux. Brossez et essuyez les truffes et coupez-les en quatre. Ajoutez les truffes dans la cocotte, salez, poivrez et faites cuire à feu doux 20 mn.

La truffe, l'or du Périgord

Le Périgord et le Quercy sont les vrais royaumes de la truffe. On compte, en effet, 1 500 hectares de truffières en production et 6 000 hectares de truffières sauvages. Il faut ajouter 600 hectares de truffières nouvelles qui ne produisent pas encore (dans une dizaine d'années). On note une diminution de la production de la région de Gramat, en revanche Lalbenque arrive à fournir le quart de la production française.

Il faut dire que la qualité de truffes se trouve dans les régions de Gramat et de Souillac. Voici comment les poètes nomment la truffe :

« Le diamant de la cuisine » (Brillat-Savarin).
« Pomme féerique » (George Sand).
« Négresse reine » (Émile Goudeau).
« Gemme des terres pauvres » (Colette).
« Odorante pépite » (James de Coquet).
« Perle noire » (Fulbert Dumonteil).

TRUFFES EN FEUILLETÉ

PRÉPARATION : 25 MN - CUISSON : 25 MN - 6 PERSONNES

6 belles truffes,
6 bardes de gras de jambon,
200 g de mousse de foie,
2 œufs,
150 g de pâte feuilletée,
20 cl de fond de veau,
10 cl de madère,
sel et poivre blanc du moulin.

Faites braiser 6 mn les truffes dans le fond de veau et le madère. Salez, poivrez et réservez. Tartinez chaque truffe de mousse de foie et enrobez-les d'une barde. Recouvrez la truffe de pâte feuilletée et soudez en pinçant. Colorez au jaune d'œuf. Faites cuire à four doux (150° C ou thermostat 4) pendant 20 mn.

MILLASSOU

PRÉPARATION : 20 MN - CUISSON : 45 MN - 8 PERSONNES

1,6 kg de citrouille,
20 g de beurre,
375 g de sucre,
380 g de farine de maïs,
6 œufs,
50 cl de lait,
5 cl de rhum,
1 pincée de sel.

Épluchez, épépinez et découpez en petits morceaux la citrouille. Faites-la cuire dans une grande casserole avec un peu d'eau, 15 mn environ. Égouttez et faites une purée de citrouille. Battez les œufs en omelette. Faites chauffer le lait. Dans une grande casserole, versez la purée de citrouille et mélangez les œufs en omelette, le rhum, le lait et le sucre. Ajoutez une pincée de sel. Incorporez ensuite la farine et mélangez bien à la spatule. Versez l'appareil dans un plat à four beurré. Faites cuire à feu moyen pendant 30 mn.

GOUGNETTES

PRÉPARATION : 25 MN + 2 H DE REPOS - CUISSON : 8 MN - 8 PERSONNES

500 g de farine,
100 g de sucre semoule,
100 g de sucre glace,
20 g de levure de boulanger,
12 cl d'eau tiède,
huile,
6 œufs,
sel.

Dans un grand saladier, mélangez la farine, le sucre semoule et le sel. Faites une fontaine, puis versez la levure préalablement diluée dans de l'eau tiède. Travaillez la farine à la main en ajoutant les œufs, l'un après l'autre. La pâte doit devenir ferme et homogène. Mettez la pâte en boule et réservez-la 2 h. Étendez-la au rouleau pour obtenir un grand rectangle. Roulez-la sur elle-même et coupez le rouleau en rondelles de 6 cm. Plongez les gougnettes par 5 ou 6 dans l'huile bouillante. Retirez-les et égouttez-les lorsqu'elles sont cuites. Rangez-les dans un plat et saupoudrez-les de sucre glace.

Le *"Tuber aestivum"* ou la truffe blanche

On en trouve un peu partout, dans le bassin méditerranéen, dans le Sud-Est de la France, en Italie, en Espagne, en Turquie, en Albanie, en Syrie, etc.
Elle a une écorce noire, mais l'intérieur est blanc ou jaunâtre. Elle est pratiquement dépourvue de saveur. Elle se vend sous l'appellation "brisures de truffes blanches d'été".

COQUE

PRÉPARATION : 30 MN + 6 H DE REPOS - CUISSON : 40 MN - 10 PERSONNES

1 kg de farine,
6 œufs,
135 g de beurre ramolli,
25 g de levure de boulanger,
2 cl de fleur d'oranger,
130 g de sucre semoule,
14 cl d'eau tiède,
1 pincée de sel.

Sur une table, faites une fontaine avec 125 g de farine, versez la levure, ajoutez 6 cl d'eau tiède et travaillez la pâte à la main pour obtenir une pâte élastique. Si nécessaire, rajoutez un peu d'eau tiède. Faites une boule, incisez en croix le dessus, réservez-la dans une terrine recouverte d'un torchon pendant 2 h (vous venez de faire le levain). Faites une autre fontaine avec le restant de farine. Cassez 4 œufs, versez 8 cl d'eau tiède, travaillez la pâte à la main. Ajoutez ensuite le sucre, le beurre ramolli, une pincée de sel et les 2 œufs restants. Travaillez bien à la main pour obtenir une pâte homogène. Étalez la pâte au rouleau, placez le levain au centre, ramenez les bords au centre et travaillez bien la pâte pour obtenir une pâte homogène. Réservez-la dans une terrine couverte d'un torchon pendant 4 h. Ajoutez la fleur d'oranger en pétrissant légèrement pour lui donner une forme de pain ovale. Faites cuire à four moyen (180° C) ou thermostat 5/6) pendant 40 mn.

PRÉPARATION ANCIENNE DU VERJUS

PRÉPARATION : 1 H + 3 SEMAINES DE FERMENTATION

5 kg de raisins blancs avant la véraison,
15 à 20 g de gros sel.

Écrasez les raisins au pilon dans un grand mortier (veillez à ne pas écraser les pépins). Vous obtiendrez un premier jus que vous réservez. Pressez le foulage obtenu, en le serrant dans un torchon. Mélangez-le au premier jus (environ 1,5 l). Placez le liquide obtenu dans un grand saladier à découvert pour le faire fermenter pendant 3 semaines. Décantez, filtrez le jus obtenu et salez à raison de 15 g pour 5 kg de raisins. Mettez en petites bouteilles de préférence. Bouchez hermétiquement. Le verjus se conserve plusieurs années.

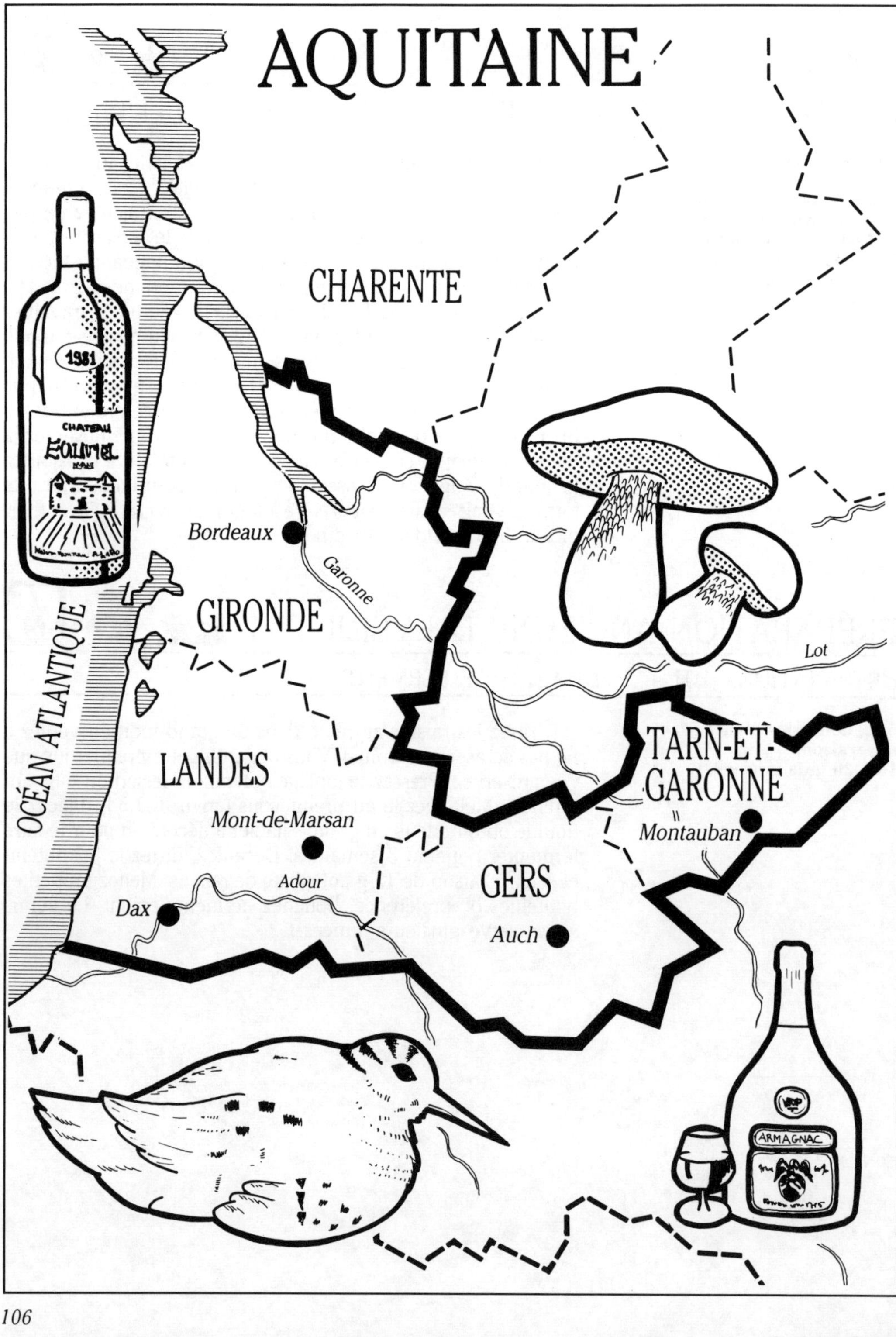
AQUITAINE
CHARENTE
Bordeaux
Garonne
GIRONDE
OCÉAN ATLANTIQUE
LANDES
Mont-de-Marsan
Adour
Dax
GERS
Auch
TARN-ET-GARONNE
Montauban
Lot
1981
CHATEAU
ARMAGNAC

En Aquitaine

C'est au XVIIIe siècle que la cuisine d'Aquitaine devint gastronomique, malgré les réticences de certains historiens qui n'hésitèrent pas à gommer la splendeur de cette cuisine par l'esprit des bourgeois négociants puritains et le protestantisme.

Et bien non, Bordeaux, avec "l'Académie de l'Aucat Croustit", qui devint en 1712 "l'Académie des sciences et belles-lettres et arts de Bordeaux dont Montesquieu fut membre assidu, est la marque d'une gastronomie vivante et dynamique en Guyenne au XVIIIe siècle.

Au siècle dernier, deux moines de Bordeaux fondent "l'Académie gastronomique" pour animer et promouvoir la cuisine d'Aquitaine : l'entrecôte bordelaise, la lamproie bordelaise, tous les tourins, et sa pléiade de pâtisseries : cannelets, fauchonnettes, niniches, crayette au chocolat, macarons, etc.

Au XXe siècle, un grand chef, Alcide Bontou, donnera ses lettres de noblesse à la gastronomie bordelaise en créant le fameux restaurant *Bontou*, 64, rue Porte-Dijeaux, à Bordeaux. Son prosélytisme l'incita à fonder "la Société philomathique", dispensant des cours gratuits de cuisine ménagère. Essayez la cuisine d'Alcide Bontou.

La côte atlantique, les collines de Chalisse et la vallée de la Garonne enferment les Lannes de Gascogne dans un grand triangle de la gastronomie (c'était le nom des Landes au temps d'Aliénor d'Aquitaine).

L'histoire de la gastronomie landaise est une résultante de produits merveilleux de la terre, de la mer et du ciel et peut-être de dieux pour l'ortolan, dans un climat rude et contrasté, dans l'alchimie des saisons. C'est pour cela que j'ai presque envie de résumer la gastronomie landaise par ce poème d'Arthur Roydenot :

L'Ortolan

L'animal gros et gras qu'a prisé Monselet
Où tout est bon, depuis les pieds jusqu'à la tête,
Alors même qu'il n'est encore qu'un porcelet,
Dans un sonnet fameux inspira le poète.
Ah ! N'eût-il pas mieux fait de chanter l'oiselet,
L'ortolan, si dodu, moins grand qu'une alouette,
Qu'un gourmet, plus cruel même qu'un tiercelet,
Étouffe auparavant de le mettre en brochette !
Quoi qu'à la bienséance, il en puisse coûter,
Il est de ces morceaux qu'on ne saurait goûter,
Qu'avec recueillement, yeux clos, et bouche pleine,
Dépouillé de sa feuille, on le prend par le bec,
Fort délicatement, qu'on brise d'un coup sec,
Du bout des dents, et c'est... la bouchée à la reine !

Je parlerai du principal : le vin. *« Le bourgogne, c'est lui, le bordeaux, c'est elle »*, disait Charles Monselet. On devrait dire que le bordeaux est aussi souvent elle et lui. Féminin par sa pudeur, sa réserve, sa suavité. Masculin par son corps, sa charpente et son étonnante santé.

Parlons d'un prince : le sauternes. Écoutons M. de Lur-Saluces, propriétaire du château d'Yquem : « *Il n'y suffit pas que le raisin soit mûr, on y attend pour le cueillir, sa rôtissure, qu'il soit littéralement "rôti", contracté au point d'avoir perdu les neuf dixièmes de son volume, de n'avoir plus l'aspect que d'un raisin de Corinthe, emprisonnant un résidu de confiture sous une peau terriblement chiffonnée.* » Merci à toi, chevalier de la Noble Moisissure !

Dans ce pays de cocagne, tout a conservé plus qu'ailleurs le goût des produits du terroir, même les prohibés comme la bécasse et l'ortolan.

Dans les Landes, la cuisine ne commence pas en cuisine, elle commence à la chasse, à la pêche, en forêt pour le cèpe. Mais c'est aussi à celui qui dénichera le plus beau cochon, les foies les plus fins, les armagnacs les plus rares.

Quant aux poissons, aussi bien de mer que de rivière, ils font le bonheur de toutes les tables landaises. Les "pescayres" (pêcheurs) de Marensins vous régaleront de sandres, de brochets et de tanches, pêchés dans les étangs du pays de Born. Les pescayres de mer sauront vous proposer la landre, la bastangue (raie), le muge, la daurade, la langue-d'avocat (petite sole), et bien sûr, la sardine d'Arcachon. Mais j'allais oublier que le saumon et l'alose remontent l'Audour et la Nive pour le bonheur des pescayres.

Au fait, avec quoi arrosez-vous ces merveilles ? Un côtes-de-buzet rouge "Château de Gueyze" avec un gibier d'eau ; un tursan, "Domaine de Perchade-Pourruchot" rouge avec une viande rouge ; un madiran "Domaine de Boucasse" rouge avec un gibier ; un côtes-du-marmandais rouge avec une grillade ou du fromage ; un jurançon "Domaine Bru-Baché" blanc moelleux aux arômes floraux pour accompagner vos foies gras (en apéritif, c'est également formidable).

Quant à l'armagnac, je m'empresse de vous recommander Le "Laberdolive", Domaine de Jaurrey à Labastide-d'armagnac qui possède des millésimes exceptionnels et rares.

Sur un coteau différent, leur "Lafitte", Domaine de Boingnères, au Frêche, vous proposera de grands armagnacs.

Venons-en aux fromages des Landes et de Gascogne-Béarn. Comment ne pas parler du larus, produit dans la vallée d'Ossau, où paissent les brebis, et de l'amou, fromage de brebis à pâte demi-dure, pressée, non cuite, que l'on sert dans la cuisine locale.

Dans le Béarn, citons la gabas, la jonchée du Béarn, le laruns, le saint-albray. Reste la Gascogne avec : l'amou, le fromage gascon, le Postagnacq.

C'est après la guerre de 14-18 que l'on fit du caviar avec les esturgeons de la Gironde et de l'Adam. Paraît-il qu'ils remontaient jusqu'à Agen. La pêche était autorisée du 1er janvier au 30 juin, mais c'est à la mi-avril qu'elle commence à rendre.

Préparation du caviar. Dès la sortie de l'eau, on éventre le poisson vivant, après l'avoir saigné d'une incision sous la dernière nageoire caudale, afin de diminuer sa force de réaction. Un esturgeon perd ainsi 75 cl de sang. On retire aussitôt les œufs que l'on égrène sur un tamis spécial. On les lave en prenant soin de ne pas les écraser. On les sale et on les égoutte. C'est un « tour de main » à acquérir.

C'est la "Maison Prunier", qui, la première fois, s'attacha un spécialiste russe pour préparer un excellent caviar français.

Ce n'est plus qu'une nostalgie aujourd'hui.

SOUPE AUX ORPHIES

PRÉPARATION : 1 H - CUISSON : 1 H 10 - 8 PERSONNES

600 g d'orphies,
500 g de poissons
(congre + lotte + louvine),
600 g de blancs de poireaux,
500 g de pommes de terre,
5 gousses d'ail,
10 cl d'huile d'olive,
tranches de pain grillées,
2,5 l d'eau froide,
sel, poivre blanc.

Nettoyez, videz tous les poissons, et tronçonnez-les en morceaux de 10 cm. Epluchez et coupez les pommes de terre en quatre. Coupez les blancs de poireaux en grosses rondelles. Remplissez un grand faitout d'eau froide. Déposez tous les poissons, tous les légumes, 2 gousses d'ail écrasées et les oignons, salez et poivrez. Faites cuire à feu doux jusqu'à ébullition, et couvrez. Laissez frémir à feu très doux, pendant 1 h. Dans un mortier, écrasez les 3 autres gousses d'ail dans l'huile d'olive, pour obtenir une pommade. Passez le bouillon et réservez. Récupérez les morceaux de poisson et réservez-les. Ils se mangent à part. Versez la pommade huile-ail dans le bouillon et mélangez bien. Déposez des morceaux de pain grillés au fond de la soupière et versez le bouillon.

GARBURE LANDAISE

PRÉPARATION : 15 MN - CUISSON : 2 H - 8 PERSONNES

500 g de lard,
1 palette de porc,
1 jarret de porc,
1 confit d'oie,
1 chou pommé,
5 carottes,
2 gousses d'ail,
4 navets-raves,
1 oignon,
5 poireaux,
600 g de pommes de terre,
1 pain de seigle,
sel, poivre.

Dans une grande marmite, mettez le lard, la palette, le jarret, salez, poivrez et recouvrez d'eau. Faites cuire à feu doux pendant 2 h. Mettez les légumes : chou découpé en lanières, navets, carottes, oignon, gousses d'ail écrasées et poireaux. Puis, 30 mn avant la fin de la cuisson, ajoutez les pommes de terre et le confit d'oie. Rectifiez l'assaisonnement. Servez avec des tranches de pain de seigle.

TOURIN LANDAIS

PRÉPARATION : 10 MN - CUISSON : 50 MN - 6 PERSONNES

2 l d'eau,
30 g de graisse d'oie,
2 gros oignons,
1 gousse d'ail,
4 œufs,
2 cuillerées de farine,
1 filet de vinaigre,
20 cl de bouillon de poule,
sel, poivre.

Épluchez les oignons et émincez-les. Faites fondre dans un pot en terre ou une cocotte en fonte la graisse d'oie et faites bouillir l'eau. Faites dorer les oignons dans une poêle avec un peu de graisse d'oie. Ajoutez la gousse d'ail écrasée et liez avec les deux cuillerées à soupe de farine. Délayez avec une louche de bouillon. Versez le tout dans le pot en terre, salez, poivrez et faites cuire 45 mn. Liez avec deux jaunes d'œufs, en fin de cuisson, et deux œufs battus en omelette, et relevez le tout avec un filet de vinaigre.

SOUPE AU TURSAN

PRÉPARATION : 10 MN - CUISSON : 1 H 30 - 6 PERSONNES

4 gousses d'ail,
2 oignons,
3 poireaux,
30 g de graisse d'oie,
6 œufs,
30 cl de vin de Tursan,
1 l d'eau,
sel, poivre.

Épluchez et émincez les oignons, les poireaux, et écrasez les gousses d'ail. Faites-les revenir ensemble dans une poêle. Mouillez avec l'eau (15 cl par personne). Salez, poivrez, et amenez à ébullition. Faites cuire à feu doux 1 h. Pochez un par un les œufs dans la soupe et réservez au chaud. Servez dans chaque assiette la soupe et 1 œuf poché que vous percerez à la fourchette pour lier la soupe. Versez ensuite 1/2 verre de tursan pour faire chabrol.

SAUCE BORDELAISE

PRÉPARATION : 20 MN - CUISSON : 1 H 10 - 8 PERSONNES

150 g de beurre,
2 carottes,
2 oignons,
1 bouquet garni,
20 g de farine,
60 cl de jus de veau ou fond de veau,
40 g d'échalottes,
30 cl de vin de Bordeaux,
1 feuille de thym,
100 g de moelle de bœuf,
poivre blanc, sel.

Dans une casserole en cuivre, faites colorer au beurre oignons et carottes émincées. Ajoutez la farine et mélangez bien. Laissez colorer. Délayez avec le jus de veau. Ajoutez le bouquet garni et laissez mijoter, à feu doux, 45 mn à couvert. Dans une casserole versez vos échalottes émincées finement, le vin, sel, poivre et la feuille de thym. Réduisez d'un bon tiers. Versez cette réduction dans la sauce beurre, et faites cuire à feu très doux 15 mn. Passez au chinois la sauce obtenue. A feu très très doux, montez votre sauce avec 80 g de beurre coupé en dés que vous verserez un par un en fouettant. Rectifiez l'assaisonnement. Découpez la moelle en rondelles de 2 cm (demandez cette préparation à votre boucher). Pochez-les 5 mn dans l'eau frémissante. Égouttez-les et versez-les dans la sauce.

ŒUFS À LA BORDELAISE

PRÉPARATION : 1 H 15 - CUISSON : 15 MN - 6 PERSONNES

6 œufs,
6 fonds d'artichauts,
6 rondelles de moelle de bœuf,
60 g de beurre,
sauce bordelaise
(voir recette p. 110),
persil,
sel, poivre blanc.

Egouttez, rincez, ébouillantez les fonds d'artichauts. Dans une sauteuse, faites-les cuire à couvert, au beurre, pendant 15 mn. Préparez, pendant ce temps-là, la sauce bordelaise. Plongez les œufs dans l'eau bouillante 5 mn. Rafraîchissez-les et étalez-les. Ils doivent être mollets. Dans une eau fumante, faites pocher les rondelles de moelle (préparation à demander à votre boucher).

Disposez dans une assiette un fond d'artichaut. Déposez un œuf dessus. Décorez de rondelles de moelle. Nappez et saupoudrez légèrement de fines herbes.

MOULES À LA BORDELAISE

PRÉPARATION : 40 MN - CUISSON : 20 MN - 8 PERSONNES

2 l de moules d'Arcachon,
20 cl de vin blanc sec
de Bordeaux,
20 g de beurre,
15 g de farine,
3 échalotes,
persil,
6 cl de lait,
20 g de purée de tomates
ou de concentré,
20 g de mie de pain,
sel, poivre blanc.

Nettoyez, brossez et grattez les coquilles. Lavez-les à grande eau. Ouvrez les moules dans une grande casserole avec le vin blanc à bon feu. Retirez la chair des coquilles et réservez-la. Filtrez l'eau de cuisson et réservez-la. Trempez la mie de pain dans le lait et essorez-la. Emincez les échalotes et hachez le persil. Dans une casserole, faites fondre le beurre avec la farine et mélangez bien jusqu'à dorer. Déglacez avec 6 cl d'eau de cuisson des moules, la mie de pain, le persil, l'échalote émincée et la purée de tomates (ou le concentré). Salez, poivrez et mijotez 12 mn. Ajoutez à cette sauce le reste de l'eau de cuisson des moules. Délayez bien pour obtenir une sauce homogène. Versez les moules et laissez cuire 10 mn à couvert à feu doux. Servez très chaud.

HUÎTRES À LA BORDELAISE

PRÉPARATION : 20 MN - CUISSON : 8 MN - 6 PERSONNES

20 tranches de pain de seigle,
12 huîtres de Marennes,
12 saucisses plates truffées
(crépinettes).

Ouvrez les huîtres et réservez-les au frais. Au barbecue ou dans la cheminée, faites griller les crépinettes aux truffes fraîches. Tartinez de beurre les tranches de pain de seigle. Alternez dans la dégustation une huître et une bouchée de crépinette. Arrosez bien sûr d'un vin blanc de Bordeaux sec et frais.

Les huîtres de claire n'ont été en vedette qu'au début du XVIIe siècle : on servit à Louis XIV, voyageant du côté de La Rochelle, pour la première fois, des huîtres vertes de Marennes et la petite histoire raconte que Madame de Maintenon s'opposa à ce qu'il en mange.

FLÛTE À LA DACQUOISE

PRÉPARATION : 20 MN - CUISSON : 1 H 15 - 6 PERSONNES

1 lamproie de 2 kg,
75 cl de vieux vin rouge bien corsé,
10 pruneaux gonflés dans le vin,
500 g de blancs de poireaux,
2 morceaux de sucre,
50 g de farine,
25 g de saindoux,
cannelle,
10 cl d'armagnac,
croûtons de pain frits,
sel, poivre.

Suspendez la lamproie à un clou et coupez-lui un bout de la queue pour récupérer le sang. Quand la lamproie est morte, plongez-la 3 mn dans l'eau bouillante pour lui enlever la peau avec un linge. Videz et découpez-la en tranches de 3 à 4 cm. Roulez les tronçons dans la farine. Dans une grande cocotte, faites chauffer la graisse, mettez les morceaux de lamproie et les blancs de poireaux. Faites bouillir 5 mn le vin avec la cannelle et le sucre. Flambez la lamproie à l'armagnac. Déglacez avec le vin aromatisé et laissez réduire de moitié en cuisant 40 mn. Ajoutez les pruneaux gonflés la veille. Hors du feu, liez le sang avec un peu de vin et versez dans la cocotte. Salez, poivrez et laissez mijoter encore 25 mn. Servez avec des croûtons frits.

LOU MAGRET

PRÉPARATION : 20 MN - CUISSON : 8 MN - 6 PERSONNES

3 magrets,
2 gousses d'ail,
1 bouquet de persil,
sel, poivre blanc.

Salez et poivrez bien les magrets du côté peau. Faites-les griller sans matière grasse dans une poêle côté peau pour qu'il ne reste plus de gras entre la peau et la chair. Salez et poivrez le côté chair. Videz la poêle de la graisse rendue. Mettez à feu vif et poêlez le côté chair des magrets 1 mn. Le magret se déguste découpé en fines tranches parsemées d'ail et persil haché.

FOIE DE CANARD AU CHASSELAS

PRÉPARATION : 15 MN + 10 H DE TREMPAGE - CUISSON : 35 MN - 6 PERSONNES

1 foie entier de canard de 600 g,
2 carottes,
2 oignons,
80 g de beurre,
2 grappes de raisins chasselas,
1 verre de sauternes,
15 cl de fond de veau,
épices,
sel, poivre.

La veille, lavez et égrenez le chasselas et mettez-le à tremper dans le sauternes. Essuyez le foie et enlevez la partie verdâtre vers le voisinage du fiel. Faites un mélange de sel, poivre et épices et frottez-en toute la surface du foie. Réservez au frais. Dans une casserole de cuivre, mettez 60 g de beurre et disposez dessus les carottes et les oignons émincés. Par-dessus, déposez le foie et recouvrez d'un papier beurré. Couvrez la casserole. Faites cuire à feu moyen 30 mn. Retirez le foie et placez-le dans un plat creux. Egouttez les raisins. Versez dans la casserole le sauternes et le fond de veau et portez à ébullition pendant 5 mn. Passez au chinois. Sur le plat de service, disposez le foie entouré de grains de raisin. Versez la sauce bouillante sur les grains de raisin. Servez aussitôt.

ENTRECÔTE À LA BORDELAISE

PRÉPARATION : 10 MN - CUISSON : 10 MN - 6 PERSONNES

1 kg d'entrecôte,
6 cl d'huile d'arachide,
4 échalotes,
100 g de moelle de bœuf,
persil,
sel, poivre.

Huilez l'entrecôte, salez et poivrez les deux faces. Epluchez et émincez les échalotes. Prenez 50 g de moelle et faites un petit hachis avec les échalotes, le persil et la moelle. Faites pocher 5 mn dans l'eau frémissante le reste de la moelle. Egouttez-le et réservez-le. Faites cuire au gril 5 mn de chaque côté l'entrecôte. Garnissez le dessus de l'entrecôte avec le hachis. Passez sous la flamme une grosse lame de couteau et passez-la sur le hachis pour faire fondre la moelle. Garnissez l'entrecôte des dés de moelle et servez.

Ce sont les restaurateurs de Paris qui ont associé une sauce au vin rouge à l'entrecôte, pour la baptiser « entrecôte bordelaise ». Ceci n'a rien à voir avec la véritable et traditionnelle entrecôte à la bordelaise qui se fait comme ci-dessus, le plus souvent grillée sur des braises de sarments de vigne, ou mieux, sur de vieilles douves de tonneaux.

CARBONADE DE VEAU

PRÉPARATION : 20 MN - CUISSON : 1 H - 6 PERSONNES

1,3 kg d'épaule de veau,
10 échalotes,
100 g de chapelure de pain,
100 g de beurre,
persil,
sel, poivre blanc.

Dans une sauteuse, faites revenir au beurre l'épaule de veau sur les deux côtés. Salez, poivrez. Hachez finement le persil et les échalotes et mélangez avec la chapelure. Placez le veau dans un plat à four en terre, et recouvrez-le du mélange échalotes, persil et pain. Placez des noisettes de beurre dessus (50 g). Faites cuire à four moyen (thermostat 5/6), pendant 1 h environ.

Il ne faut pas oublier qu'en 309 après J.-C., Ausone célébrait déjà son vin natal, lequel n'était d'ailleurs pas récolté à Saint-Emilion où se trouve le cru de Château-Ausone, mais dans les Graves, près de Loupiac et en Médoc.

En 1152, le mariage d'Aliénor d'Aquitaine avec Henri Plantagenêt, roi d'Angleterre, déclenche à la fois la guerre de Cent Ans et la prospérité du vin de Bordeaux. Les Anglais sont des clients si fanatiques qu'ils arment une « flotte de vin » de 300 navires en 1373. Déjà, au couronnement d'Edouard II, la flotte avait transporté mille barriques.

SALMIS DE BÉCASSES

PRÉPARATION : 35 MN - CUISSON : 1 H 25 - 6 PERSONNES

3 bécasses,
2 poireaux,
3 carottes,
1 bouquet garni,
1 os de veau.
20 g de concentré de tomates,
150 g de jambon de pays,
1 l de madiran rouge,
3 morceaux de sucre,
75 cl d'eau,
20 g de beurre,
1 cuillère à café d'armagnac,
croûtons de pain,
8 g de farine,
sel, poivre.

Faites cuire les bécasses non vidées au four, pendant 15 mn, pour qu'elles soient saignantes mais saisies. Salez, poivrez. Faites un fond avec les poireaux, les carottes, le bouquet garni, l'os de veau et l'eau. Faites-le cuire 1 h. A part, faites revenir le jambon coupé en dés et ajoutez le concentré de tomates et un peu de farine. Dans une casserole, faites bouillir le vin avec 3 morceaux de sucre et flambez. Mouillez le jambon revenu avec le vin rouge, puis ajoutez le fond bien dégraissé et réduisez pour obtenir une sauce onctueuse. Découpez la bécasse en quatre (réservez l'intérieur sauf le gésier) et mettez les morceaux dans la sauce. Passez au mixeur le cœur, le foie et les intestins. Ajoutez ce hachis à la sauce avec l'armagnac. Montez légèrement la sauce avec le beurre. Rectifiez l'assaisonnement. Servez avec les croûtons frits au beurre.

CÈPES À LA BORDELAISE

PRÉPARATION : 20 MN - CUISSON : 1 H 05 - 6 PERSONNES

1 kg de petits cèpes,
(têtes-de-nègres),
3 gousses d'ail,
persil,
20 cl d'huile d'arachide,
sel, poivre.

Séparez les têtes et les queues des cèpes. Nettoyez-les soigneusement avec un linge fin. Salez-les et poivrez-les. Faites sauter à la poêle dans 5 cl d'huile les têtes pendant 10 mn en les retournant souvent. Mettez-les dans une sauteuse dans 10 cl d'huile. Faites-les cuire à petit feu pendant 45 mn. Epluchez les queues et hachez-les avec les gousses d'ail et le persil. Environ 10 mn avant la fin de cuisson, dans une poêle à part, faites sauter ce petit hachis dans 5 cl d'huile. Versez-le sur les cèpes et servez.

ESTOUFFAT DE FÈVES À LA BORDELAISE

PRÉPARATION : 20 MN - CUISSON : 1 H 20 - 8 PERSONNES

1 tranche de jambon cru
de 250 g,
25 g de saindoux,
2 oignons,
1 kg de fèves nouvelles,
2 gousses d'ail,
thym, laurier,
sel, poivre.

Emincez les oignons. Coupez le jambon en petits dés. Faites-les revenir ensemble dans une cocotte au saindoux, à feu modéré. Quand l'oignon commence à dorer, versez les fèves, l'ail écrasé, le thym, le laurier. Salez, poivrez et versez l'eau à hauteur des légumes. Faites cuire à couvert à feu moyen pendant 1 h 10.

RATATOUILLE LANDAISE

PRÉPARATION : 20 MN - CUISSON : 1 H 20 - 6 PERSONNES

2 oignons,
3 poivrons,
2 aubergines,
4 courgettes,
10 tomates,
3 gousses d'ail,
thym et romarin,
20 g de sucre semoule,
12 cl d'huile d'olive,
sel, poivre de cayenne.

Épluchez et émincez les oignons et les poivrons. Faites-les revenir à l'huile d'olive dans un grand faitout et faites-les cuire à couvert à feu doux 20 mn. Découpez en dés les aubergines et les courgettes. Mettez-les dans le faitout avec l'ail écrasé, les tomates pelées et coupées, le thym, le romarin et le sucre. Salez et poivrez. Faites cuire en mijotant pendant 1 h à couvert.

ESCAUTON

PRÉPARATION : 5 MN - CUISSON : 20 MN - 4 PERSONNES

1 litre d'eau salée,
8 poignées de farine de maïs.

Faites bouillir l'eau salée. Versez en pluie aux premiers bouillons l'une après l'autre les poignées de farine de maïs. Remuez bien au fouet pour éviter la formation de grumeaux. Faites cuire 20 mn à feu très doux. Versez dans des assiettes à soupe où l'escauton se durcit en refroidissant. Il accompagne toutes les sauces.

L'escauton

Il n'est pas un Landais qui ne connaisse l'« escauton » ou « escoton » ou encore, en patois, l'« escaoutoun ». Dans le Béarn, on le nomme « broye ». Dans la Gironde, on le connaît sous les noms de « curchade », « cruchade », « millade ».

La millade nous rappelle que ce plat pouvait être fait également avec de la farine de millet, tout aussi bonne que celle de maïs et qui supporte les étés chauds.

La « meture » est un pain de farine de maïs sans levain, très difficile à digérer.

La « mique », gâteau de farine de sarrasin et de miel, est parfumée au fenouil quelquefois.

De toutes ces spécialités, la seule qui subsiste aujourd'hui, c'est l'escauton.

SOUFFLÉ DE POTIRON

PRÉPARATION : 20 MN - CUISSON : 45 MN - 6 PERSONNES

500 g de potiron,
25 cl de béchamel,
50 g de gruyère râpé,
3 jaunes d'œufs,
3 blancs d'œufs,
100 g de crème fraîche,
muscade,
sel, poivre blanc.

Épluchez, videz le potiron et coupez-le en morceaux. Faites-le cuire à la vapeur d'eau salée pendant 25 mn. Passez-le au mixeur. Mélangez cette purée de potiron avec la béchamel, les jaunes d'œufs, le gruyère râpé, la crème fraîche, la muscade, salez, poivrez et ajoutez les blancs montés ferme. Mélangez en soulevant la préparation. Beurrez un moule à soufflé. Faites cuire 20 mn à four moyen (200° C).

LOU HILLOUE

PRÉPARATION : 20 MN + 4 H DE REPOS - CUISSON : 50 MN - 8 PERSONNES

200 g de farine,
80 g de beurre ramolli,
10 g de sucre en poudre,
5 g de sel,
8 g de levure de boulanger,
5 cl d'eau tiède,
25 cl de lait,
1 œuf.

Mettez le lait à tiédir. Faites un levain en mélangeant 50 g de farine, la levure et un peu d'eau tiède. Faites une fontaine avec la farine, le sucre et versez le beurre ramolli, le sel et le lait tiède pour obtenir une pâte élastique. Mélangez la pâte au levain et travaillez-la bien. Laissez-la reposer 4 h. Battez la pâte et divisez-la en trois morceaux. Roulez-les en corde et farinez-les légèrement. Tressez les trois cordes en une grosse natte. Dorez-la à l'œuf. Faites-la cuire sur une plaque à four beurrée et farinée 45 mn.

MILLAS

PRÉPARATION : 20 MN - CUISSON : 55 MN - 6 PERSONNES

60 g de farine,
30 cl de lait,
80 g de sucre,
25 g de beurre,
5 cl de rhum,
2 cl de fleur d'oranger,
3 œufs,
sucre glace,
1 pincée de sel.

Faites tiédir le lait. Ajoutez dedans le sucre pour qu'il fonde. Dans une grande terrine, mettez la farine en fontaine, versez le sel, le lait tiède, le beurre, le rhum et la fleur d'oranger. Travaillez bien la pâte. Battez les œufs en omelette et incorporez-les lentement à la pâte pour obtenir une pâte lisse. Beurrez, farinez, sucrez le fond d'un moule à manqué. Versez la pâte dans le moule et faites cuire à four chaud (200° C - thermostat 7/8) 45 mn. Saupoudrez de sucre glace. Démoulez à froid.

CANNELETS GIRONDINS

PRÉPARATION : 20 MN + 20 MN DE REPOS - CUISSON : 25 MN - 8 PERSONNES

1 l de lait,
3 gousses de vanille,
250 g de farine,
200 g de sucre semoule,
4 œufs,
110 g de beurre,
50 g de sucre glace.

Faites bouillir le lait avec les gousses de vanille incisées sur la longueur et laissez refroidir. Réchauffez le lait sans les gousses de vanille et mettez-y le sucre et le beurre avant ébullition. Retirez du feu, ajoutez la farine et mélangez en tournant vigoureusement. Laissez tiédir. Ajoutez un à un les œufs entiers en mélangeant et en soulevant l'appareil. Laissez reposer 20 mn. Beurrez des petits moules cannelés. Remplissez-les aux 2/3 de pâte. Faites cuire à four moyen (180° C - thermostat 5/6) 15 mn et 7 mn à four chaud (200° C - thermostat 7/8). Démoulez et saupoudrez de sucre glace.

COURONNE BORDELAISE

PRÉPARATION : 20 H - CUISSON : 45 MN - 8 PERSONNES

300 g de farine,
10 g de levure de boulanger,
150 g de sucre,
130 g de beurre ramolli,
5 œufs,
1 zeste de citron non traité,
1 zeste d'orange non traitée,
2 cl d'eau de fleur d'oranger,
2 cl d'armagnac,
5 cl d'eau tiède,
100 g de cédrat,
sucre cristallisé en gros grains.

La veille, faites le levain. Délayez la levure dans l'eau tiède et ajoutez 75 g de farine. Travaillez bien et laissez gonfler dans un endroit tempéré 30 mn. Dans une casserole, à feu doux, délayez 75 g de sucre, l'armagnac, l'eau de fleur d'oranger et les zestes de citron et d'orange. Mélangez bien pour obtenir un sirop épais. Laissez refroidir. Dans un grand saladier, mettez le reste de farine et formez une fontaine. Placez en son centre le beurre ramolli, 75 g de sucre, les œufs entiers et le sirop refroidi. Pétrissez bien cette pâte assez molle et ajoutez au dernier moment le levain. Repétrissez. Recouvrez d'un linge et réservez 8 à 12 h.

Le lendemain : sortez la pâte de la terrine. Aplatissez-la en la tapotant, et réservez-la dans un lieu tiède, 6 h. Farinez une plaque à four, façonnez la pâte en couronne, dorez-la à l'œuf au moyen d'un pinceau, décorez le dessus avec des tranches de cédrat et du sucre cristallisé. Laissez reposer 30 mn avant d'enfourner. Faites cuire à four très chaud (250° C - thermostat 9) 15 mn puis 15 mn encore à four moyen (180° C - thermostat 7/8).

L'armagnac

L'armagnac occupe le second rang dans le classement des eaux-de-vie françaises. Il tire son origine des vins récoltés dans une région délimitée par les départements du Gers, des Landes et du Lot-et-Garonne, qui forme exactement une feuille de vigne sur la carte. Cette feuille de vigne se divise en trois zones :
— le bas Armagnac (Armagnac noir) à l'ouest, fournissant les meilleurs armagnacs, corsés, parfumés et d'une sève agréable ;
— le haut Armagnac (Armagnac blanc) à l'est, produisant une qualité moins renommée ;
— la Ténarèze, au centre, aux eaux-de-vie d'une finesse remarquable.

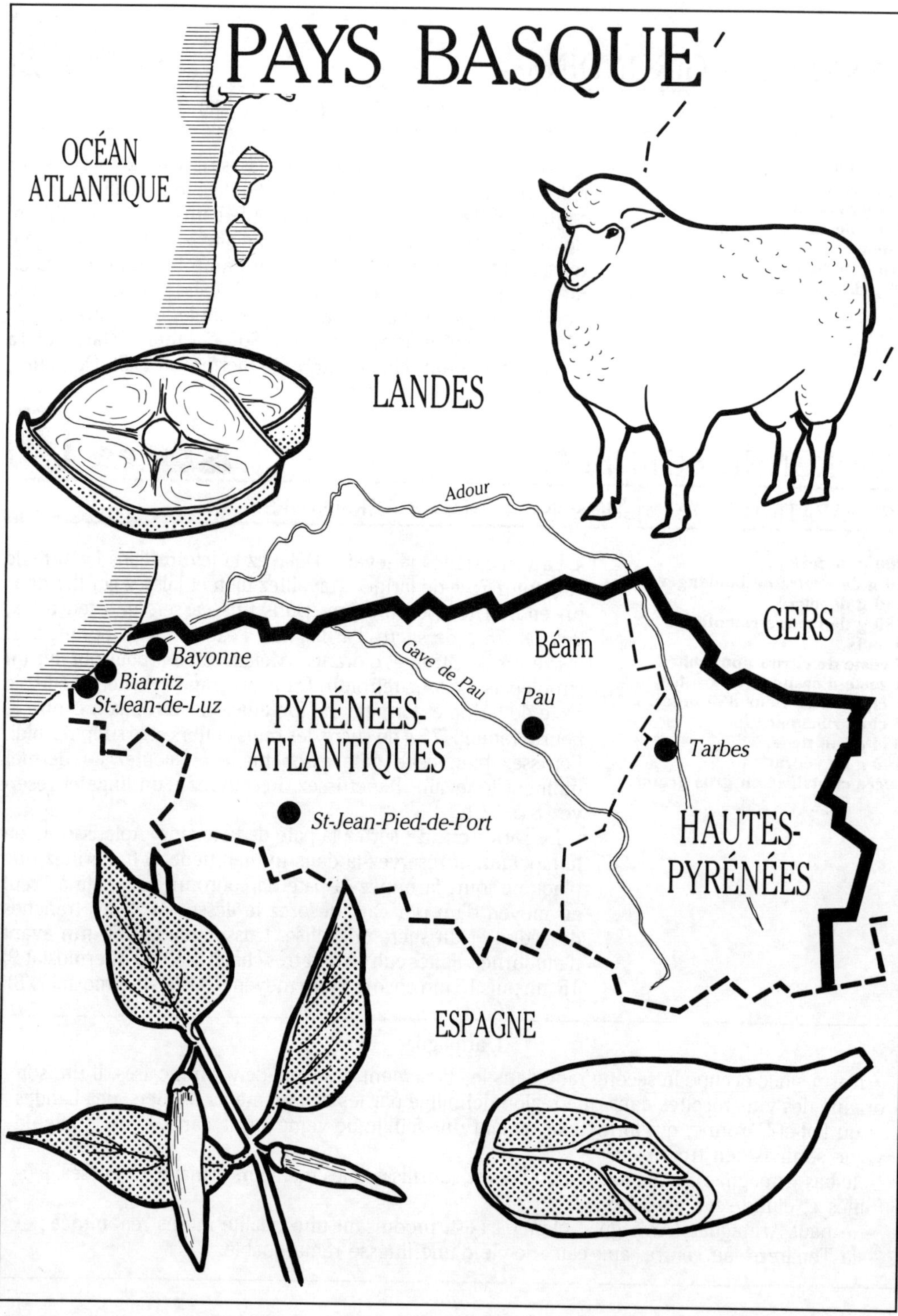
PAYS BASQUE
OCÉAN ATLANTIQUE
LANDES
Adour
GERS
Béarn
Bayonne
Biarritz
St-Jean-de-Luz
Gave de Pau
Pau
PYRÉNÉES-ATLANTIQUES
Tarbes
St-Jean-Pied-de-Port
HAUTES-PYRÉNÉES
ESPAGNE

EN PAYS BASQUE

La cuisine basque est une vieille cuisine rustique et vraie. Des voyageurs célèbres ont vanté l'art culinaire basque en traversant ce pays, tels Venturino (1527), Bell (1633), Langlace (1778).

Mais c'est aux Txakos que nous devons la progression et la spécificité de la cuisine basque au XIXe siècle. Ces Txakos sont des clubs gastronomiques, essentiellement masculins, dont les membres se rassemblaient dans les vastes cuisines des chalets basques pour cuisiner à tour de rôle. Ces véritables laboratoires gastronomiques ont permis d'adapter et d'améliorer les plats traditionnellement basques.

La base de l'alimentation basque était constituée par la bouillie de maïs ou de froment, additionnée de lait, la méture (ou pain de maïs), que l'on faisait cuire deux fois par semaine dans le four de la ferme avec le pain de seigle ou de froment. C'est au début du XVIe siècle que fut introduit le maïs dans la vallée par un certain Percasteguy. On retrouve l'importance du maïs dans le folklore des mascarades. Le danseur costumé en cheval blanc incarne l'esprit du maïs, alors que l'esprit du blé doit se contenter d'être représenté par un chien.

On ne peut parler de l'histoire du Pays basque sans parler de la chasse à la baleine qui était pratiquée au XIIe siècle dans le golfe de Gascogne. Les atalayes (tours de guet) avec leurs feux de paille avertissaient les marins de Saint-Jean-de-Luz, de Biarritz et de Guétary que les cétacés étaient en vue. La chair de baleine était très appréciée des Basques. Chaque morceau de baleine avait un emploi bien défini. Bien sûr, les bons morceaux, telle la langue, était réservés aux chanoines de Bayonne.

Le temps des pêcheurs de baleines et de morues est bien fini et les marins basques se contentent de pêcher thons, sardines, morues, anchois, qui font ces fameux plats de poissons au Txakoli (vin doux de Biscaye).

On apprend beaucoup plus souvent l'histoire d'une région à travers ses menus de grandes circonstances : repas de mariage, de communion, repas de batteuse, de la « tue-cochon », ou les repas d'enterrement, que dans les livres. Voici quelques exemples.

Repas de mariage
bouillon de poule,
choux et saucisse,
poule mayonnaise au riz,
caneton rôti petits pois,
salade, fromage,
gâteau à la brioche
(ou catalambrocha),
café, rhum pour les hommes,
anisette pour les femmes.

Les repas d'enterrement étaient plus sobres et « tristounnés » si l'on peut dire :

bouillon de poule vermicelle,
poule au riz,
rôti de veau petits pois,
fromage,
café et rhum pour les hommes.
(Les femmes n'y avaient pas droit.)

Une prière suivait ce repas, dite par l'etchejauna (chef de famille).

La tradition reste dans tous les petits villages isolés. Je souhaite à tous d'être invité autour d'un zikiro (les quatre quartiers d'un mouton grillé au feu de bois et arrosé d'eau vinaigrée, aillée, et pimentée), et de fraterniser avec ce magnifique peuple basque en buvant au xahakoa à la régalade.

Comment parler des produits du Pays basque et ne pas commencer par celui que l'on retrouve partout pour relever les plats basques, ce qui correspond à la fierté de son peuple et aux couleurs de son drapeau : le piment ? Il faut parler aussi des pommes et du cidre que l'on trouvait déjà au XIIe siècle. On dit même que les pommiers normands seraient, à l'origine, des plants biscayens.

Arrivèrent d'Amérique au XVIe siècle les légumes qui feront la spécificité de cette cuisine : le potiron, la tomate, le haricot et le piment, dont j'ai déjà parlé, qui s'est très bien implanté dans ce magnifique petit village d'Espelette. Quant au riz, il fut longtemps un luxe importé d'Espagne.

Aux anciennes céréales, le maïs et le milhoc, ont succédé le sarrazin, le seigle, au XVIIe siècle les fèves, les pois, les pois chiches, les choux et les oignons qui étaient déjà très répandus.

Le mouton était une monnaie d'échange. L'akerat est celui qui est riche et qui possède au Pays basque.

Mais il faut parler du vin. Au XVIe siècle, Bayonne était entourée de vignes, et le négoce de vin était très important, outre le Pays basque, avec les Flandres et l'Angleterre.

Aujourd'hui, il reste un vignoble très intéressant, concentré au pied du Sarra, sur les coteaux entre Baigorry et Saint-Jean-Pied-de-Port, autour d'Irouleguy. Une production vinicole de 150 hectares nous offre un magnifique vin bouqueté, appellation contrôlée très appréciée en France et aux U.S.A.

N'oublions pas les fromages. Voici un beau plateau de fromages régionaux pour déguster avec deux vins aux arômes spécifiques du terroir, l'irouleguy en Pays basque et le jurançon en Béarn : l'abbaye-de-belloc, l'ardi-yasna, l'arneguy, l'inaty, la jonchée du Pays basque, les tardets, l'urt.

Janakon dagizula,
Edanak Gaitzik Ez,
Gorpu Txak Osasuna
Animak Kalterik Es.

Que manger vous fasse grand bien,
Boire, ne vous soit pas nuisible,
Que le corps ait bonne santé,
et que l'âme ne soit pas lésée.
(Proverbe basque.)

SOUPE À LA MORUE (Zurrukutuna)

PRÉPARATION : 20 MN + 12 H DE DESSALAGE - CUISSON : 50 MN - 6 PERSONNES

250 g de morue,
1 tranche de pain rassis,
4 gousses d'ail,
1 piment,
8 cl d'huile d'olive,
2 l d'eau,
sel, poivre.

La veille, faites dessaler la morue dans beaucoup d'eau froide en la changeant souvent.

Une heure avant le repas : mettez la morue dans les deux litres d'eau froide et portez l'eau doucement à ébullition. Retirez-la du feu et laissez-la tiédir dans son bouillon.

Pendant ce temps, faites revenir dans une poêle les gousses d'ails écrasées dans l'huile d'olive et réservez-les dans une assiette. Dans la même huile, faites revenir le pain, et le piment haché grossièrement. Ajoutez l'ail, mouillez de l'eau de cuisson de la morue, assaisonnez et faites cuire 15 mn. Ajoutez la morue et continuez la cuisson 15 mn. Versez dans un plat à four et faites gratiner 5 mn au gril.

PORRU SALDA

PRÉPARATION : 10 MN - CUISSON : 30 MN - 6 PERSONNES

2 tranches de ventrèche,
4 poireaux,
5 pommes de terre,
1 gousse d'ail,
1 bouquet garni,
20 g de chapelure,
1 l d'eau environ,
sel, poivre.

Coupez la ventrèche en petits dés. Faites-la revenir dans un plat en terre. Lavez, épluchez, coupez les poireaux et les pommes de terre. Saupoudrez-les de chapelure et faites-les dorer. Recouvrez-les d'eau, salez, poivrez et mettez le bouquet garni et l'ail. Faites cuire à four chaud (200° C ou thermostat 7/8), 30 mn.

PIPERADE

PRÉPARATION : 20 MN - CUISSON : 1 H 15 - 6 PERSONNES

800 g de poivrons ou piments verts,
1 kg de tomates bien mûres,
2 oignons,
3 gousses d'ail,
5 cl d'huile d'olive,
6 tranches de jambon de Bayonne,
6 œufs,
sel, poivre blanc.

Émincez les oignons, écrasez l'ail et faites-les revenir à l'huile d'olive dans une poêle. Emincez les piments verts en lanières et faites-les cuire à feu doux 15 mn avec l'ail et l'oignon. Épépinez les tomates, coupez-les en morceaux et ajoutez-les aux piments. Salez, poivrez légèrement. Faites cuire à couvert, en laissant mijoter pendant 1 h environ, remuez de temps en temps. Poêlez légèrement les tranches de jambon de Bayonne. Faites des œufs sur le plat. Servez la piperade avec l'œuf frit et le jambon de Bayonne.

MERLU KOSKERA

PRÉPARATION : 20 MN - CUISSON : 15 MN - 6 PERSONNES

6 tranches de merlu (1,2 kg),
15 cl d'huile d'olive,
1 gousse d'ail,
persil,
50 g de petits pois cuits,
100 g de têtes d'asperges cuites,
sel, poivre blanc.

Nettoyez et essuyez le poisson. Dans une sauteuse, faites frire à l'huile d'olive fumante les tranches de merlu sur les deux faces, 5 mn par côté. Réduisez le feu et couvrez 5 mn. Dès que le poisson a rendu son eau, portez à ébullition et versez doucement 8 cl d'huile d'olive. Ajoutez les petits pois, les têtes d'asperges, le persil haché, l'ail écrasé, salez et poivrez. Servez de suite.

MORUE NAVARRAISE

PRÉPARATION : 20 MN + 12 H DE DESSALAGE - CUISSON : 1 H 40 - 6 PERSONNES

1 kg de filets de morue,
4 belles tomates,
4 piments verts,
2 oignons,
4 gousses d'ail,
5 pommes de terre,
2 cuillerées à soupe d'huile d'olive,
5 l d'eau,
sel, poivre blanc.

Faites dessaler la morue depuis la veille, en renouvelant 3 fois l'eau. Pochez-la 12 mn, dans l'eau bouillante. Dans une grande poêle, faites dorer 2 gousses d'ail écrasées et les oignons émincés dans l'huile d'olive. Émondez, épépinez et coupez les tomates. Mettez-les dans la poêle avec la morue, ajoutez le reste d'ail, salez, poivrez, et cuisez à couvert à feu doux pendant 1 h. Puis 30 mn avant la fin de cuisson, ajoutez les pommes de terre et 15 mn après, les piments coupés. Servez 8 à 10 mn après.

CALAMARS CANTABRIQUES

PRÉPARATION : 1 H - CUISSON : 15 MN - 6 PERSONNES

1 kg de petits calamars,
3 petits oignons,
3 gousses d'ail,
10 cl de vin blanc sec,
10 cl d'huile d'olive,
persil,
sel, poivre.

Nettoyez les calamars en séparant la tête et les antennes du corps. Ôtez l'arête plate qui se trouve à l'intérieur, enlevez la petite peau et lavez bien dans plusieurs eaux. Émincez les oignons et écrasez les gousses d'ail. Dans une sauteuse, faites revenir à l'huile l'ail et les oignons. Ajoutez les petits calamars et le persil haché. Mouillez avec le vin blanc. Salez, poivrez et portez à ébullition. Servez aussitôt.

PIBALLES UDALA

PRÉPARATION : 30 MN - CUISSON : 35 MN - 6 PERSONNES

1,4 kg de piballes,
15 cl de vinaigre de vin,
8 cl d'huile d'olive,
1 oignon piqué d'un clou de girofle,
3 gousses d'ail,
1 piment oiseau,
1 bouquet garni,
sel, poivre.

Lavez les piballes vivantes dans une bassine d'eau froide, en changeant plusieurs fois l'eau. Dans le dernier lavage, versez le vinaigre pour tuer les piballes (15 mn et rincez). Préparez un court-bouillon dans une grande casserole avec le bouquet garni, l'oignon, sel et poivre. Faites cuire 30 mn. Plongez les piballes 1 mn dans le court-bouillon, et égouttez-les. Réservez-les dans une sauteuse, faites revenir à l'huile d'olive chaude l'ail écrasé, le piment coupé. Ajoutez les piballes et remuez doucement à la cuillère en bois. Faites cuire 5 mn. Servez très chaud.

GIGOT DE MOUTON BASQUAISE

PRÉPARATION : 25 MN - CUISSON : 1 H 10 - 6 PERSONNES

1 tranche de lard,
1 gigot désossé de 1,2 kg,
3 gousses d'ail,
2 oignons,
800 g de piments doux,
50 g de mie de pain,
2 œufs,
30 g de graisse d'oie,
lait,
persil,
sel, poivre.

Lavez, épépinez et découpez en lanières les piments. Épluchez l'ail et les oignons. Découpez le lard en morceaux. Hachez finement l'ail, le persil, les oignons et ajoutez en quantité égale, de la mie de pain trempée dans du lait. Faites revenir dans une sauteuse le lard, versez le hachis, retirez du feu et liez avec 2 jaunes d'œufs en remuant bien. Farcissez le gigot de cette farce. Enduisez-le de graisse d'oie ou d'huile. Entourez-le de piments. Faites-le cuire à four chaud (200° C ou thermostat 7/8), 1 h en arrosant souvent. Servez avec les piments cuits dans le jus.

TOURNEDOS DE CAMBO

PRÉPARATION : 10 MN - CUISSON : 15 MN - 6 PERSONNES

6 tournedos de 120 g,
3 aubergines,
1 poivron,
2 échalotes,
500 g de petites pommes de terre,
50 g de beurre,
8 cl d'huile d'olive,
sel, poivre.

Lavez, essuyez, coupez les aubergines en rondelles et dorez-les au beurre dans une poêle. Réservez-les au chaud. Faites sauter les pommes de terre dans l'huile bien chaude. Faites dorer les tournedos avec les échalotes hachées et le poivron émincé. Sur le plat de service chaud, faites un lit avec les aubergines, déposez les tournedos dessus et les pommes de terre autour. Parsemez d'échalotes et de poivron. Salez, poivrez et arrosez de jus de viande.

SALMIS DE PALOMBES

PRÉPARATION : 1 H - CUISSON : 1 H 40 - 6 PERSONNES

3 palombes,
3 tranches de jambon de Bayonne,
3 oignons,
100 g de champignons de couche,
15 cl de vieux vin rouge,
10 cl de cognac,
15 g de chocolat amer,
thym, laurier,
huile d'arachide,
20 g de beurre,
12 tranches de pain,
sel, poivre.

Videz, flambez et coupez en quatre les palombes. Salez et poivrez-les. Dans une cocotte, faites-les dorer à l'huile et flambez-les au cognac. Réservez. Coupez le jambon, épluchez et émincez les oignons. Versez le tout dans la cocotte en ajoutant les champignons, et faites blondir. Déglacez au vin rouge. Réduisez la sauce de moitié. Ajoutez le chocolat, le thym, le laurier, et remettez les morceaux de palombes. Faites cuire à couvert, à feu doux, pendant 1 h 20. Faites revenir au beurre des tranches de pain. Servez les morceaux de palombes sur le pain arrosé de sauce.

PORRU SALDA DE SODUPE

PRÉPARATION : 20 MN + 12 H DE DESSALAGE - CUISSON : 1 H - 6 PERSONNES

400 g de morue,
6 pommes de terre,
6 poireaux,
4 gousses d'ail,
75 cl de fumet de poisson,
3 l d'eau,
huile d'olive,
1 bouquet garni,
sel, poivre.

La veille, faites dessaler la morue dans l'eau froide en renouvelant l'eau 3 fois. Faites-la pocher 10 mn dans l'eau bouillante. Épluchez les poireaux et les pommes de terre. Dans une grande sauteuse, faites revenir dans l'huile d'olive chaude les gousses d'ail et réservez-les. Dans la sauteuse, faites suer et revenir les poireaux et pommes de terre coupés, puis ajoutez la morue, le bouquet garni et assaisonnez relevé. Ajoutez le fumet de poisson et une bonne louche d'eau de cuisson de la morue. Ajoutez les gousses d'ail revenues et faites cuire 50 mn.

L'histoire des Basques émigrés au XIXe siècle dans le Far West américain est haute en couleur mais les documents manquent encore, car les Basques n'aiment guère écrire. Tandis que les Biscayens s'intéressaient surtout aux mines et aux fonderies, Navarrais et Guipuzkoans vivaient en grande majorité de l'élevage et presque exclusivement de celui du mouton. Chaque berger se voyait confier la garde d'un troupeau d'environ 2 000 merinos dont il devait assurer la rotation ou la transhumance.

Cassoulet toulousain (Languedoc p. 137)
et Aubergines farcies à la catalane (Languedoc-Roussillon p. 140)

Grand aïoli (Provence-Côte d'Azur p. 148)

Artichauts au brocciu (Corse p. 154)

Tarte aux myrtilles (Savoie p. 173)

PIMENTS BASQUAISE

PRÉPARATION : 10 MN + 1 H DE MARINADE - 6 PERSONNES

10 à 12 piments verts et doux,
huile d'olive,
1 citron,
12 anchois,
1 mayonnaise,
ciboulette,
1 laitue.

Lavez et essuyez les piments. Épépinez-les en les incisant du côté de la queue. Dans chaque piment, versez un filet d'huile d'olive et 4 gouttes de citron et laissez mariner 1 h. Faites une mayonnaise aromatisée à la ciboulette hachée finement. Enrobez les anchois de mayonnaise et introduisez-les dans chacun des piments. Dans un grand plat, faites un lit de laitue et dressez les piments ainsi préparés dessus. Servez très frais accompagné de mayonnaise.

COUSINAT

PRÉPARATION : 30 MN - CUISSON : 1 H 30 - 6 PERSONNES

2 tranches de jambon de Bayonne,
10 fonds d'artichauts,
2 poivrons verts,
3 tomates,
4 petits oignons,
50 g de petits pois frais,
100 g de haricots verts,
50 g de fèves,
30 g de graisse d'oie ou beurre,
12 cl de vin blanc sec,
10 cl de jus de veau (ou 1 verre d'eau),
sel, poivre.

Dans une grande cocotte, faites revenir à la graisse d'oie le jambon puis ajoutez les fonds d'artichauts, les haricots verts, les oignons, les poivrons, les petits pois et les fèves. Mouillez avec le jus de veau et portez à ébullition pendant 30 mn. Versez le vin blanc et laissez mijoter 1 h, à feu doux. Ajoutez les tomates pelées et coupées en morceaux. Rectifiez l'assaisonnement.

KOKA

PRÉPARATION : 10 MN - CUISSON : 1H - 8 PERSONNES

1 l de lait,
12 jaunes d'œufs,
4 blancs d'œufs,
10 g de crème fraîche,
200 g de sucre.

Dans une grande terrine, travaillez énergiquement les jaunes d'œufs et le sucre pour obtenir un appareil crémeux et onctueux. Ajoutez les blancs d'œufs non battus et versez le lait et la crème fraîche. Travaillez bien. Caramélisez un moule et versez dedans l'appareil. Faites cuire à four doux (thermostat 4/5) 1 h.

ARROUCHQUILLA

PRÉPARATION : 10 MN - CUISSON : 40 MN - 8 PERSONNES

400 g de farine de blé,
300 g de sucre,
100 g de beurre ramolli,
3 œufs,
1 paquet de levure,
1 zeste de citron,
crème pâtissière,
1 pincée de sel.

Dans une grande terrine, versez la farine, faites une fontaine, cassez les œufs, versez le sucre, la levure, le beurre ramolli, le zeste de citron râpé, le sel, et travaillez jusqu'à l'obtention d'une pâte bien ferme. Étalez-la au rouleau. Beurrez un moule plat et déposez la pâte. Versez la crème pâtissière dessus. Faites cuire à four moyen (180° C Ou thermostat 6/7), 40 mn.

CHURROS

PRÉPARATION : 10 MN - CUISSON : 5 MN - 6 PERSONNES

1 verre de farine,
1 verre d'eau,
2 œufs,
50 g de sucre,
1 cl d'huile d'arachide,
1 pincée de sel.

Faites bouillir le verre d'eau. Dans une terrine, faites une fontaine avec la farine et le sel, versez d'un seul coup l'eau chaude et battez rapidement en ajoutant les deux œufs entiers pour obtenir une pâte lisse. Dans une poêle, faites chauffer l'huile. Avec une douille à pâtisserie, faites tomber dans l'huile chaude de longs morceaux de pâte. Égouttez et saupoudrez de sucre. Servez chaud.

MOROKIL

PRÉPARATION : 5 MN - CUISSON : 10 MN - 6 PERSONNES

1 l de lait,
45 g de farine de maïs
(8 cuillerée à soupe),
60 g de sucre.

Dans une casserole, à feu très doux, délayez la farine dans le lait et portez à ébullition sans cesser de remuer, pendant 5 mn. Ajoutez le sucre et remuez bien. Servez chaud ou froid.

GÂTEAU BASQUE

PRÉPARATION : 10 MN + 1 H DE REPOS - CUISSON : 30 MN - 8 PERSONNES

350 g de farine,
185 g de sucre,
220 g de beurre ramolli,
3 œufs,
500 g de cerises dénoyautées,
gelée de confiture,
1 cuillère à soupe de rhum.

Dans une grande terrine, faites une fontaine avec la farine. Battez deux œufs à part. Versez-les dans la fontaine avec le beurre ramolli, le sucre et le rhum. Travaillez bien à la spatule en bois pour obtenir une pâte ferme qui ne colle pas. Laissez reposer 1 h. Partagez la pâte en deux, et abaissez au rouleau. Beurrez et farinez un moule et foncez-le avec une partie de la pâte. Rangez les cerises et nappez de gelée de confiture. Recouvrez avec le reste de pâte. Dorez ua jaune d'œuf restant. Faites cuire à four chaud 30 mn.

MOUCHOUS

PRÉPARATION : 15 MN - CUISSON : 35 MN - 6 PERSONNES

250 g d'amandes,
400 g de sucre,
6 blancs d'œufs.

Montez les blancs d'œufs fermes. Pilez les amandes au mortier. Mélangez le sucre et les amandes pour obtenir une pâte onctueuse. Mélangez avec les blancs d'œufs en remontant avec une spatule. Beurrez et farinez une plaque à pâtisserie. Étalez des petits tas de pâte. Faites cuire à four très chaud pendant 3 mn et 30 mn à four moyen.

GÂTEAU AU MAÏS

PRÉPARATION : 10 MN - CUISSON : 40 MN - 6 PERSONNES

250 g de farine de maïs,
250 g de beurre fondu,
250 g de sucre,
7 œufs.

Dans une terrine, mélangez et travaillez jaunes d'œufs et sucre. Incorporez peu à peu la farine pour obtenir une pâte homogène. Montez les blancs d'œufs en neige. Incorporez-les à la pâte en soulevant à la cuillère en bois. Incorporez ensuite peu à peu le beurre fondu et travaillez bien cette pâte. Beurrez un moule à manqué, versez la pâte et faites cuire à four doux 40 mn.

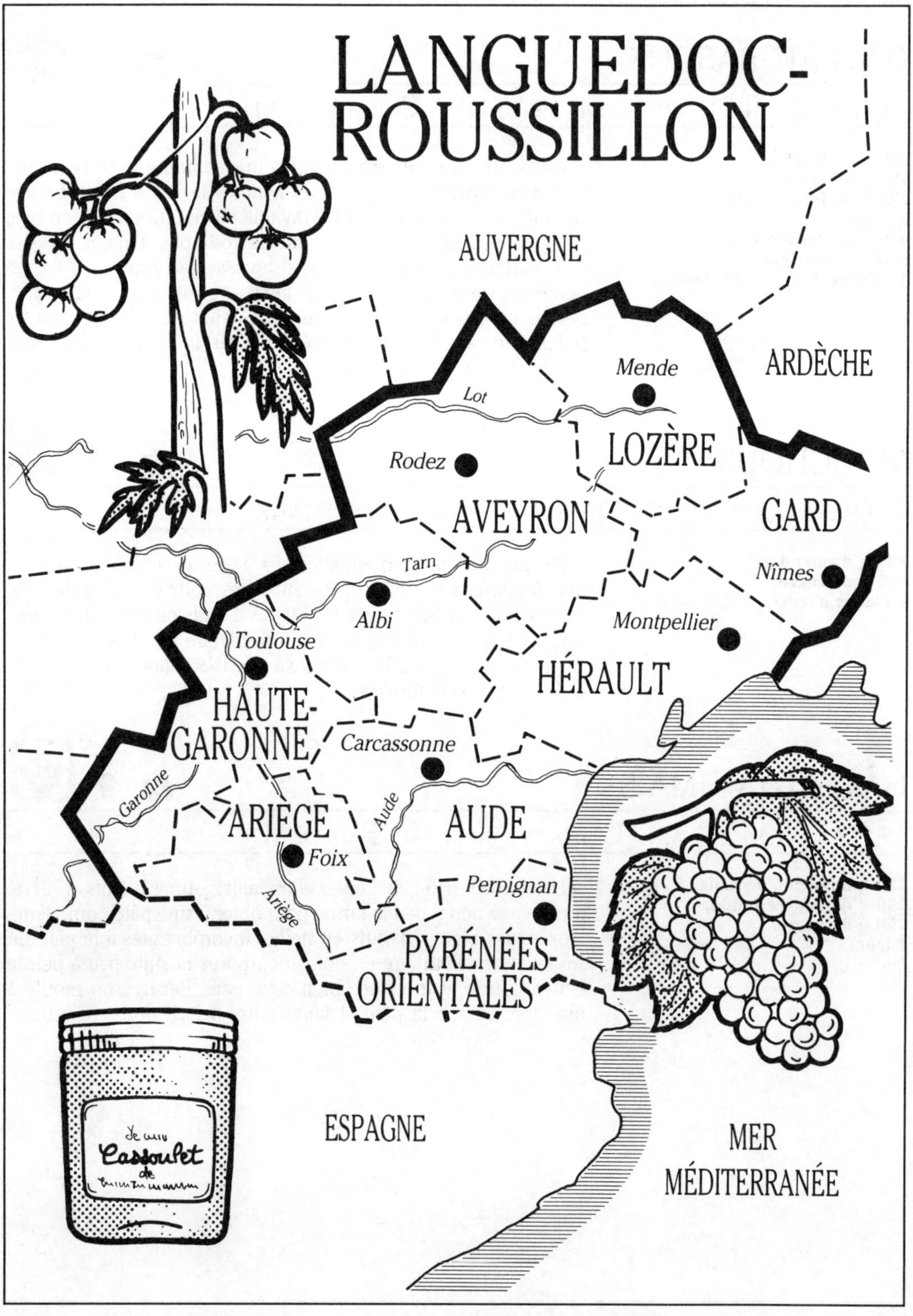
LANGUEDOC-
ROUSSILLON
AUVERGNE
ARDÈCHE
Mende
Lot
LOZÈRE
Rodez
AVEYRON
GARD
Tarn
Nîmes
Albi
Montpellier
Toulouse
HÉRAULT
HAUTE-
GARONNE
Carcassonne
Garonne
ARIEGE
Aude
AUDE
Foix
Perpignan
Ariège
PYRÉNÉES-
ORIENTALES
Cassoulet
ESPAGNE
MER
MÉDITERRANÉE

En Languedoc-Roussillon

La région languedocienne ou Occitanie s'étend du confluent du Gard et du Rhône aux abords de Perpignan où le Roussillon le prolonge jusqu'à la frontière espagnole. Elle s'arrête à l'ouest aux contreforts de Carcassonne en englobant une petite partie du département du Gard et les départements de l'Hérault et de l'Aude auxquels il faut ajouter les Pyrénées-Orientales qui forment le Roussillon. Avec ses 400 000 hectares, elle est la plus grande région vinicole de France. Derrière la barrière de tamaris, d'olives et de cannes qui bordent le littoral, la vigne a conquis le terrain jusqu'aux châtaigneraies du Nord et la caillasse de la Garrigue. Elle lui donne son unité.

La grisaille et ici très rare. Elle n'est apportée que par les vents du sud. L'ensoleillement est sans doute le plus fort de France. Les vents d'est, la tramontane et le mistral laissent le ciel dégagé et lumineux et amènent parfois le gel et des hivers rigoureux. Le Languedoc-Roussillon est une voie de passage du Nord vers le Sud empruntée par ceux qui venaient du Massif central et y faisaient souche mais aussi par les pèlerins partant vers Saint-Jacques-de-Compostelle. Terre d'enracinement, elle a retenu tour à tour Phéniciens, Romains, Wisigoths, Arabes et barons venus du Nord. Terre de communication, elle a donné à ses habitants un caractère enjoué. Le Languedocien aime la convivialité.

Une terre mille fois traversée, un paysage de plaines encadrées de montagnes, largement ouvert sur la mer, le raffinement des mœurs occitanes, ne pouvaient qu'apporter la tradition du bien manger à cette région par ailleurs très riche en produits naturels. La rusticité terrienne amenant l'abondance des mets, et l'épicurisme de la société occitane la finesse, gourmands et gourmets apprécient fort la cuisine de ce terroir. Depuis des siècles, on a su utiliser les produits de la mer, ceux de l'élevage et ceux de la chasse ainsi que la richesse en légumes pleins de soleil et de fraîcheur. Des mains habiles de la ménagère sont nés anchoïades et bouillabaisse, mélange de gibier et de raisin, cassoulet, civet daube et confit, sans oublier les délicieuses omelettes aux asperges sauvages ou aux truffes. Le tout préparé avec amour ; l'habileté ne suffit pas, il faut en plus, beaucoup d'amour. L'amour des produits que l'on manipule et l'amour de ceux à qui l'on veut faire plaisir. Les géographes pointilleux me permettront de repousser légèrement les limites du Languedoc pour montrer le bien-fondé de mon propos. Avec des amis, nous étions ce jour-là chez une parente de ceux-ci, à Castanet, entre Toulouse et Castelnaudary, hauts lieux du cassoulet. Comme l'on dit “nous allons à l'église” ou “nous allons au théâtre” nous étions partis “au cassoulet”. Notre hôtesse était debout dès 5 heures le matin, et jusqu'à

14 heures, heure à laquelle nous avions dégusté ce plat somptueux dont elle avait crevé sept fois la peau, elle n'avait cessé de tourner autour de ses fourneaux.

Chère dame de Castanet, les années ont passé et nos routes se sont séparées, mais si vous lisez un jour ces lignes, sachez que ni ma mémoire, ni mon cœur, ni mon palais n'ont oublié votre cassoulet. C'est de cela que je voulais parler quand j'écrivais le mot amour.

Si, revenant de notre incursion au pays toulousain, nous reprenons le chemin de la mer, nous rencontrerons des troupeaux de moutons broutant thym, romarin et genièvre qui donneront au gigot toute sa saveur.

Les oiseaux sauvages, perdrix, becfigues et cailles, se gavent du raisin de la vigne qui donnera à leur chair un parfum que vous ne retrouverez nulle part ailleurs.

Les escargots n'ont pas la taille de leurs cousins de Bourgogne mais cuits à la sommiéroise, avec jambon, épinards et cerneaux de noix, thym, laurier et romarin, ils seront une découverte pour vos palais. Dans les fermes du Lauragais, on fait pousser le blé et le maïs pour en gaver oies et canards et élever chapons et pintades. Le haut Languedoc fournira tomates, courgettes, asperges, aubergines, haricots, fèves et ails. De Sète à Port-Vendres, la mer donnera baudroies, loups, daurades, thons, sardines mais aussi moules, huîtres et langoustes. Et puis, il y a le sang même de la région : le vin, blanc, rouge ou muscat. Citons les plus connus : minervois, corbières, saint-chignan et costières-marseillan, picpoul, clairette, blanquette, lunel, frontignam, maury. Que de richesses ! De quoi satisfaire les amoureux d'une nature humaine, harmonieuse, qui associent au bonheur des yeux, le plaisir d'une étape à une terrasse campagnarde ombragée et fraîche sachant que l'on ne connaît rien d'un pays tant que l'on n'a pas goûté sa cuisine.

PETITS PÂTÉS DE PÉZENAS

PRÉPARATION : 1 H + 2 H DE REPOS - CUISSON : 45 MN - 8 PERSONNES

Pâte :
300 g de farine,
1 jaune d'œuf,
1 pincée de sel,
125 g de beurre,
80 cl d'eau.

Farce :
300 g de gigot de mouton ou de viande maigre de mouton,
50 g de graisse de mouton bien blanche,
1 zeste de citron,
250 g de cassonade,
1 poignée de raisins secs,
poivre, sel.

Faites fondre la graisse de mouton (environ 20 g) et saisissez la viande coupée en morceaux, salez, poivrez. Réservez. Mélangez la farine, le jaune d'œuf, le sel. Versez dessus le beurre fondu dans 80 cl d'eau bouillante. Pétrissez et laissez reposer 2 h au frais. Passez le mouton et la graisse de mouton restante au hachoir fin, ajoutez le zeste de citron haché très fin, la cassonade, les raisins. Assaisonnez. Étalez la pâte au rouleau et découpez-la en carrés de 4 cm de côté. Garnissez chacun d'eux avec un peu de farce, puis roulez-les en forme de bobine. Disposez ces petits pâtés plats sur la plaque graissée du four et faites cuire 45 mn à four moyen (175° C ou thermostat 6).

FEUILLETÉ DE COLLIOURE

PRÉPARATION : 20 MN - CUISSON : 30 MN - 6 PERSONNES

300 g de pâte feuilletée,
1 boîte de filets d'anchois,
4 cuillerées à soupe de concentré de tomate,
100 g d'olives noires dénoyautées,
2 œufs,
sel,
huile.

Étalez la pâte feuilletée et foncez-en un moule à tarte légèrement huilé. Recouvrez la pâte d'une feuille d'aluminium et de haricots secs afin qu'elle ne dore pas et faites-la cuire à blanc à four chaud (190° C ou thermostat 7) pendant 25 mn. Pendant ce temps, faites cuire les œufs 10 mn, passez-les sous l'eau froide et écalez-les. Quand ils sont froids, débitez-les en rondelles fines. Quand la pâte est cuite, faites réchauffer le concentré de tomate, salez-le très légèrement si besoin est et couvrez-en le fond de tarte. Disposez dessus les rondelles d'œufs durs et décorez avec les anchois égouttés et les olives. Servez aussitôt.

FEUILLETÉS DE COLLIOURE

PRÉPARATION : 30 MN + 1 H DE REPOS - CUISSON : 20 MN - 6 PERSONNES

300 g de pâte feuilletée,
150 g d'anchois salés,
20 g de beurre,
1 œuf,
25 g de persil,
1 pointe de poivre de Cayenne.

Autre recette.

Réduisez le beurre en pommade. Ôtez les arêtes des anchois et gardez 4 filets. Réduisez le reste en purée que vous mélangerez à la pommade de beurre après avoir assaisonné au cayenne. Étalez au rouleau la pâte feuilletée et découpez-la en rectangles de 8 cm sur 4 ; sur la moitié de ces rectangles, déposez 1 grosse cuillère à café de la pommade plus 1/2 filet d'anchois, et recouvrez des autres rectangles. Soudez les bords à l'eau froide. Dorez à l'œuf battu. Laissez reposer au frais 1 h et faites cuire au four thermostat 8 environ 20 mn. Servez les feuilletés dans un plat décoré avec le persil.

TIELLE

PRÉPARATION : 30 MN - CUISSON : 1 H 30 - 6 PERSONNES

200 g de petits poulpes,
1 cuillerée à café de sel gros,
350 g de pâte à pain,
2 oignons moyens,
3 gousses d'ail,
1 grosse poignée de persil,
8 olives noires,
2 cuillerées à soupe d'huile d'olive,
1 cuillerée à soupe rase de concentré de tomate,
1 pointe de piment rouge fort ou de poivre de Cayenne.

Nettoyez et lavez soigneusement les poulpes et jetez-les dans une bonne quantité d'eau bouillante salée. Laissez-les cuire 45 mn environ, égouttez-les puis coupez-les en dés. Pelez ail et oignons et hachez avec le persil. Dénoyautez les olives et coupez-les en morceaux. Dans une sauteuse, faites chauffer l'huile et mettez-y à dorer le hachis : ail, persil, oignons. Ajoutez-y les dés de poulpes puis le concentré de tomate, le piment et les olives. Démarrez la cuisson à feu vif tout en remuant à la cuillère en bois puis baissez le feu et laissez mijoter quelques minutes. Étalez la pâte à pain en deux abaisses. Tapissez un moule à tarte (à bords assez hauts) de l'une d'elles. Étalez dessus la préparation et recouvrez de la seconde abaisse. Soudez les bords de pâte avec les doigts humectés d'eau et faites cuire à four préchauffé, thermostat 7, pendant 35 à 40 mn. Servez aussitôt dans le moule de cuisson.

« Je vais vous mener dans un petit bouchon de la rue Vavin, chez Clémence, qui ne fait qu'un plat, mais un plat prodigieux : le cassoulet. »

(A. France)

THON FRAIS AUX CÂPRES

PRÉPARATION : 5 MN + 3 H DE REPOS - CUISSON : 15 MN - 3 À 4 PERSONNES

1 tranche de thon de 500 g,
2 cuillerées à soupe d'huile (d'olive de préférence),
2 feuilles de laurier,
5 cl de vinaigre de vin,
1 cuillerée à soupe bombée de câpres,
4 pincées de sel,
6 tours de moulin à poivre.

Enduisez d'huile la tranche de thon ; salez, et poivrez-la sur ses 2 faces. Faites-la griller sur un gril bien chaud 7 mn environ de chaque côté et mettez-la dans un plat creux (pas trop grand). Dans une casserole, mettez le vinaigre, les câpres et le laurier. Amenez à ébullition et versez aussitôt sur le thon. Laissez refroidir 3 h, puis entreposez au réfrigérateur jusqu'au moment de servir.

CASSOULET TOULOUSAIN

PRÉPARATION : 25 MN + 12 H DE TREMPAGE - CUISSON : 3 H - 8/10 PERSONNES

500 g de haricots blancs,
250 g d'échine de porc,
500 g d'épaule de mouton,
500 g de confit d'oie,
150 g de saucisson à l'ail,
1 saucisse de Toulouse,
1 carotte,
3 oignons,
6 gousses d'ail,
4 tomates,
3 clous de girofle,
1 bouquet garni,
graisse de porc ou d'oie,
chapelure,
sel, poivre.

La veille, faites tremper les haricots. Le jour même : coupez en morceaux l'échine de porc et l'épaule de mouton, puis faites revenir ceux-ci à la cocotte, dans la graisse. Pelez et émincez deux oignons ; pelez, épépinez et écrasez les tomates ; faites dorer ces ingrédients à la poêle dans un peu de graisse. Ajoutez-les ensuite dans la cocotte et laissez cuire le tout pendant 2 h en ajoutant 3 verres d'eau chaude. Après la première heure de cuisson, mettez dans la cocotte le saucisson à l'ail (piquez-le avec les pointes d'une fourchette pour qu'il n'éclate pas). Mettez les haricots égouttés dans une casserole d'eau froide salée, avec le dernier oignon pelé et piqué des clous de girofle, le bouquet garni, les 5 gousses d'ail et la carotte épluchées. Faites cuire pendant environ 1 h. 10 mn avant la fin de la cuisson, reprenez la poêle et faites dorer dans un peu de graisse la saucisse de Toulouse, également piquée de part en part. Frottez alors un poêlon avec le reste de l'ail. Une fois les haricots cuits, égouttez-les, puis versez-en la moitié dans le poêlon. Disposez sur ce lit la saucisse et le saucisson coupés en rondelles, les viandes et le confit d'oie. Recouvrez-les avec le reste des haricots. Assaisonnez bien le tout en relevant avec du poivre. Arrosez avec le fond de cuisson, saupoudrez de chapelure et mettez à four très doux (140° C ou thermostat 3/4) pendant environ 15 mn, le temps de laisser gratiner la chapelure. Les cassoulets de Carcassonne, de Narbonne et de Castelnaudary sont "cousins germains".

CANARD À LA LANGUEDOCIENNE

PRÉPARATION : 30 MN - CUISSON : 1 H 30 - 6 PERSONNES

1 canard pas trop gras mais bien en chair,
24 petits oignons,
huile d'olive,
1 croûton de pain,
ail,
sel, poivre,
1 verre à madère d'eau-de-vie : armagnac, cognac...,
couennes de lard pour bien garnir le fond d'une cocotte.

Videz et parez soigneusement le canard, remettez le foie après en avoir ôté le fiel. N'oubliez pas de retirer les glandes qui se trouvent à la base du croupion, de part et d'autre de son attache. Frottez abondamment d'ail un gros croûton de pain ; salez et poivrez-le puis introduisez-le dans le canard. Faites chauffer quelques cuillerées d'huile dans une poêle, mettez le canard à raidir puis à dorer sur toutes ses faces. Cette opération prend 15 mn, il ne faut pas aller trop vite, car si l'huile est trop chaude, la peau se fendillera alors qu'elle ne doit être que bien croustillante. Épluchez les oignons pendant que le canard dore, faites également tiédir un verre à madère d'eau-de-vie et tapissez de couennes de lard le fond d'une cocotte. Posez le canard sur les couennes, mettez autour les petits oignons, mouillez avec l'eau-de-vie tiède, salez, poivrez, couvrez. Faites cuire pendant 1 h 30 à petit feu. Retournez le canard aux 2/3 de la cuisson. Attention ! celle-ci risque de se prolonger d'un petit quart d'heure s'il s'agit d'un canard pas très jeune. Servez sur un plat chaud, garni avec les oignons et nappé de la sauce légèrement dégraissée à l'eau tiède, si nécessaire. Accompagnez de cresson non assaisonné et de pommes sautées.

CONFIT D'OIE

PRÉPARATION : 45 MN + 24 H DE REPOS - CUISSON : 1 H 30 À 2 h - 6 PERSONNES

1 oie gavée (plumée, vidée et flambée),
sel gros, thym, laurier, grains de poivre.

La veille, récupérez toute la graisse de la volaille, puis découpez celle-ci en morceaux que vous salerez largement un à un, et que vous rangerez dans une terrine. Vous laisserez reposer au frais 24 h.

Le jour même, faites fondre la graisse à feu très doux, passez-la au tamis. Essuyez bien les morceaux de volaille, plongez-les dans la graisse, ils doivent être recouverts, et laissez cuire à feu moyen jusqu'à ce que, quand vous les piquez, le jus qui s'écoule ne soit plus rosé. Égouttez-les alors, rangez-les dans des bocaux ou des terrines avec laurier, thym et quelques grains de poivre. Recouvrez-les (1,5 cm à 2 cm au-dessus) de graisse fondue préalablement passée au tamis, en évitant la formation de bulles d'air. Conservez au frais.

Mon conseil : si vous ne trouvez pas d'oie gavée, procédez de la même façon avec une oie bien grasse que vous ferez cuire dans de la graisse d'oie achetée dans le commerce. Vous pouvez remplacer l'oie par du canard.

PIGEONS AU SANG

PRÉPARATION : 40 MN - CUISSON : 45 MN À 1 H - 2 PERSONNES

**2 pigeonneaux vivants,
1 cuillerée à soupe de vinaigre,
150 g de lardons maigres ou de jambon cru,
20 petits oignons nouveaux,
2 gousses d'ail,
2 cuillerées à soupe de graisse d'oie ou de canard,
1 cuillerée à soupe bombée de farine,
40 cl de bon vin rouge,
40 cl de bouillon de volaille (la préparation en tablette convient),
4 tranches de pain de mie ou de campagne grillées,
1 bouquet garni,
1 cuillerée à soupe de sel,
6 tours de moulin à poivre.**

Versez le vinaigre dans un bol au-dessus duquel vous saignerez les pigeonneaux (ainsi le sang ne coagulera pas). Préparez ensuite les volailles pour qu'elles soient prêtes à cuire et coupez-les en deux. Dans une cocotte à fond épais, faites fondre la graisse et mettez-y à revenir les pigeonneaux à feu vif puis ôtez-les et remplacez-les par les lardons et les oignons pelés. Quand ceux-ci sont bien dorés, remettez les pigeons dans la cocotte, salez, poivrez, saupoudrez de la farine, remuez et laissez colorer légèrement puis mouillez avec le vin rouge. Ajoutez du bouillon afin que la viande soit recouverte. Parfumez du bouquet garni, de l'ail pelé et haché et laissez cuire 40 à 45 mn, selon l'âge des volatiles. Juste avant de servir, liez la sauce avec le sang. Présentez les demi-pigeons posés sur les croûtons grillés, et la sauce en saucière (après avoir ôté le bouquet garni).

ESTOUFFADE DE BŒUF

PRÉPARATION : 25 MN - CUISSON : 1 H 30 À 1 H 45 - 4 PERSONNES

**800 g de bœuf dans la culotte, la macreuse ou le paleron,
2 gros oignons,
2 carottes,
2 cuillerées à soupe de matière grasse (margarine végétale ou graisse animale),
1 cuillerée à soupe bombée de farine,
50 cl de vin rouge corsé,
2 gousses d'ail,
150 g de lardons maigres frais,
1 cuillerée à soupe de sel,
6 tours de moulins à poivre.**

Bouillie :
**50 cl de lait,
125 g de farine de maïs,
40 g de matière grasse.**

Coupez la viande en morceaux de 80 à 100 g. Pelez et émincez carottes et oignons. Dans une cocotte à fond épais, faites chauffer la matière grasse et saisissez-y les morceaux de viande de tous côtés. Ajoutez ensuite la garniture oignons-carottes, et laissez suer à feu moyen. Saupoudrez alors de farine, faites légèrement colorer, puis mouillez du vin rouge, ajoutez du bouillon si nécessaire pour couvrir la viande. Salez, poivrez, ajoutez les lardons rissolés et l'ail, couvrez et laisser cuire à feu moyen 1 h 30. Quelques minutes avant de servir, préparez la bouillie : jetez la farine de maïs dans le lait bouillant, portez de nouveau à ébullition, sans cesser de fouetter et en ajoutant peu à peu la matière grasse (ceci sur feu foux). Servez l'estouffade accompagnée de la bouillie.

Mon conseil : l'estouffade peut également s'accompagner de haricots blancs.

AUBERGINES FARCIES À LA CATALANE

PRÉPARATION : 20 MN - CUISSON : 40 MN - 8 PERSONNES

8 belles aubergines très fraîches,
150 g de lard maigre frais découenné,
1 poignée de mie de pain,
1 petit bouquet de persil,
10 cl d'huile d'olive,
1 verre de lait (ou de bouillon ou d'eau),
2 gousses d'ail,
2 échalotes,
sel, poivre,
1 bol de sauce tomate très relevée (+ tabasco).

Faites tremper la mie de pain dans le bouillon, le lait ou l'eau. Lavez et essuyez les aubergines, sans les peler, puis coupez-les en deux dans le sens de la longueur. Dans la poêle contenant de l'huile chaude, mettez les aubergines et faites-les frire pendant 15 mn, en prenant soin de les retourner, puis égouttez-les sur un papier-linge. Creusez-les en mettant de côté la chair retirée. Hachez alors le lard avec les gousses d'ail épluchées, le persil, la mie de pain bien pressée et la chair retirée des aubergines, ainsi que les échalotes. Poivrez bien, salez. Farcissez les fonds d'aubergines avec ce hachis, disposez-les dans un plat et mettez au four (thermostat 6), pendant 25 mn. Servez ces aubergines chaudes ou froides, accompagnées de la sauce tomate également chaude ou froide.

OUILLADE

PRÉPARATION : 20 MN - CUISSON : 2 H - 4 PERSONNES

1/2 chou vert,
350 g de haricots blancs secs,
1 bouquet garni,
4 pommes de terre moyennes,
2 oignons,
1 navet,
1 carotte,
4 tranches de jambon cru ou 200 g de lard de poitrine frais ou demi-sel selon le goût,
1 cuillerée à soupe de graisse d'oie.

Dans une marmite, faites cuire les haricots dans une bonne quantité d'eau salée, parfumée du bouquet garni jusqu'à ce qu'ils cèdent sous la pression des doigts. Dans une autre marmite, plongez dans une bonne quantité d'eau bouillante salée, le chou nettoyé, débarrassé des côtes dures et du trognon, et coupé en lanières épaisses, ainsi que les autres légumes pelés et taillés en lanières ou en rondelles, plus le jambon ou le lard. Laissez-les mijoter sur feu doux, pendant 1 h. Égouttez les haricots rapidement et versez-les dans la deuxième marmite. Mélangez le tout, ajoutez 2 ou 3 louches d'eau très chaude et laissez reprendre l'ébullition. Ajoutez la graisse d'oie pour parfumer et dès qu'elle est fondue, servez. Accompagnez de croûtons grillés.

BLANC-MANGER

PRÉPARATION : 25 MN - CUISSON : 20 MN - 6 PERSONNES

250 g d'amandes en poudre,
250 g de sucre,
25 cl d'eau,
1 l de lait,
1 gousse de vanille,
50 cl de crème fraîche,
12 feuilles de gélatine alimentaire (25 g).

Mélangez la poudre d'amandes et la moitié du sucre et ajoutez peu à peu l'eau. Faites bouillir le lait avec la vanille, versez-le sur le mélange et laissez infuser 15 mn. Passez ensuite au tamis : vous obtenez un lait d'amandes. Faites tremper les feuilles de gélatine dans de l'eau froide, pressez-les et mettez-les dans le lait réchauffé, ainsi que le reste du sucre, mélangez bien le tout. Fouettez la crème fraîche jusqu'à ce qu'elle devienne ferme, et ajoutez-la au lait juste refroidi. Versez la préparation dans un moule et entreposez au froid. Démoulez au moment de servir après refroidissement complet.

CRUCHADES

PRÉPARATION : 20 MN - CUISSON : 10 MN

230 g de farine de maïs,
75 cl de lait,
zestes ou essence de citron,
1 cuillerée à café de fleur d'oranger,
40 g de sucre semoule,
120 g de beurre,
80 g de sucre semoule ou glace ou de cassonade.

Faites bouillir le lait avec le sucre et parfumez-le avec la fleur d'oranger et le citron. Ajoutez la farine de maïs et faites cuire en remuant au fouet, jusqu'à l'obtention d'une bouillie épaisse. Étalez cette bouillie sur une plaque beurrée et laissez-la refroidir. Coupez-la alors en carrés de 4 cm sur 4. Faites chauffer le beurre dans la poêle et mettez-y à dorer les carrés sur leurs deux faces. Égouttez-les sur un papier absorbant et servez-les très chauds, saupoudrés de sucre.

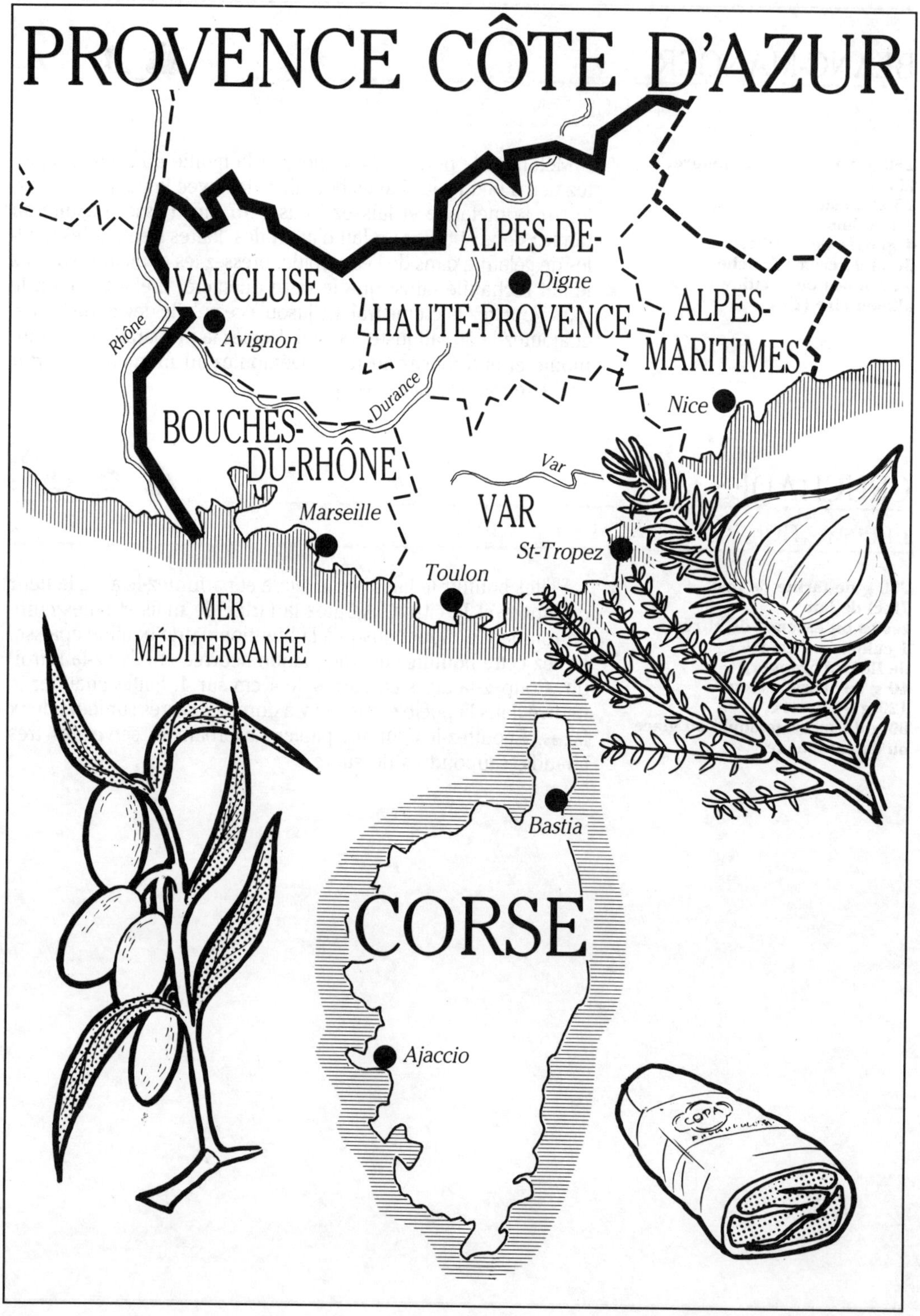
PROVENCE CÔTE D'AZUR
VAUCLUSE
Avignon
Rhône
ALPES-DE-
HAUTE-PROVENCE
Digne
ALPES-
MARITIMES
Nice
Durance
BOUCHES-
DU-RHÔNE
Var
VAR
Marseille
St-Tropez
Toulon
MER
MÉDITERRANÉE
Bastia
CORSE
Ajaccio
COPA

En Provence Côte d'Azur, Corse

La voiture s'enfonce par la nationale 7 et traverse des villages dont le nom chante à l'esprit des Septentrionaux que nous sommes. L'autoroute n'existe pas et le goût des transhumances n'a pas encore saisi les Français.

Nous roulons sous le dais du feuillage des platanes centenaires et de chaque côté éclate la symphonie en blanc et rose des arbres qui disent la renaissance de la vie.

Dans la voiture, un enfant se lève et les yeux dans un autre monde déclame les poésies étudiées en classe, pris sans doute par le charme de la région.

Aix, porte de la Provence, est atteinte et aussitôt, tout change. Les arbres se tordent et prennent des airs penchés que leur donne le mistral. Les villages se perchent en haut des pics, et du centre même de ceux-ci, oliviers et vignes se partagent la terre ocre et friable qui descend en pente douce ou s'étage en terrasses successives quand le versant se fait plus abrupt.

Et, tout à coup, au moment où on ne l'attendait pas, la mer est là, si bleue, si transparente...

Nous nous sommes arrêtés, nous imprégnant doucement du crissement des cigales et de cette odeur mêlée de thym et de lavande, nous regardons cette eau figée ; presque minérale.

« On ne peut faire la cuisine provençale qu'en Provence », disait Charles Bérot, chef renommé de la région. « On la fait avec ce qu'on a, plus le soleil et les cigales. » On fait pourtant n'importe quoi en son nom. Simplement parce qu'elle fait rêver, qu'elle est évocatrice de vacances, de soleil et de farniente.

Si les cuisines de l'Artois ou du Nivernais ont gardé leurs caractères de terroir, celle de la Provence méditerranéenne a été dénaturée à l'image du monde hétéroclite qui fréquente la région ou qui y vit.

La frontière proche de l'Italie a permis l'invasion des pizzérias et la porte ouverte vers l'Afrique du Nord a amené l'intrusion de la merguez.

Le tourisme est à la fois la meilleure et la pire des choses. Il a apporté la prospérité à une région pauvre mais l'a aussi éloignée de ses sources. Le terroir provençal avait un visage qui lui était propre, fait de la mer bleue, de ses calanques, du cabanon élevé à la limite des pins, au milieu des plantes odorantes et des trilles des rolliers et guêpiers au plumage châtoyant.

Là, les dimanches et jours de fête, on élaborait une cuisine de pays pauvres soit, mais soumise à des règles précises, aux ingrédients bien définis. Si chacun avait son tour de main ou son secret familial, on ne se servait que de produits du pays que l'on mariait avec amour selon des règles ancestrales.

On trouve actuellement le basilic un peu partout en France. Nous l'avions découvert dans une ferme de Haute-Provence où, écrasé avec l'ail dans l'huile d'olive, il parfumait la soupe qu'on appelle pistou. Le propriétaire, d'origine italienne, y ajoutait des pâtes qui rendaient plus consistant encore le mélange de haricots, courgettes, carottes, pommes de terre et tomates.

Plat unique, confectionné avec tout ce que la terre pouvait donner dans une région pauvre, il gardait la saveur des produits naturels qui le composaient.

Si notre modeste collaboration pouvait inciter le lecteur à séparer le bon grain de l'ivraie, il trouverait dans la cuisine provençale une source de joies gustatives qui n'auraient rien à envier à celles des régions à haute renommée gastronomique.

Oublions un moment la pizza pour goûter, dans le vieux Nice, l'authentique pissaladière. Jeune adolescent chassé de sa région par l'Occupation, je calmais mon appétit avec un quartier de socca, galette de farine de maïs que j'achetais sur la place Garibaldi dans la vieille ville.

Même si elle n'est pas riche, la terre apporte pommes de terre, tomates, aubergines, fèves, courgettes, poivrons, artichauts, ail, oignons et fenouil ainsi que thym, romarin, mesclun, sauge, basilic, sarriette.

L'eau donne le loup, l'oursin, le poulpe et la morue. Et, il y a toujours au frais un rosé des côtes de Provence qui s'entame à l'apéritif et accompagne la totalité du repas. Si les vins des côtes de Provence sont très connus depuis qu'ils ont accédé au rang de V.D.Q.S. en 1951, il ne faut pas oublier les blancs de Cassis, secs et corsés, ainsi que les rouges de Bandol à la robe grenat pourpre, bien charpentés et fort goûteux.

Un labeur ingrat, une ténacité de chaque jour qui se cache sous une fausse nonchalance, beaucoup d'imagination et le soleil ont transformé une terre pauvre en une sorte d'éden plein de couleurs et de senteurs.

Les fruits et les légumes mûris naturellement sont savoureux, les étals rutilent de la fraîcheur colorée des poissons de la Méditerranée.

Le Sisteron et les Sépilles sont connus pour leurs agneaux, et les terres préservées de Camargue et des Maures permettent d'introduire dans la cuisine régionale le sanglier, le lapin de garenne mais aussi la caille, la bécasse et la grive. Les champs d'oliviers fournissent l'essence même de la cuisine provençale, cette fameuse huile pleine de saveurs sans qui les plats provençaux ne seraient que mauvaises copies.

La somptuosité du château neuf du pape, le caractère particulier des crus de Cassis, de Bandol, de Saint-Maximin ainsi que le très connu rosé du Var ont de quoi satisfaire tous les palais.

Ces richesses vous permettront de retrouver l'authenticité d'une région qui est le berceau d'une civilisation.

AÏGO BOULIDO

PRÉPARATION : 20 MN - CUISSON : 20 MN - 6 PERSONNES

1 l d'eau,
6 gousses d'ail,
3 feuilles de sauge,
1/2 feuille de laurier,
2 pincées de sel,
2 tours de moulin à poivre,
4 tranches de pain grillé,
1 bol de gruyère râpé.

Pelez et coupez les gousses d'ail en 4. Faites-les bouillir dans l'eau salée et poivrée pendant 15 mn. 10 mn avant la fin de la cuisson, ajoutez la sauge et le laurier. Dans chaque assiette, déposez une tranche de pain grillé. Versez au-dessus le bouillon (sans les aromates) et saupoudrez du gruyère.

Comme me l'a appris le père Simon, « c'est le "sauveur" des lendemains de fêtes ».

SOUPE DE POISSON comme à Marseille

PRÉPARATION : 35 MN - CUISSON : 1 H - 8 PERSONNES

1 kg de poissons de roche,
1 bel oignon,
1 blanc de poireau émincé,
2 tomates pelées et épépinées,
3 gousses d'ail,
1 feuille de laurier,
1 brin de fenouil,
1/4 d'écorce d'orange,
3 godets de safran,
1 cuillérée à soupe de pastis,
100 g de spaghettis coupés ou de gros vermicelles,
5 cl d'huile d'olive,
100 g de fromage râpé (gruyère ou édam étuvé),
1 poignée de sel,
4 tours de moulin à poivre,
croûtons de pain.

Rouille :
4 gousses d'ail,
1 piment rouge,
1 noix de mie de pain trempée à l'eau,
15 cl d'huile d'olive,
sel, poivre.

Préparez les poissons, lavez-les et essuyez-les. Dans une cocotte à fond épais, faites chauffer l'huile et mettez-y les poissons. Ajoutez ensuite le poireau, l'oignon (pelé et coupé en dés), l'ail et laissez prendre légèrement couleur à feu moyen. Salez et poivrez. Ajoutez alors les tomates et les aromates (sauf le safran), couvrez largement (5 cm au-dessus des ingrédients) d'eau et portez à ébullition. Laissez cuire à feu fort pendant 10 mn. Ajoutez alors le pastis et remettez sur feu fort pendant 30 mn pour faire réduire le liquide d'un quart. Passez alors le tout au tamis ou au chinois en pressant bien sur tous les ingrédients pour en extraire tout le liquide. Remettez le bouillon passé dans la cocotte, portez à ébullition ; ajoutez le safran et jetez-y les pâtes choisies au premier bouillon. Dès que les pâtes sont cuites, versez la soupe en soupière et servez-la aussitôt, accompagnée de fromage râpé et de croûtons frits ou grillés frottés à l'ail. On peut accompagner cette soupe de rouille sauf si l'on préfère garder en bouche le goût fin des poissons de roche. Quelques petits crabes dits aussi "favouilles" parfumeront très agréablement cette soupe.

La rouille se prépare comme l'aïoli (voir page 148) mais avant d'ajouter l'huile, il faut piler en même temps que l'ail et la mie de pain, un piment rouge. L'œuf n'est pas nécessaire. Avant de servir, vous la rendrez moins épaisse en y ajoutant 2 à 3 cuillerées du jus de la soupe de poisson.

SOUPE DU BERGER DES ALPILLES

PRÉPARATION : 15 MN - CUISSON : 2 H - 4 À 6 PERSONNES

Os d'1 gigot rôti,
4 carottes,
2 blancs de poireaux,
6 pommes de terre moyennes,
1 navet,
2 branches de céleri,
4 gousses d'ail,
1 pincée de sel gros,
4 tours de moulin à poivre.

Portez à ébullition l'os d'un beau gigot rôti dans un 1,5 l d'eau froide. Écumez soigneusement le bouillon, ajoutez sel et poivre et laissez cuire 1 h. Ajoutez alors tous les légumes nettoyés et coupés en dés (ainsi que les gousses d'ail qui auront été dégermées). Dès la reprise de l'ébullition, laissez mijoter encore 1 h. Quand la cuisson est terminée, ôtez les os, et servez la soupe très chaude, telle quelle, ou accompagnée de croûtons grillés. Autrefois, quand l'époque de la soupe n'était pas révolue, ces os étaient gardés et servaient à la confection d'une deuxième soupe, d'un goût, paraît-il, supérieur à la première !

SOUPE DE TRUITES

PRÉPARATION : 20 MN - CUISSON : 25 MN - 4 PERSONNES

4 truites moyennes,
1/2 verre d'huile d'olive,
2 oignons,
4 gousses d'ail,
1 pomme de terre,
1 feuille de laurier,
2 cuillerées à soupe de concentré de tomates,
1 branche de thym,
1 branche de romarin,
2 branches de persil,
sel, poivre.

Recette corse.

Épluchez et émincez les oignons et les pommes de terre, épluchez les gousses d'ail. Faites chauffer l'huile dans une casserole, puis mettez-y la pomme de terre, les oignons, l'ail, le laurier, le thym, le romarin et le persil. Faites bien revenir le tout. Nettoyez et videz les truites, puis ajoutez-les dans la casserole et faites-les raidir quelques minutes. Dans l'autre casserole, portez de l'eau à ébullition, puis diluez le concentré de tomates. Mouillez alors les poissons avec cette préparation. Salez, poivrez. Laissez cuire à petits bouillons 20 mn. Enlevez ensuite toutes les arêtes des truites et passez toute la préparation, y compris les poissons, au moulin à légumes (grille fine). Servez cette soupe sur de fines tranches de pain grillées et frottées à l'ail.

RAÏDO

PRÉPARATION : 35 MN - CUISSON : 35 MN - 4 PERSONNES

2 oignons,
1 cuillère à soupe de farine,
20 cl de vin rouge assez corsé,
3 gousses d'ail,
6 tomates pelées et épépinées,
2 pincées de sel,
3 tours de moulin à poivre,
2 feuilles de laurier,
1 cuillère à soupe de câpres,
1 cuillère à soupe d'olives noires de Nice,
1 cuillère à soupe d'huile.

Pelez et hachez les oignons et faites dorer ceux-ci à l'huile. Saupoudrez-les de la farine, laissez prendre couleur et mouillez avec le vin rouge. Laissez réduire 3 mn, et ajoutez 10 cl d'eau bouillante, l'ail pelé et écrasé, les tomates coupées en dés, le sel, le poivre et le laurier. Mélangez le tout, laissez cuire 10 mn environ. Passez alors au moulin à légumes, ajoutez câpres et olives et servez cette sauce chaude en accompagnement de poissons frits.

TOURTE AUX HERBES

PRÉPARATION : 45 MN + 30 MN DE REPOS - CUISSON : 35 MN - 6 PERSONNES

Pâte :
400 g de farine,
50 g de beurre,
50 g de saindoux,
4 cuillerées à soupe d'huile,
sel.

Garniture :
250 g d'épinards,
150 g d'oseille,
250 g de pissenlits,
3 poireaux,
1 oignon,
2 ou 3 branches de basilic,
1 branche de thym,
de sarriette et de marjolaine,
1/2 verre d'huile,
2 œufs,
2 gousses d'ail,
sel, poivre.

Recette corse.

Préparez la pâte : versez la farine dans la jatte. Ajoutez le saindoux et le beurre en petits morceaux, puis, avec la farine, effritez-les en frottant les mains l'une contre l'autre jusqu'à ce que le mélange soit en paillettes. Disposez-le alors en puits et, au centre, versez le sel et l'huile. Tournez en ajoutant, peu à peu, 1/2 verre d'eau. La pâte doit être assez ferme. Roulez-la alors en boule et laissez-la reposer 30 mn. Pendant ce temps, préparez la garniture : lavez et égouttez les épinards, les pissenlits, l'oseille et les poireaux ; épluchez l'oignon et l'ail ; hachez grossièrement les herbes. Versez l'huile dans la sauteuse et faites étuver ce hachis sur feu doux pendant une quinzaine de minutes. Il doit réduire considérablement de volume. Salez et poivrez. Étalez ensuite la pâte en une abaisse de 3 mm d'épaisseur.

A l'aide du bol, découpez 12 ronds. Répartissez la farce sur 6 d'entre eux et passez du jaune d'œuf sur leur pourtour. Recouvrez chacun des ronds ; pincez les bords avec les pointes d'une fourchette pour bien les faire adhérer. Faites ainsi 6 tourtes. Dorez le dessus de chacune d'elles au jaune d'œuf, puis disposez-les sur la tôle et faites-les cuire à four moyen pendant 20 mn. Servez chaud.

OMELETTE AUX ASPERGES SAUVAGES

PRÉPARATION : 20 MN - CUISSON : 15 À 20 MN - 4 PERSONNES

8 œufs,
30 g d'huile ou de matière grasse,
750 g d'asperges,
1 bonne pincée de sel,
2 tours de moulin à poivre.

Coupez les pointes d'asperges, essuyez-les délicatement et faites-les blanchir 3 mn à l'eau bouillante. Égouttez-les soigneusement et laissez-les refroidir. Battez rapidement les œufs, salez et poivrez. Dans une poêle, faites fondre la matière grasse, jetez-y les pointes d'asperges et laissez-les cuire à feu doux pour les attendrir. Jetez alors l'omelette dessus, à feu vif, et faites-la cuire selon votre goût, sèche ou baveuse. Servez très chaud.

Mon conseil : les asperges sauvages, fines et vertes, ont un parfum subtil qui rend ce plat très délicat.

GRAND AÏOLI

PRÉPARATION : 2 H - CUISSON : 2 H 30 + DESSALAGE - 8 PERSONNES

2 kg de morue salée,
5 petits artichauts,
12 carottes,
1 betterave,
1 livre de haricots verts,
1 livre de pois chiches ou de haricots blancs,
20 petites pommes de terre,
3 douzaines d'escargots,
20 gousses d'ail,
8 œufs,
1 pied de céleri bien blanc,
14 olives noires,
3 brins de fenouil,
vinaigre,
laurier,
10 champignons,
persil,
cerfeuil,
1 verre de vin blanc sec,
1 citron,
huile d'olive bien fruitée.

Aïoli :
4 gousses d'ail,
1 jaune d'œuf,
1 noix de mie de pain trempée à l'eau,
15 cl d'huile d'olive,
jus d'1 citron,
sel, poivre.

La veille, faites tremper les filets d'une morue sans enlever ni peau ni arêtes dans une passoire posée dans une grande quantité d'eau. Changez l'eau toutes les deux heures. En fin d'opération, enlevez peau et arêtes, séchez dans un linge, coupez en carrés de 5 cm de côté.

A 10 h 30, cuisez séparément et gardez au chaud sous une serviette : les artichauts, les carottes, la betterave, les haricots verts, les pois chiches (ou petits haricots blancs), les pommes de terre en robe des champs. Dans une casserole pleine d'eau bouillante, jetez 3 douzaines d'escargots ayant bien dégorgé dans le sel fin et le vinaigre, avec le fenouil. Quand on peut les sortir de la coquille avec une épingle, ils sont cuits. Retirez et égouttez-les.

A 11 h, préparez l'aïoli : pelez les gousses d'ail et pilez-les dans un mortier en marbre de préférence, elles ne doivent plus avoir de consistance. Ajoutez le jaune d'œuf, le sel, le poivre, la mie de pain, mélangez le tout, et commencez à versez l'huile goutte à goutte sans cesser de remuer énergiquement et régulièrement jusqu'à ce que la sauce prenne consistance. Après incorporation de la moitié de l'huile, vous pouvez verser plus vite. La sauce terminée doit être très ferme : le pilon doit y tenir debout. Pour finir, vous pouvez ajoutez un mince filet de jus de citron. Mettez au frais jusqu'au moment de servir.

A 11 h 45, faites pocher la morue dans de l'eau bouillante aromatisée avec 1 feuille de laurier. Laissez frémir 15 mn. Retirez, égouttez, laissez au chaud dans une serviette. Faites revenir pendant 5 mn les escargots dans 2 cuillerées d'huile bien chaude avec 10 champignons hachés et une pincée de persil. Mouillez avec un verre de vin blanc très sec, laissez mijoter 30 mn.

A 12 h, pelez les pommes de terre, la betterave, coupez ces légumes en tranches. Mettez dans un grand plat rond : betterave au centre, pommes de terre autour et carottes en étoile. Couvrez avec une serviette. Parez un autre plat rond chaud avec les haricots verts, les pois chiches, les cœurs d'artichauts, le tout saupoudré de cerfeuil haché. Sur un plat ovale, disposez 8 œufs cuits durs coupés en tranches, le pied de céleri coupé en bâtonnets et garnissez avec les olives. Sur un autre grand plat, mettez au centre les escargots en pyramide et autour placez la morue. Décorez avec des brins de fenouil. Couvrez avec une serviette.

A 12 h 25 , disposez sur la table le plat de morue au centre, à droite le plat de pommes de terre, à gauche celui des pois chiches. Placez l'aïoli devant la personne qui servira.

BOUILLABAISSE

PRÉPARATION : 15 MN + 4 H DE MACÉRATION - CUISSON : 20 MN - 6 PERSONNES

3,5 kg à 4 kg de poissons (rascasse, saint-pierre, vive, rouget "grondin", lotte, baudroie, congre, — côté tête, en tranches épaisses —, murène,
8 gousses d'ail,
2 gros oignons,
12 pommes de terre,
1 bouquet garni + 3 branches de fenouil séchées,
1 petite boîte de concentré de tomates,
20 cl d'huile d'olive,
1 poignée de gros sel,
10 tours de moulin à poivre,
4 doses de safran.

Écaillez (éventuellement) les poissons. Lavez-les et essuyez-les. Pelez les oignons, l'ail et les pommes de terre. Lavez ces dernières et coupez le tout en tranches de 5 mm d'épaisseur. Disposez toutes ces tranches au fond du faitout. Ajoutez le bouquet garni et les poissons coupés en morceaux. Arrosez du mélange huile-concentré de tomates. Salez, poivrez, saupoudrez de safran. Laissez macérer 4 h au frais environ (couvert). Avant le repas, ajoutez de l'eau dans le faitout (le poisson doit être juste recouvert). Démarrez la cuisson à feu vif et à couvert. Après le démarrage de l'ébullition, prolongez la cuisson de 15 mn (toujours à feu très vif). Disposez les poissons dans un plat de service, les légumes dans un autre. Servez le jus en soupière. Accompagnez de croûtons grillés et aillés, de rouille (voir page 145) et de fromage râpé.

Aux dires du grand Reboul, maître en cuisine provençale, la bouillabaisse ne devrait pas comporter moins de quarante espèces de poisson.

BRANDADE DE MORUE

PRÉPARATION : 25 MN + 8 H DE DESSALAGE - CUISSON : 10 MN - 6 PERSONNES

1,5 kg de morue,
2 feuilles de laurier,
1 gousse d'ail,
1/4 l d'huile d'olive,
1/4 l de lait tiède,
jus d'1/2 citron,
5 tours de moulin à poivre.

Mettez à tremper la morue sur une passoire dans une bassine 48 h à l'avance en changeant l'eau 2 fois par jour. Égouttez, mettez la morue dans l'eau froide avec 2 feuilles de laurier. Portez à ébullition, puis baissez le feu, et laissez pocher 10 mn sans bouillir. Égouttez. Pilez dans un mortier la gousse d'ail et ajoutez petit à petit la morue nettoyée et émiettée jusqu'à l'obtention d'une pâte régulière très fine. Ajoutez l'huile tiédie en petits filets, en remuant vivement, puis le lait tiédi, commencez par quelques cuillerées, car la quantité indiquée sera peut-être trop importante selon la qualité de la morue. Vous devez arriver à la consistance d'une purée légère. Ajoutez alors 1/2 jus de citron, le poivre, rectifiez en sel si nécessaire, mais attention, la morue est déjà salée. Servez avec des croûtons frottés à l'ail et frits.

Mon conseil : certains pilent en même temps que l'ail une pomme de terre bouillie chaude. La réussite du plat consiste dans le travail vigoureux et incessant à la cuillère.

STOCCAFICADA

PRÉPARATION : 30 MN + 3 J DE DESSALAGE - CUISSON : 50 MN - 6/8 PERSONNES

2 kg de stockfish (morue conservée par séchage à l'air libre),
500 g d'oignons,
1 kg de tomates,
1 poivron vert,
1 poivron rouge,
8 gousses d'ail,
200 g d'olives noires de Nice,
20 cl d'huile d'olive,
1 kg de pommes de terre,
5 clous de girofle,
1 bouquet garni (laurier, thym, romarin),
4 tours de moulin à poivre,
sel,

Sauce :
8 anchois allongés,
1 verre d'huile d'olive,
2 cuillerées à soupe de cognac.

Faites dessaler le stockfish pendant 3 jours en changeant l'eau 1 fois par jour. Le jour du repas, pelez le poisson, ôtez les arêtes et coupez-le en cubes. Dans une cocotte en terre (ou en fonte), faites chauffer 10 cl d'huile d'olive, et mettez-y à colorer les oignons pelés et coupés en rondelles, ainsi que les poivrons soigneusement épépinés et détaillés en lanières sur leur longueur ; enfin, les tomates pelées et épépinées puis les gousses d'ail écrasées, le bouquet garni et les clous de girofle. Laissez mijoter le tout pendant 10 mn. Ajoutez alors les cubes de poisson et une grosse louche d'eau chaude. Poivrez.

Démarrez la cuisson à feu vif puis continuez à feu modéré pendant 20 mn. Ajoutez alors les pommes de terre pelées et coupées en rondelles de 5 mm environ. Cuisez encore 25 mn (ajoutez éventuellement un peu d'eau chaude si la préparation était trop courte). Pilez dans un mortier les anchois, ajoutez l'huile d'olive restante, le cognac et mêlez cette sauce à la stoccaficada. Garnissez avec les olives, donnez un bouillon, rectifiez l'assaisonnement si besoin est, et servez aussitôt dans le plat de cuisson. Ce plat est délicieux et a le mérite d'être complet et d'un prix abordable.

POULET AUX 40 GOUSSES D'AIL

PRÉPARATION : 15 MN - CUISSON : 1 H À 1 H 30 - 6 PERSONNES

1 poulet (1,3 kg),
thym, laurièr,
200 g d'huile d'olive,
40 gousses d'ail soit 230 g,
1 gros bouquet garni de romarin, thym, sauge, laurier, persil, céleri,
sel, poivre.

Après l'avoir flambé, salez, poivrez l'intérieur du poulet, introduisez un bouquet garni. Mettez dans une terrine, pouvant juste contenir le poulet, 200 g d'huile d'olive et 40 gousses d'ail non épluchées. Ajoutez le gros bouquet d'herbes. Posez dessus le poulet, retournez-le. Laissez toute l'huile et les aromates avec le poulet par dessus. Couvrez et fermez hermétiquement en soudant le couvercle à la farine étendue d'eau. Mettez à cuire à four moyen (thermostat 6) pendant 1 h 1/2 environ. Sortez la terrine, enlevez la bande de pâte autour du couvercle, mais n'ouvrez que sur la table afin que les convives en découvrent le parfum. Servez avec des croûtons que chacun tartinera de purée d'ail.

Mon conseil : pour la cuisson du poulet, comptez 30 mn par livre. Vous pouvez remplacer l'huile d'olive par de l'huile de pépins de raisin.

STUFFATU

PRÉPARATION : 25 MN - CUISSON : 2 H - 6 PERSONNES

500 g de bœuf à braiser,
250 g de porc frais,
250 g de veau,
100 g d'oignons,
150 g de lard de poitrine maigre,
2 cuillerées à soupe d'huile,
2 tomates moyennes,
1 verre de vin rouge,
1 verre d'eau,
2 gousses d'ail,
persil, romarin, thym,
1/2 feuille de laurier,
sel, poivre,
250 g de macaroni,
30 g de beurre,
150 g de parmesan ou de gruyère râpé.

Recette corse.

Coupez le bœuf, le porc et le veau en petits dés. Pelez et hachez les oignons. Mettez le lard dans une casserole d'eau froide. Portez à ébullition pendant 5 mn, égouttez, épongez et coupez en petits dés. Faites chauffer l'huile dans une cocotte et mettez à dorer, à feu vif, tous les ingrédients précédents, en remuant souvent à la spatule. Ajoutez ensuite les tomates pelées, épépinées et concassées, le vin, l'eau, les gousses d'ail entières, avec le persil, le romarin, le thym effeuillé, le laurier, le sel et le poivre. Couvrez. Laissez mijoter 1 h 30 sur feu doux (35 mn en autocuiseur). Faites cuire les macaroni dans une grande quantité d'eau bouillante salée pendant 15 mn. Égouttez-les aussitôt cuits et beurrez-les avec 30 g de beurre afin qu'ils ne collent pas. Dans un plat creux, disposez par couches la moitié du macaroni, du fromage râpé, toute la viande et le reste de macaroni. Arrosez avec la sauce. Terminez avec le reste du fromage râpé et quelques noisettes de beurre. Salez et poivrez encore. Faites gratiner à four moyen thermostat 4/5, 30 mn.

PIEDS-PAQUETS

PRÉPARATION : 40 MN - CUISSON : 3 À 4 H - 6 PERSONNES

500 g de tripes de mouton,
3 cuillerées à soupe d'huile d'olive,
3 oignons,
2 blancs de poireaux,
2 carottes,
4 gousses d'ail,
4 pieds de mouton,
3 tomates,
1 bouteille de côtes-de-provence,
1 cuillerée à café de sel,
6 tours de moulin à poivre,
1 bouquet garni.

Farce :
100 g de lard maigre,
4 gousses d'ail,
2 branches de persil,
150 g de fraise de veau.

Hachez le lard, la fraise de veau, l'ail pelé et le persil, assez finement. Nettoyez et lavez soigneusement les tripes et découpez-les en carrés de 8 cm de côté. Au milieu de chaque carré, déposez de la farce, relevez les 4 coins et ficelez-les pour former des petits paquets. Dans une marmite en terre de préférence faites chauffer l'huile et mettez-y à dorer les oignons, les poireaux et les carottes émincés finement puis ajoutez l'ail pelé. Posez dans la marmite les pieds de mouton et les paquets préparés. Mouillez de vin blanc à hauteur, salez, poivrez, ajoutez les tomates pelées et concassées et le bouquet garni, et couvrez hermétiquement en soudant le couvercle à la marmite par un cordon de pâte (farine + eau), ceci s'appelle "luter". Enfournez à four préchauffé thermostat 5 et faites cuire pendant au minimum 3 h (une cuisson, à four doux, de 6 h ne pourra qu'améliorer le plat). Pour servir, dégraissez la sauce et versez-la sur les pieds dressés autour des paquets, sur un plat de service préalablement chauffé. Éventuellement, donnez quelques bouillons à la sauce pour la faire réduire.

DAUBE PROVENÇALE À L'ANCIENNE

PRÉPARATION : 35 MN + 12 H DE MARINADE - CUISSON : 5 H - 6 PERSONNES

1 tablette de bouillon de volaille,
1 kg de paleron ou de macreuse en morceaux (60 g environ),
150 g de lardons frais,
1 cuillerée à soupe de gras végétal,
1 cuillerée à soupe d'huile d'olive,
50 g d'olives vertes dénoyautées,
150 g de champignons frais,
2 tomates fraîches, pelées et épépinées
(ou 1 cuillerée de concentré),
1 bouquet garni (thym, laurier, persil).

Marinade :
2 oignons hachés,
2 carottes en rondelles fines,
4 gousses d'ail écrasées,
1 cuillerée de vinaigre de vin,
1 cuillerée à soupe de cognac,
1 dizaine de grains de poivre,
1 branche de persil,
2 clous de girofle,
1/2 cuillerée à café de sel,
2 pincées de 4-épices,
1/2 l de vin (côtes-du-rhône ou châteauneuf-du-pape).

Faites mariner la viande dans un plat pendant une nuit avec tous les ingrédients de la marinade. Égouttez les morceaux, essuyez-les (papier absorbant), puis faites-les revenir dans la cocotte en fonte ou dans la sauteuse, pendant 15 mn à feu d'abord vif puis moyen. Retirez-les et remplacez-les par les légumes de la marinade bien égouttés et les lardons. Faites dorer une dizaine de minutes. Ajoutez alors la viande, le bouquet garni, et les tomates coupées en morceaux ou le concentré. Mouillez avec le vin de la marinade et du bouillon de légumes, pour que la viande soit couverte. Couvrez le récipient, enfournez au moins 4 h. Retirez alors les morceaux de viande, passez la sauce au chinois, puis remettez-y la viande et les champignons nettoyés et lavés et les olives. Laissez mijoter une quinzaine de minutes, rectifiez au besoin l'assaisonnement et servez dans la cocotte de cuisson. Accompagnez de pâtes, riz ou pommes de terre vapeur. Servez le même vin que celui utilisé pour la marinade.

Mon conseil : utilisez de préférence une cocotte en fonte ou en terre.

GRATINÉE D'AUBERGINES

PRÉPARATION : 15 MN - CUISSON : 30 MN - 5 PERSONNES

1 kg d'aubergines à la peau bien lisse,
1/2 verre d'huile (d'olive ou tournesol),
1 oignon,
4 gousses d'ail,
70 g de margarine végétale,
350 g de viande hachée déjà cuite (bœuf ou poulet),
3 tomates pelées, épépinées et coupées en petits dés,
quelques branches de persil hachées,
60 g de fromage râpé (comté, gruyère ou parmesan),
noisettes de beurre,
5 tours de moulin à poivre,
sel.

Épluchez les aubergines et coupez-les en rondelles d'1 cm d'épaisseur environ. Mettez-les dans la poêle avec l'huile et faites-les revenir de tous côtés en les retournant à la spatule. Débarrassez-les dans un plat annexe quand elles sont bien dorées. Mettez dans la même poêle la margarine, faites-y dorer l'oignon finement haché, puis ajoutez l'ail haché, la viande, les tomates et le persil. Salez légèrement et poivrez de 5 tours de moulin. Dans le plat à gratin, alternez les couches d'aubergines et de viande. Saupoudrez du fromage et parsemez de noisettes de beurre. Mettez 30 mn à four préchauffé thermostat 7. Servez aussitôt dans le plat de cuisson.

Mon conseil : je sale peu, mais je poivre largement de poivre fraîchement moulu chaque couche d'aubergines.

SALADE NIÇOISE

PRÉPARATION : 40 MN - CUISSON : 40 MN - 6 PERSONNES

1 petite laitue,
4 pommes de terre moyennes,
250 de haricots verts,
4 tomates,
1 poivron rouge,
200 g de thon à l'huile,
4 filets d'anchois à l'huile,
12 olives noires de Nice,
1 pincée de sel,
1 gros oignon doux.

Vinaigrette :
6 cuillerées à soupe d'huile d'olive (elle s'impose !),
2 cuillerées à soupe de vinaigre de vin,
1 cuillerée à café de moutarde,
1 gousse d'ail pilée,
quelques feuilles d'estragon et de persil hachés,
1 pincée de sel,
6 tours de moulin à poivre.

Préparez la vinaigrette en émulsionnant au fouet tous les éléments. Lavez les pommes de terre et faites-les cuire à l'eau bouillante bien salée 20 mn environ. Pendant ce temps, ôtez les fils des haricots, coupez-les en deux et faites-les cuire à découvert dans une grande quantité d'eau bouillante bien salée (pour qu'ils restent bien verts) 15 mn. Pelez les tomates (après les avoir plongées dans de l'eau bouillante et passées sous l'eau froide immédiatement) et coupez-les en quartiers. Nettoyez la laitue et gardez les feuilles entières, lavées et soigneusement essorées. Coupez le poivron en lanières. Égouttez le thon et coupez-le en morceaux. Égouttez les filets d'anchois et coupez-les en deux dans le sens de la longueur. Quand les pommes de terre sont cuites, coupez-les en rondelles et arrosez-les immédiatement d'une cuillerée à soupe de vinaigrette. Mélangez tous les légumes, les anchois et le thon dans une terrine. Tapissez les parois d'un saladier avec les feuilles de laitue, versez au centre le contenu de la terrine, ajoutez les olives et l'oignon coupé en rondelles fines. Versez le reste de la vinaigrette sur la salade, mélangez le tout et servez.

Mon conseil : il n'existe pas qu'une seule recette de salade niçoise, chaque Niçois a la sienne. Vous pouvez donc y incorporer toutes sortes de légumes, des œufs durs, des pickles, à condition que les ingrédients de base : tomates, oignons, poivrons, anchois et olives, y figurent.

ARTICHAUTS AU BROCCIU

PRÉPARATION : 25 MN - CUISSON : 1 H - 6 PERSONNES

12 petits artichauts violets et jeunes,
100 g de brocciu,
1 œuf,
2 tomates,
3 gousses d'ail,
1 oignon,
4 cuillerées à soupe d'huile,
1 citron,
persil,
thym, laurier,
sel, poivre.

Recette corse : le brocciu est un fromage frais de brebis, typiquement corse. Si l'on ne peut s'en procurer, on peut le remplacer par du fromage blanc de vache.

Préparez les artichauts, détachez-en les feuilles dures du tour, coupez-les pointes assez bas, creusez-les au centre, enlevez-en le foin si nécessaire et lavez-les à l'eau additionnée d'un jus de citron. Versez 2 cuillerées d'huile dans le poêlon et faites-y dorer l'oignon épluché et haché fin, les tomates pelées, épépinées et concassées, 2 gousses d'ail épluchées et 1 cuillerée de persil haché. Salez, poivrez, couvrez et laissez mijoter, afin d'obtenir une sauce onctueuse, pendant 20 mn. Pendant ce temps, pétrissez le fromage avec l'œuf cru et une pointe d'ail et de persil hachés. Garnissez les artichauts avec cette farce, puis mettez-les dans la cocotte avec le reste d'huile, le bouquet garni et un verre d'eau. Salez, poivrez. Couvrez et faites cuire 45 mn à feu doux en secouant la cocotte de temps en temps. Surveillez et rajoutez peu à peu de l'eau chaude si les artichauts ont tendance à attacher. Lorsque les artichauts sont cuits, nappez-les avec la sauce. Servez chaud ou froid.

RATATOUILLE NIÇOISE

PRÉPARATION : 1 H - CUISSON : 1 H - 6 PERSONNES

4 aubergines à peau lisse,
2 beaux poivrons bien charnus,
500 g de tomates,
4 courgettes bien fermes,
3 beaux oignons,
10 cl d'huile d'olive,
3/4 de cuillerée à café de sel,
4 tours de moulin à poivre,
2 gousses d'ail.

Faites d'abord griller à feu vif les poivrons sur toutes leurs faces, pour brûler la peau. Lavez-les, coupez-les en deux, ôtez très soigneusement les graines, détaillez-les en lanières et laissez-les s'égoutter sur un papier linge. Pelez et émincez les oignons. Lavez, essuyez et coupez les aubergines et les courgettes en rondelles. Pelez et épépinez les tomates. Ensuite, faites dorer à l'huile et séparément (c'est essentiel) tous les légumes (les aubergines et les courgettes absorbant beaucoup d'huile, il vous sera nécessaire d'en rajouter).

Faites cuire les tomates à l'huile pendant 30 mn à feu doux. Réunissez alors tous les légumes dans une cocotte en terre ou en fonte, assaisonnez, couvrez et laissez mijoter 30 mn. Si vous devez consommer ce plat chaud, ajoutez les gousses d'ail émincées. Si vous le préférez froid, ajoutez l'ail et le hachis de persil après la cuisson. Vous pouvez parfumer la ratatouille d'un bouquet garni.

MERVEILLES

PRÉPARATION : 15 MN + 1 H DE REPOS - CUISSON : SELON LE NOMBRE DE GÂTEAUX

500 g de farine,
1 cuillerée à soupe de sucre,
250 g de beurre,
1 pincée de sel,
1 cuillerée à soupe d'eau de fleur d'oranger,
4 ou 5 œufs,
sucre glace.

Faites ramollir le beurre et mélangez-le avec les différents ingrédients. Ajoutez le nombre d'œufs entiers nécessaires pour avoir une pâte ferme. Laissez reposer 1 h. Étendez-la très mince et à la roulette, découpez-y des lanières que vous nouez. Faites-les frire à grande friture, égouttez-les et saupoudrez-les de sucre glace. Servez aussitôt.

FIADONE

PRÉPARATION : 25 MN - CUISSON : 20 MN - 6 PERSONNES

500 g de brocciu,
4 œufs,
125 g de sucre,
1 citron,
1 cuillerée à soupe d'eau-de-vie,
sel.

Dans la jatte, travaillez les jaunes d'œufs avec le sucre et une pincée de sel. Ajoutez-y le brocciu écrasé, l'eau-de-vie et le zeste râpé d'un quart de citron. Montez les blancs en neige, puis incorporez-les délicatement à la préparation. Tapissez le moule avec le papier sulfurisé et faites cuire à four chaud. Servez froid.

Le fiadone est une spécialité de Bastia. Une tarte tout à fait semblable existe dans la contrée d'Ajaccio, sous le nom d'"imbrucciate".

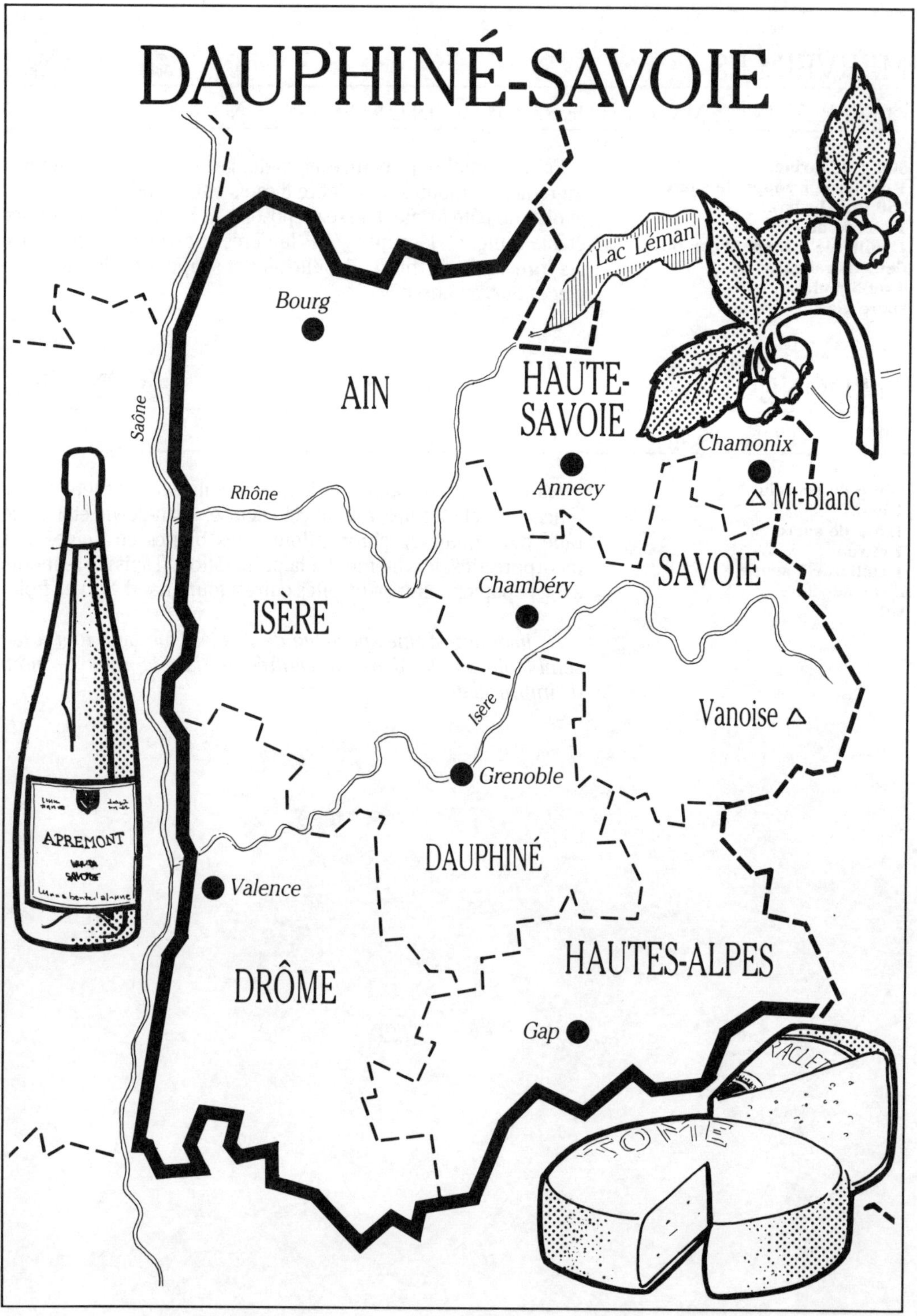
DAUPHINÉ-SAVOIE
Lac Léman
Bourg
AIN
HAUTE-SAVOIE
Saône
Chamonix
Annecy
Mt-Blanc
Rhône
SAVOIE
Chambéry
ISÈRE
Isère
Vanoise
Grenoble
APREMONT
DAUPHINÉ
Valence
HAUTES-ALPES
DRÔME
Gap
TOME

En Dauphiné, Savoie

Ces deux provinces de la France ancienne couvrent presque totalement le massif alpin. Pays aux mœurs pastorales, vivant au rythmę des saisons, elles connaissaient une pauvreté certaine. Les nombreux pâturages permettaient l'élevage des bêtes à cornes. Dans les larges vallées plus prospères, l'été se passait de semailles en moissons. Pendant le long hiver, la vie recluse obligeait à des travaux de type artisanal, telle l'horlogerie. Les ramoneurs font partie de l'imagerie de notre pays. La Savoie, c'est encore le Nord, quant au Dauphiné, s'il ne l'est plus, ce n'est pas tout à fait le Midi. Les massifs élevés, le Mont-Blanc, la Vanoise, le Beaufort au nord, le Champsaur, l'Oisans et le Briançonnais au sud, ont vu leur environnement bouleversé par la révolution industrielle et la naissance du tourisme hivernal. En quelques années, on est passé du stade artisanat-agriculture à celui de la houille blanche, de l'électricité et des dérivés industriels qu'elles faisaient naître. Si les grands sites s'industrialisaient, les villages se transformaient en stations où les paysans devenaient commerçants, moniteurs ou restaurateurs. Des stations nouvelles dressaient leurs tours vers le ciel, amenant un monde hétéroclite et une cuisine à leur image. Si les villages ont vu fleurir remontées mécaniques, tire-fesses et pylones de téléphériques, ils ont cependant tenu à garder intacts leur âme, leur visage et leur cuisine.

Longtemps retirée dans les vallées profondes, hors des chemins de transhumance, la population a consommé naturellement les produits de son sol, de ses forêts, de ses lacs et de ses rivières, obéissant à une évolution que l'on retrouve dans toutes nos régions terriennes. Après la période de pauvreté caractérisée par les soupes et les recettes à base de racines, la naissance d'une bourgeoisie aisée et raffinée a fait apparaître les civets, les fricandeaux, les salamis et les rouelles. La révolution industrielle et touristique a brassé toute une population et donné une impulsion à une génération de cuisiniers qui ont su mettre en valeur les nombreuses ressources régionales. La voie romaine reliant Lyon à Milan par le Petit-Saint-Bernard a apporté l'usage de la polenta au nord et la proximité du Rhône et de la Provence a favorisé au sud l'alliance fromage-ail-tomate.

Si la Savoie fait penser à la fondue et le Dauphiné au gratin que l'on appréciait bien avant l'introduction de la pomme de terre — il se confectionnait alors avec les bettes ou les champignons —, on trouve d'autre recettes qui s'ajoutent à ces plats vedettes.

Hors des grandes voies touristiques, un vieux chalet vous accueillera pour l'omelette aux champignons des bois ou à l'oseille. Avec un peu de chance, vous y goûterez les saucisses à base de porc et de chou haché. Chaque village a sa recette de farçons de pommes de terre que l'on mange encore couramment dans la campagne savoyarde. Comme dans chaque région pauvre, on consommait énormément de pain en Savoie-Dauphiné. Certains modes de cuisson ont résisté au temps et à ses bouleversements. Goûtez donc cet énorme pain cuit au feu de bois qui se conserve une semaine et qui est meilleur chaque jour.

Région riche en forêts, prairies, rivières et lacs, la palette des produits est variée.

Le lait des alpages donne des fromages de grande renommée : reblochon, tome, chèvre et comté. Si le torrent voit vivre la truite, on tire des lacs le féra et l'omble chevalier. La montagne apporte ses gibiers : grives, perdrix, coqs de bruyère, gélinottes, et la viande du chamois. Les sous-bois sont généreux en morilles, trompettes, bolets et chanterelles mais aussi en myrtilles, fraises et framboises. Pommes de terre, blettes, cardons, abondent, et toute une charcuterie originale est née, agrémentée de fenouil et d'anis. Les noyers prospèrent et donnent une huile excellente. La vigne s'accroche aux coteaux ensoleillés et leurs vins sont fort gouleyants : apremont, abymes, chignin, ripaille, seyssel et montmélian.

Le Dauphiné est par excellence le pays des gratins : outre celui de pommes de terre qui est le plus célèbre vous pourrez au hasard de vos balades découvrir ceux de queues d'écrevisses, de gras double, de macaroni et de poirée (côtes de blettes).

GARBURE DU DAUPHINÉ

PRÉPARATION : 20 MN - CUISSON : 30 MN - 6 PERSONNES

**80 g de matière grasse,
50 g d'oignons,
600 g de pommes de terre,
150 g de courge,
8 belles feuilles de bette,
1,5 l d'eau,
1/2 l de lait,
6 larges tranches de pain de ménage,
50 g de gruyère râpé,
1 cuillère à soupe de beurre ou de crème fraîche,
1 bonne cuillerée à café de sel gros,
6 tours de moulin à poivre.**

Dans une marmite, faites chauffer la matière grasse et mettez-y à dorer doucement les oignons pelés et finement émincés ; ajoutez ensuite les pommes de terre pelées, lavées et coupées en dés, ainsi que les feuilles de bette et la courge. Mouillez avec 1,5 l d'eau, salez et laissez cuire 15 mn. Ôtez les légumes de l'écumoire et réduisez-les en purée à laquelle vous donnerez quelques bouillons pour bien l'assécher. Faites griller les tranches de pain, garnissez-les de la purée que vous aurez poivrée, saupoudrez de gruyère, rangez dans le plat du four et faites gratiner à four doux (thermostat 5) pendant 15 mn, après avoir arrosé d'un peu de bouillon de cuisson. Faites bouillir le reste du bouillon et ajoutez le lait (tout ou partie) pour obtenir la quantité de potage voulue. Ajoutez 1 cuillerée à soupe de beurre ou de crème fraîche, versez en soupière et servez très chaud en même temps que les croûtes gratinées.

OMELETTE AUX CHAMPIGNONS DES BOIS

PRÉPARATION : 25 MN - CUISSON : 25 MN - 4 PERSONNES

**4 grosses poignées de champignons des bois (morilles, bolets, chanterelles, corticaires, etc.),
9 œufs,
20 g de beurre,
3 cuillerées à soupe de lait,
2 pincées de sel,
3 tours de moulin à poivre.**

Essuyez très soigneusement les champignons (évitez de les laver pour sauvegarder leur parfum). Coupez-les en lamelles et faites-les cuire à feu vif dans un grand récipient (après les avoir légèrement salés) afin qu'ils perdent vite leur eau de végétation. Quand ils sont presque à sec, ajoutez le beurre et dès qu'ils commencent à dorer, jetez dessus les œufs assaisonnés et battus avec le lait. Laissez cuire l'omelette selon votre goût, sèche ou baveuse.

Mon conseil : en automne, les champignons sont très abondants en Savoie et rendent les omelettes délicieuses. Cependant, évitez de mélanger les espèces afin de garder à chacune sa saveur.

OMELETTE SAVOYARDE

PRÉPARATION : 20 MN - CUISSON : 8 MN - 4 PERSONNES

25 g de beurre, 2 blancs de poireaux,
3 grosses pommes de terre,
150 g de petit salé,
100 g de gruyère,
1 cuillerée à soupe de crème,
8 œufs,
3 tours de moulin à poivre.

Faites fondre les poireaux dans le beurre, retirez-les et mettez à la place les pommes de terre coupés en dés très petits et faites-les sauter. Coupez le petit salé en lardons très minces que vous ébouillanterez et ajoutez-les aux pommes de terre. Finissez la cuisson de ces deux ingrédients pendant 5 mn. Battez les œufs avec la crème et le poivre. Ajoutez les poireaux, les pommes de terre, les lardons et le gruyère coupé en minces lamelles. Cuisez l'omelette comme à l'accoutumée, selon votre goût. Vous la servirez volontiers comme repas du soir accompagnée d'une salade verte.

FONDUE SAVOYARDE

PRÉPARATION : 30 MN - CUISSON : 15 MN - 6 PERSONNES

400 g de comté,
300 g d'emmenthal,
300 g de beaufort,
200 g de vacherin,
60 cl de vin blanc sec,
1 gousse d'ail,
1 cuillerée à soupe de fécule,
2 cuillerées à soupe de kirsch,
poivre blanc frais moulu,
pain de campagne rassis,
1 œuf.

Épluchez la gousse d'ail ; écrasez-la, frottez-en l'intérieur du poêlon à fondue (ou caquelon). Coupez les différents fromages en très fines lamelles. Détaillez le pain rassis en dés de la grosseur d'une bouchée. Versez le vin blanc dans le poêlon, faites bouillir (sur le gaz) et jetez le fromage dans le vin bouillant, faites-le fondre à feu vif sans cesser de remuer à la cuillère de bois jusqu'à ce que la préparation forme une crème absolument lisse. Délayez la fécule avec le kirsch, versez dans la fondue, poivrez et mélangez rapidement afin de bien la lier. Posez alors la fondue sur le réchaud allumé et à flamme réduite, devant les convives, au centre de la table et présentez en même temps les morceaux de pain. Chacun en piquera un bout, de sa fourchette, et le trempera dans la fondue mais il faudra continuer à la tourner à la cuillère en bois tout en la dégustant. Lorsque dans le fond du poêlon, il n'en restera plus qu'une légère couche, cassez-y un œuf et mélangez-le rapidement, ça c'est la bouchée du gourmand !

Mon conseil : le vin blanc qui convient le mieux, est un vin sec assez acide : roussette de savoie, apremont, crépy, fendant, ripaille sont les meilleurs. Vous pouvez également au milieu du repas faire le "trou normand" avec un petit verre de kirsch ou tout autre eau-de-vie blanche de fruits ; dans ce cas, vous prendrez soin de délayer la fécule dans cette même eau-de-vie. Enfin essayez donc de présenter avec la fondue des petites tiges de céleri-branche, c'est délicieux !

Crépinettes de porc à la sauge et aux pois cassés (Franche-Comté p. 179)

Nids de pommes de terre aux petits pois (Franche-Comté p. 181)

Grenouilles au riesling (Alsace p. 190)

De gauche à droite :
Kougelhopf (Alsace p. 194)
Petits pains à l'anis (Alsace)
Gâteau au chocolat de Nancy (Lorraine p. 209)
Craquelins comtois (Franche-Comté p. 182)
Gâteau de poires (Bourgogne p. 233)

Quiche lorraine (Lorraine p. 199)

Chou farci aux marrons (Lorraine p. 207)

Oeufs à la Bayard (Champagne-Ardennes p. 213)

Brochet farci (Champagne p. 214)

FONDUE AU GRATIN

PRÉPARATION : 15 MN - CUISSON : 20 MN - 4 PERSONNES

60 g de matière grasse végétale,
60 g de farine,
60 cl de lait,
1 cuillerée à café de sel,
5 tours de moulin à poivre,
60 g de gruyère ou comté râpé,
3 œufs,
20 g de beurre.

Dans une casserole à fond épais, faites fondre la matière grasse, ajoutez la farine et mélangez au fouet. Versez peu à peu le lait, sur feu moyen, et tournez au fouet jusqu'à l'obtention d'une crème pas trop épaisse. Hors du feu, incorporez les jaunes d'œufs ainsi que le gruyère et assaisonnez. Battez les blancs en neige très ferme et ajoutez-les délicatement à la préparation, tout en tournant afin de ne pas les casser. Beurrez un plat à gratin ou un poêlon en terre et versez-y la fondue. Enfournez à four très chaud thermostat 7/8, pendant 20 mn, sans jamais ouvrir la porte. Servez très chaud.

Mon conseil : votre four doit être très chaud quand vous enfournez le gratin. Quelques rondelles de tomates, non assaisonnées, accompagneront agréablement ce plat délicieux !

NIOKIS

PRÉPARATION : 10 MN - CUISSON : 30 MN - 6 PERSONNES

4 œufs,
25 cl d'eau,
100 g de parmesan râpé,
60 g de beurre,
125 g de farine,
1 bonne pincée de sel, poivre,
1/2 l de lait bouillant,
1 bol de sauce Béchamel crémée assez liquide.

Dans une casserole, mettez l'eau, le beurre, le sel et le poivre. A ébullition, ajoutez d'un coup la farine ; tournez vivement à la cuillère en bois jusqu'à ce que la pâte se détache des parois. Laissez cuire 6 mn. Hors du feu, mélangez 50 g de parmesan râpé, ajoutez les œufs entiers l'un après l'autre. Laissez refroidir. Faites des petites boules et mettez-les à pocher 5 mn dans le lait bouillant. Égouttez-les. Dans un plat à gratin, disposez niokis, parmesan et nappez de la sauce Béchamel, finissez par du parmesan râpé. Faites gratiner à four chaud une quinzaine de minutes.

Mon conseil : vous pouvez remplacer le parmesan par du comté ou du gruyère.

FÉRAS DU LÉMAN AUX AMANDES

PRÉPARATION : 15 MN - CUISSON : 20 MN - 4 PERSONNES

8 petits féras (ou lavarets) de 200 g environ,
50 g de farine,
1 cuillerée à café de sel,
4 tours de moulin à poivre,
50 g de beurre,
5 cl d'huile,
200 g d'amandes effilées,
25 cl de crème fraîche,
2 citrons,
1 cuillerée à soupe bombée de persil haché.

Nettoyez les poissons, lavez-les et essuyez-les dans un linge. Dans un sachet de plastique, mettez la farine, le sel et le poivre ; ajoutez les poissons, fermez le sac et secouez-le de droite à gauche pour enrober les poissons de farine. Faites chauffer le mélange beurre-huile dans une large poêle, mettez-y à dorer les féras sur leurs 2 faces, pendant quelques minutes, et débarrassez-les aussitôt dans un plat creux graissé. Dans une autre poêle, faites dorer les amandes (attention ! elles sont rapides) et versez dessus la crème assaisonnée légèrement. Donnez un bouillon pendant 2 mn et nappez-en les poissons. Passez ensuite au four 5 mn. Servez aussitôt dans le plat de cuisson après avoir posé sur chaque féra une rondelle de citron, saupoudrée de persil haché.

TRUITES DE L'ARC

PRÉPARATION : 20 MN - CUISSON : 30 MN - 6 PERSONNES

6 truites,
2 œufs,
50 g de beurre,
125 g de gruyère,
1 verre de vin blanc sec (abymes),
1/2 verre de crème fraîche,
quelques pincées de sel,
6 tours de moulin à poivre.

Lavez, videz, puis essuyez les truites. Beurrez ensuite le plat à gratin, déposez-y les poissons et parsemez-les du reste de beurre. Arrosez du vin blanc, salez, poivrez. Mettez le plat au four chaud thermostat 8 en laissant la porte ouverte. Lorsque le vin est très chaud (après 20 mn environ), battez les œufs en omelette avec la crème et versez sur les poissons. Recouvrez du fromage râpé et laissez dorer une dizaine de minutes. Servez aussitôt dans le plat de cuisson.

Mon conseil : le mariage du fromage et du poisson est tout aussi surprenant que délicieux.

FARCEMENT AU CHOU

PRÉPARATION : 30 MN + 12H DE TREMPAGE - CUISSON : 3 H 50 - 8 PERSONNES

1 chou vert ou blanc,
8 grosses pommes de terre (1,5 kg),
2 oignons,
150 g de petit salé,
1/2 cuillerée à soupe d'huile,
70 g de farine,
2 cuillerées à soupe de sucre délayées dans 8 cl d'eau,
1 cuillerée à café de sel,
2 œufs,
10 cl de lait,
125 g de pruneaux,
50 g de raisins secs.

La veille, faites tremper les raisins et les pruneaux dans de l'eau. Le jour, nettoyez le chou et faites-le blanchir entier dans une bonne quantité d'eau. Égouttez-le, mettez les grosses feuilles de côté et gardez le cœur. Faites cuire les pommes de terre avec leur peau pendant 20 mn, pelez-les, écrasez-les en purée et mettez-les dans une terrine. Ajoutez-leur le cœur du chou haché, les lardons sautés rapidement à l'huile, ainsi que les oignons pelés et coupés en dés, puis les fruits secs égouttés (dénoyautez les pruneaux), la farine, l'eau sucrée, le sel, les œufs battus en omelette et délayez le tout avec le lait, à l'aide d'une cuillère en bois. Graissez un moule ou une cocotte en fonte, tapissez-en le fond et les parois des feuilles de chou réservées et remplissez de la préparation. Recouvrez du reste des feuilles, parsemez de quelques noisettes de beurre, couvrez et faites cuire 3 h 30, à four doux au bain-marie de préférence.

Ce plat de la cuisine paysanne savoyarde est encore servi de nos jours. Selon les régions, les recettes changent mais la base reste la même.

CAILLETTES DAUPHINOISES

PRÉPARATION : 40 MN + 2 H DE TREMPAGE - CUISSON : 45 MN - 4 PERSONNES

150 g de crépine (trempée dans de l'eau froide vinaigrée pendant 2 h),
200 g d'échine de porc désossée,
150 g de foie de porc,
200 g de lard de poitrine frais ou salé,
500 g de feuilles de blettes,
5 cl d'huile ou 50 g de saindoux,
1 cuillerée à café de sel,
7 tours de moulin à poivre,
1 grosse pincée de noix de muscade.

Blanchissez à l'eau bouillante les feuilles de blettes, rafraîchissez-les sous l'eau froide, égouttez-les, pressez-les bien et hachez-les. Hachez aussi les viandes, assaisonnez-les et mélangez le tout dans une terrine. Partagez cette farce en 8 parts que vous entourerez chacune d'un morceau de crépine égoutté et essuyé. Rangez les caillettes obtenues dans un plat à gratin graissé et enfournez à four moyen (175° C ou thermostat 7) pendant 45 mn. Arrosez-les souvent pendant la cuisson. (Si besoin est, ajoutez un peu d'eau au fond du plat.) Ces caillettes se mangent chaudes ou froides.

Mon conseil : dans certaines régions, on remplace les blettes par du chou.

RISSOLES À LA VIANDE

PRÉPARATION : 30 MN + 30 MN DE REPOS - CUISSON : 30 MN - 4 À 6 PERSONNES

Pâte :
250 g de farine,
125 g de beurre,
1 cuillerée de saindoux ou de matière grasse végétale,
1 œuf,
1 pincée de sel,
1 cuillerée à soupe d'eau de vie,

Farce :
200 g de restes de viande blanche froide,
200 g de jambon cuit,
100 g de lard fumé,
persil,
1 oignon,
1 œuf,
1 cuillerée à soupe de beurre,
1/4 de cuillerée à café de sel,
4 tours de moulin à poivre,
huile de friture.

Préparez la pâte : mettez la farine en fontaine et au centre le beurre ramolli, le saindoux, l'œuf, 1 cuillerée à soupe d'eau-de-vie, 1 pincée de sel et un peu d'eau tiède. Maniez le tout énergiquement ; pétrissez brièvement cette pâte et roulez-la en boule. Recouvrez-la d'un linge et laissez-la reposer 30 mn au moins, dans un endroit frais. Pendant ce temps, hachez la viande, le lard et le jambon.

Épluchez et hachez l'oignon, faites-le revenir à la poêle dans une cuillerée de beurre ; lorsqu'il a blondi, ajoutez les viandes et laissez cuire 15 mn sur feu doux. Mettez ce hachis dans une terrine, ajoutez-y l'œuf entier, 1 cuillerée à soupe de persil haché, le sel et le poivre. Laissez refroidir. Abaissez la pâte au rouleau et découpez dedans des disques de 10 cm de diamètre ; déposez une cuillerée de farce sur la moitié de chacun d'eux et pliez-les en deux en rabattant la pâte sur elle-même. Soudez les bords de ces rissoles en les pinçant l'une contre l'autre, après les avoir légèrement mouillés. Faites-les frire dans de l'huile bien chaude jusqu'à ce qu'elles soient bien dorées, et servez-les immédiatement, accompagnées d'un peu de persil frit.

FARÇON RAPIDE

PRÉPARATION ET CUISSON : 50 MN - 6 PERSONNES

1,5 kg de pommes de terre,
4 ou 5 œufs selon leur grosseur,
25 cl de lait,
80 g de beurre,
1/4 de cuillerée à café de sel,
poivre,
1 cuillerée à soupe de cerfeuil haché,
50 g de gruyère râpé.

Faites cuire les pommes de terre avec leur peau, à l'eau salée, 20 mn ; épluchez-les chaudes et passez-les au moulin à légumes. Ajoutez-leur tous les autres ingrédients et battez bien le tout, pour obtenir une purée que vous étalerez dans un plat à gratin beurré. Saupoudrez de gruyère râpé et enfournez à four chaud (200° C ou thermostat 7/8) pendant 20 mn. Servez immédiatement.

GRATIN DAUPHINOIS

PRÉPARATION : 15 MN - CUISSON : 55 MN - 6 PERSONNES

1,5 kg de pommes de terre,
100 g de beurre,
5 g d'ail pelé,
25 cl de crème,
10 cl de lait,
1 pincée de sel gros,
5 tours de moulin à poivre,
1/4 de cuillerée à café
de muscade.

Épluchez les pommes de terre, lavez-les, émincez-les en rondelles fines, mais ne les passez pas sous l'eau après les avoir coupées (l'amidon s'éliminerait et le gratin manquerait de liaison). Faites bouillir le lait avec l'ail, le sel, le poivre et la muscade. Jetez les pommes de terre émincées dans ce lait assaisonné bouillant et laissez cuire 10 mn à feu moyen. Attention ! cette préparation a tendance à "attacher". Versez alors dans un plat à gratin beurré, versez la crème au-dessus, parsemez de noisettes de beurre et mettez à four moyen (170° C ou thermostat 6), pendant 45 mn. C'est une recette de gratin parmi d'autres !... Celle-ci est une des plus pratiquées car elle a l'avantage d'être rapide, la cuisson au four étant d'au moins 1 h 45 pour les gratins sans cuisson préalable.

TARTE AUX MYRTILLES

PRÉPARATION : 15 MN - CUISSON : 30 MN - 6 PERSONNES

Pâte brisée :
300 g de farine,
150 g de margarine,
1 œuf,
1 pincée de sel.

Garniture :
500 g de myrtilles,
50 g de semoule de blé,
75 g de sucre.

La veille, roulez en semoule la farine, la margarine et le sel. Entreposez au frais dans une terrine. Le lendemain, liez la pâte avec l'œuf sans trop la travailler mais pour qu'elle soit malléable. Étendez-la au rouleau, garnissez-en une tourtière préalablement beurrée. Piquez le fond de pâte et recouvrez d'une mince couche de semoule. Garnissez avec les myrtilles et mettez à four chaud thermostat 7. Après 20 mn de cuisson, saupoudrez de sucre en poudre et enfournez de nouveau 10 mn. La semoule qui absorbe le jus des fruits, évite que la pâte soit détrempée. Vous pouvez recouvrir les fruits d'un glaçage fait de quelques cuillerées de confiture de myrtilles délayées dans une cuillerée à soupe d'eau.

VIN DE FEUILLES DE PÊCHER

PRÉPARATION : 10 MN + 3 MOIS DE MACÉRATION

100 feuilles de pêcher,
1 gousse de vanille,
15 cl d'eau-de-vie ou d'alcool
à fruits à 45°,
75 cl de vin rouge.

Dans une bouteille ou un bocal, mettez les feuilles de pêcher cueillies en juin ou en juillet ainsi que la gousse de vanille fendue. Versez l'eau-de-vie ou l'alcool et emplissez le récipient avec un bon vin de la vallée du Rhône. Laissez macérer deux ou trois mois et filtrez. Moins connu que le vin de noix, on en fabriquait pourtant beaucoup jadis dans l'Est du Dauphiné (vallée du Rhône). Ce vin de pêche se sert frais, à l'apéritif.

FRANCHE-COMTÉ

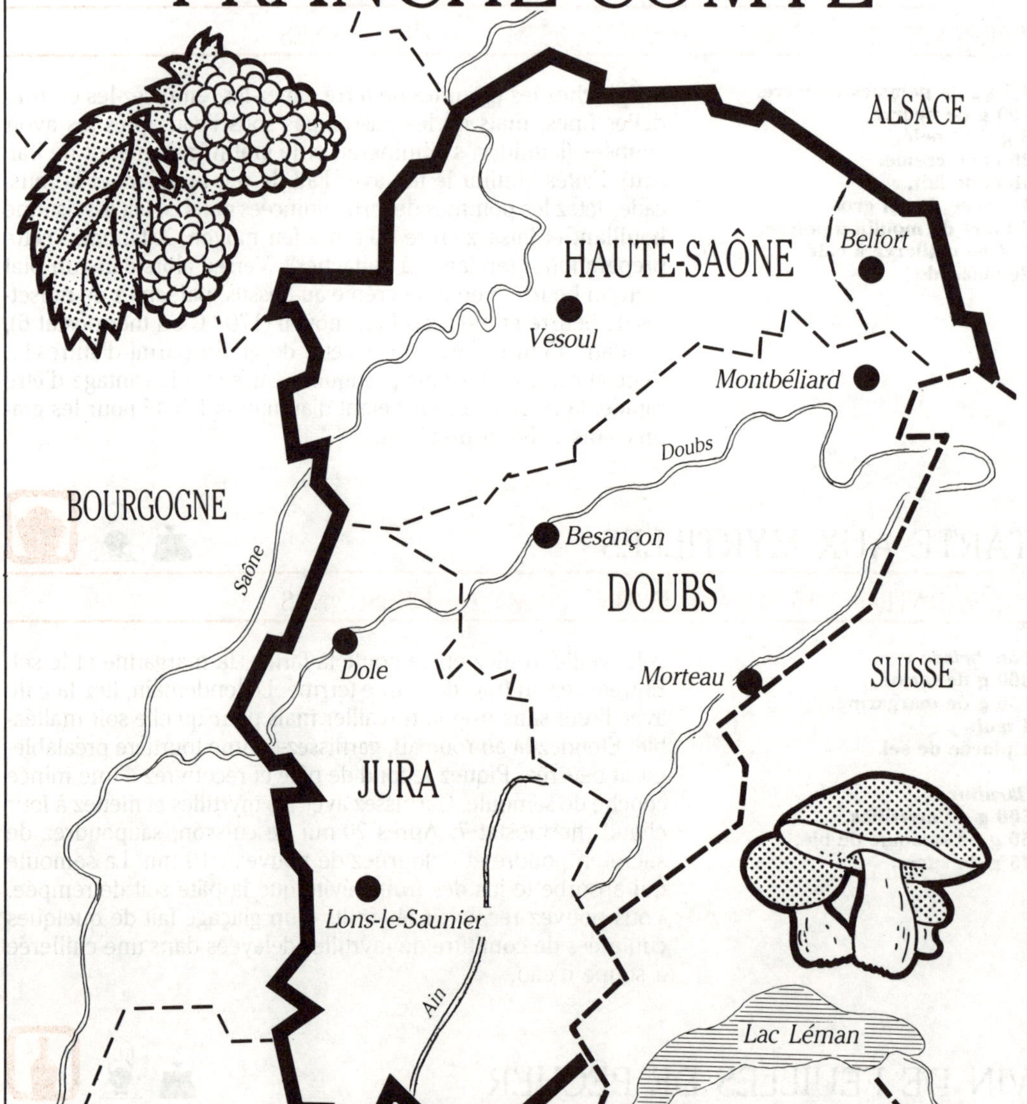

EN FRANCHE-COMTÉ

TROIS départements : Haute-Saône, Doubs, Jura, et un territoire : Belfort. Une unité provinciale géographique : le massif montagneux du Jura courant du nord-est au sud-ouest, du coude bâlois du Rhin ou Rhône français. Et un destin historique tourmenté, riche d'influences très diverses.

Prolongeant la Lorraine, cet ensemble fait partie de la Lotharingie médiévale. D'abord appelé « comté » pour se différencier du « duché » de Bourgogne, il est pour la première fois désigné comme « Franche-Comté » en 1366. Dépendant du Saint-Empire romain germanique, la Franche-Comté se détache de la Bourgogne après la mort en 1477, sous les murs de Nancy, de Charles le Téméraire. Elle échoit alors après la mort de Charles-Quint, en 1558, à la branche espagnole des Habsbourg.

Comme l'Alsace, c'est une zone de routes commerciales. Les échanges entre le Nord de l'Europe et la Méditerranée la traversent entre Rhin et Rhône. Les foires y sont célèbres, Besançon notamment, et attirent de nombreux commerçants étrangers. Plaque tournante entre les possessions espagnoles des Pays-Bas et d'Italie, la Franche-Comté est, malheureusement comme la Lorraine et l'Alsace, ravagée par les guerres : invasions françaises et autres sous Henri IV et durant la guerre de Trente Ans. La province demeure cependant plus ou moins riche.

Occupée par Condé en 1668, rendue à l'Espagne par le traité d'Aix-la-Chapelle, cette province devient définitivement française en 1678 par le traité de Nimègue. Il s'ensuit quantité d'influences qui ont profondément marqué les us et coutumes des Francs-Comtois.

Le sol est assez rugueux. Il a donné son nom, le « jurassique », à une période géologique. Il n'est riche que dans les vallées où les alluvions transportées par les cours d'eau et les vents (dépôts de lœss, poussière très féconde venue de Mongolie) l'ont amendé. Les reliefs sont sévères, de côtes à pentes relativement douces d'un côté, abruptes de l'autre. Les forêts couvrent l'essentiel du massif ; elles sont surtout riches en conifères avec des chaumes sur les sommets et des cultures de « grands champs » sur les pentes douces des plateaux.

Les jardins sont éparpillés autour des villes, bourgs et villages, des fermes isolées et des maisons forestières. L'élevage de bovins est abondant.

Le climat est continental, comme en Lorraine, avec des excès de température, chaleurs accablantes en août, froids très vifs en janvier et février. N'appelle-t-on pas les vallées du haut Doubs la « Sibérie jurassienne »... ? Il n'est pas rare que le sol soit recouvert de neige six mois par an, avec des épaisseurs de plus de deux mètres entre Morteaux, Pontarlier, Mouthe,

Morez et Les Rousses ! Des pluies abondantes, surtout d'automne, assurent pourtant une végétation verte et généreuse aux multiples ressources. Dans un tel environnement, le Franc-Comtois ne pouvait être que solide, tenace, perfectionniste, méticuleux, réaliste mais souvent raffiné ! Sa cuisine s'en ressent.

On trouve tous les légumes dans les jardins et tous les fruits dans les vergers, avec une mention spéciale pour les cerises et merises de Haute-Saône ; et puis aussi des fruits sauvages dans les montagnes : framboises, fraises des bois au délicat parfum, myrtilles, airelles...

Les champignons prolifèrent de bosquets en haies et prairies. Il y a aussi les escargots du plateau, et les grenouilles des étangs... et l'abondant gibier de la forêt comme des chaumes...

Partout, des poulaillers avec lapins, volailles diverses. Et de superbes troupeaux de bovins fournissent lait et viande.

La viande... c'est l'une des plus tendres de France. Le lait... il entre dans maintes recettes et conduit aux fromages blancs du Doubs, parfumés entre tous, et au célèbre comté, le seigneur des lieux ! Beaucoup de porcs aussi, transformés en opulentes charcuteries, notamment en merveilleux jambons fumés et en viande séchée, à la façon des Grisons.

Quant aux pâtés et terrines, aux saucisses et saucissons de Morteau et de Montbéliard entre autres, ils conduisent à la gourmandise !

Comme en Alsace, les poissons reviennent dans les cours d'eau. Les volailles abondent. Les boulangeries croulent sous l'opulence et la variété des pains.

Quant aux pâtisseries, du sec au crémeux, elles rivalisent en gâteaux de tradition.

Ajoutez à ces richesses franc-comtoises les vins d'Arbois, du vin jaune au rosé fruité. Et puis ses eaux-de-vie où domine le kirsch...

Voilà bien l'une des plus somptueuses palettes gastronomiques de France !

« Il faut caractère peu commun et nourriture riche pour tenir pendant longs mois prisonniers de neige... et sont hommes de rude santé que les Comtois ! »

Michel Eyquem de Montaigne (1533-1592)

SOUPE AUX CERISES SAUTÉES

PRÉPARATION : 15 MN - CUISSON : 40 MN - 8 PERSONNES

75 g de beurre,
1 kg de cerises aigres,
1 dl de kirsch,
2 l d'eau,
50 g de farine ou fécule de pommes de terre,
100 g de crème fraîche,
1 pincée de sel,
1 pointe de muscade.

Dans une casserole, faites revenir, au beurre, les cerises dénoyautées. Puis, 10 mn après, mouillez avec eau et kirsch. Laissez cuire 20 mn ; assaisonnez puis ajoutez la fécule ou la farine et la crème fraîche, battez pour résorber les grumeaux. Servez très chaud. Attention, il est préférable d'ajouter fécule ou farine hors du feu, délayée dans un peu d'eau froide.

SOUPE AUX ORONGES

PRÉPARATION : 45 MN - CUISSON : 1 H 30 - 8 PERSONNES

200 g de beurre,
500 g d'oronges,
100 g de mousserons,
6 laitues,
50 g de sucre en poudre,
3 oignons,
1 l de lait,
2 l d'eau,
1 jarret de veau,
50 g de riz,
100 g de noisettes en poudre,
4 œufs,
150 g de crème fraîche,
1 pincée de sel et de poivre.

Lavez, brossez, coupez en morceaux les oronges ; lavez, coupez en lanières la salade. Faites-les revenir avec 100 g de beurre dans une casserole ; ajoutez sucre, sel et poivre ; laissez cuire à couvert, à feu doux, 30 mn, en remuant souvent. A cet appareil, ajoutez alors les oignons hachés, le jarret de veau, l'eau, le lâit, les mousserons (secs ou frais) et le riz copieusement mouillé à l'eau froide. Laissez cuire à couvert, à feu doux, 40 mn. Passez le potage au chinois après avoir retiré le jarret de veau qui sera consommé à part. Remettez ce potage passé dans la casserole et faites à nouveau cuire doucement, 20 mn à couvert. Battez dans la soupière les noisettes en poudre, les jaunes d'œufs et la crème. Versez sur le potage bouillant et servez très chaud.

Cette soupe de grande tradition gastronomique est originaire du Doubs. Il y faut des oronges, délicieux champignon qui se fait, hélas ! de plus en plus rare.

FRITOTS COMTOIS

PRÉPARATION : 35 MN + 2 H DE REPOS - CUISSON : 30 MN - 6 PERSONNES

12 tranches de jambon d'York,
6 tranches de comté de la largeur d'une assiette,
1 friteuse pleine d'huile.

Sauce blanche :
60 g de beurre,
60 g de farine,
40 cl de lait,
1 cuillerée à café de kirsch,
2 gousses d'ail,
75 g de comté râpé,
2 pincées de sel et de poivre,
1 pointe de noix de muscade.

Pâte à frire :
200 g de farine,
2 cuillerées à soupe d'huile,
1 blanc d'œuf,
2 dl d'eau tiède,
1 pincée de sel.

Préparez d'abord la pâte à frire. Dans un saladier, travaillez la farine avec le sel, l'huile et l'eau tiède. Laissez reposer 1 h. Préparez une sauce blanche épaisse. Ajoutez-lui le kirsch quand elle est prête. Remuez bien. Incorporez l'ail haché, la muscade, le fromage râpé, sel et poivre. Tartinez chaque tranche de jambon avec cette sauce. Collez 2 à 2 les tranches de jambon tartinées en glissant entre elles une lamelle de comté. Laissez reposer 1 h. Avec le blanc d'œuf, faites une neige très ferme. Incorporez-la délicatement à la pâte à frire.

Mettez à chauffer la friteuse à feu vif. Quand l'huile est très chaude, trempez les « fritots » coupés en bâtonnets de 4 à 5 cm de longueur dans la pâte à frire et jetez-les dans la friteuse. Laissez-les cuire et retirez-les. Posez-les sur un linge pour les égoutter. Servez-les sur un plat de service préchauffé.

TUTSCHE

PRÉPARATION : 20 MN + 2 H DE REPOS - CUISSON : 30 MN - 6 PERSONNES

200 g de beurre,
30 g de crème fraîche,
30 g de levure de boulanger,
3/4 de l de lait,
3 œufs,
1 pincée de sel,
600 g de farine.

Dans un saladier, travaillez farine, beurre, levure délayée dans un peu de lait tiède et le sel. Laissez reposer 2 h. Étalez cette pâte à 1 cm d'épaisseur et foncez avec un moule à tarte. Versez dessus la crème mélangée aux œufs battus. Saupoudrez de petites lamelles de beurre. Faites cuire à four très chaud (250° C ou thermostat 9) 30 mn environ. La tutsche doit être bien dorée. Servez très chaud et consommez sur-le-champ car la tutsche ne se fait pas réchauffer.

Les entrées comtoises sont riches : raclons au lard (pâte à pain recouverte d'une tranche de lard), cati à base de farine d'orge, paiton (ou gourmeau, ou frayure), chiavouèmure qui sont les ancêtres des tartes et remontent au haut Moyen Âge avec leur fond de crème, beurre, lait et œufs. La flamusse (pâte à pain enrichie de lait) est elle aussi très ancienne. On trouve trace de cette galette sèche au XVIe siècle ! Tout comme le coureau, dit encore gourmeau, variante de la quiche lorraine. C'étaient là galettes et pâtes que l'on offrait aux ouvriers agricoles et aux vendangeurs lors des journées de paulée (fêtes de fin de travaux des champs).

PANCHOUSE

PRÉPARATION : 20 MN - CUISSON : 30 MN - 6 PERSONNES

2 kg de poissons mélangés : truite, brochet, tanche, goujon, ablette, etc.,
250 g de poitrine de porc fumée ou fraîche,
150 g de beurre,
6 oignons,
6 gousses d'ail,
1 branche de thym,
1/2 feuille de laurier,
2 bouteilles de chablis ou sylvaner,
2 pincées de sel et de poivre,
1 cuillerée à soupe de farine,
2 œufs,
200 g de crème fraîche,
6 tranches de pain de campagne.

Écaillez, nettoyez, lavez, coupez en morceaux les poissons. Dans une cocotte, faites fondre la moitié du beurre et placez les poissons, la poitrine de porc coupée en dés, les oignons hachés, l'ail écrasé, le thym, le laurier ; assaisonnez et faites dorer à feu vif. Ajoutez le vin qui doit recouvrir le poisson. Faites cuire 20 mn à gros bouillons. Retirez du feu et liez la sauce avec la crème, les jaunes d'œufs, le beurre manié avec la farine. Servez très chaud sur des croûtons de pain frits.

C'est une recette du sud de la Haute-Saône et du Jura. Bourguignons, Bressans et Franc-Comtois se disputent la recette de la panchouse. En réalité il y a plusieurs recettes de ce plat en fonction des poissons utilisés. En Bresse, on use de tanche, poisson-chat, anguille ; en Bourgogne, on préfère mélanger brochet, truite et goujon.

CRÉPINETTES DE PORC À LA SAUGE ET AUX POIS CASSÉS

PRÉPARATION : 30 MN + 4 H DE TREMPAGE - CUISSON : 1 H 30 - 6 PERSONNES

1 crépine de porc,
600 g de chair à saucisse,
12 feuilles de sauge,
1 pincée de sauge sèche en poudre,
50 g de beurre,
1 pincée de sel et de poivre,
1 cuillerée à café de fécule,
1 dl de sylvaner (ou de chablis),
500 g de pois cassés,
2 oignons,
1 carotte,
2 clous de girofle,
1 branche de thym,
1/2 feuille de laurier,
50 g de crème fraîche.

Faites tremper 4 h les pois dans de l'eau fraîche (voyez le mode d'emploi sur le paquet). Placez la crépine dans un saladier rempli d'eau. Etalez-la, coupez-la en 6 parties égales aplaties. Egouttez et séchez-les. Sur chacune, posez de la chair à saucisse, 1 feuille de sauge dessus et dessous. Enveloppez bien en refermant chaque crépine sur ces croquettes. Rincez les pois cassés, mettez-les dans une casserole avec carotte émincée, oignons piqués des clous de girofle, thym et laurier. Couvrez d'eau froide, menez à ébullition, écumez soigneusement, couvrez et laissez cuire à petit feu 1 h 30. Assaisonnez au milieu de la cuisson. Dans une poêle, faites blondir au beurre les crépinettes en les retournant plusieurs fois. Retirez des pois cassés cuits le thym, le laurier, la carotte, les oignons. Ecrasez au presse-purée, ajoutez la crème, remettez à chauffer à feu doux. Dressez la purée de pois cassés au centre d'un plat creux de service, préchauffé. Posez dessus les crépinettes. Déglacez la poêle avec le vin blanc et faites réduire à feu vif quelques minutes. Parfumez avec la sauge en poudre. Assaisonnez. Hors du feu, liez cette sauce avec la fécule délayée dans un peu d'eau et nappez les crépinettes avec cette préparation. Servez très chaud.

CERVELAS EN BRIOCHE

PRÉPARATION : 30 MN + 2 H DE REPOS - CUISSON : 45 MN - 6 PERSONNES

1 cervelas,
20 g de levure de boulanger,
370 g de farine,
125 g de beurre,
4 œufs,
1 pincée de sel et de poivre.

Mélangez la levure avec 20 g de farine et laissez lever 1 h au chaud et à couvert d'un linge. Pétrissez le cervelas à l'eau froide. Incisez la peau, ôtez-la. Faites alors pocher ce cervelas 10 mn à l'eau juste frémissante. Surtout, ne faites pas bouillir. Dans un saladier, mélangez en malaxant vigoureusement les 350 g de farine restant, le beurre tiédi, les œufs et la boule de levure gonflée. Pétrissez puis laissez reposer 1 h au chaud. Avec les 3/4 de la pâte étalée sur 1 cm d'épaisseur, tapissez le fond et les côtés d'un moule à cake. Posez le cervelas égoutté au centre. Assaisonnez. Recouvrez bien avec le reste de pâte. Laissez reposer un peu pour que la pâte occupe tout le volume du moule. Mettez à four chaud (200° C ou thermostat 7/8) pendant 45 mn. A mi-cuisson, recouvrez d'un papier d'aluminium ménager. La croûte doit être dorée mais non brûlée. Servez ainsi très chaud.

FAISAN À LA CRÈME

PRÉPARATION : 10 MN - CUISSON : 1 H - 6 PERSONNES

1 beau faisan bridé et bardé,
100 g de beurre,
6 petits oignons,
1 dl de vin blanc sec,
1 pincée de sel et de poivre,
150 g de crème fraîche,
1 cuillerée à soupe
de ciboulette taillée.

Avec beurre et oignons en morceaux, faites dorer le faisan, de tous côtés, dans une cocotte. Mouillez avec le vin, salez, poivrez et laissez cuire 1 h à four chaud (200° C ou thermostat 7/8). Découpez le faisan, dressez-le dans un plat de service préchauffé. Ajoutez la crème au jus de cuisson, réduisez un peu en remuant, sans bouillir, et servez en saucière. Saupoudrez le faisan de ciboulette taillée.

En Franche-Comté, on tuait toujours le cochon entre la mi-novembre et Noël, et on offrait à ses voisins, à charge de revanche, quelques présents « éppenaus » de charcutaille, notamment boudin, et un peu de filet.

CAILLES AUX OIGNONS DE COMTÉ

PRÉPARATION : 20 MN - CUISSON : 30 MN - 6 PERSONNES

6 cailles,
2 œufs,
100 g de mie de pain,
100 g de beurre,
100 g de crème fraîche,
200 g de champignons de Paris ou sauvages,
1 pincée de sel et poivre,
250 g de petits oignons,
1 dl de kirsch ou de marc de Bourgogne,
6 tranches de pain,
2 cuillerées à soupe de persil haché et de ciboulette taillée,
2 dl de lait.

Au beurre, dans une cocotte, faites dorer les cailles à feu vif. Retirez-les. Dans un saladier, mettez ensemble les foies des cailles, la mie de pain trempée dans le lait et bien pressée, les œufs, les champignons nettoyés, brossés et revenus quelques minutes au beurre à la poêle. Mélangez, ajoutez crème, sel, poivre. Avec cette farce, emplissez les cailles et cousez-les. Remettez les oiseaux dans la cocotte avec les petits oignons épluchés et entiers. Arrosez avec l'eau-de-vie, couvrez, laissez cuire 15 mn à petit feu et à couvert. Dressez les cailles sur un plat de service préchauffé ; entourez de petits oignons. Servez le jus de cuisson en saucière sur les tranches de pain frites et coupées (si nécessaire). Saupoudrez les herbes sur les cailles.

Ce plat d'une grande finesse remonte au XVIIIe siècle et, plus avant, a ses racines dans la préférence que Charles le Téméraire (1433-1477) accordait aux cailles parmi tous les autres gibiers.

NIDS DE POMMES DE TERRE AUX PETITS POIS

PRÉPARATION : 25 MN - CUISSON : 1 H - 6 PERSONNES

1,5 kg de pommes de terre,
1 kg de petits pois,
125 g de beurre,
6 œufs,
100 g de comté râpé,
1 pincée de sel et de poivre,
1 pincée de noix de muscade en poudre.

Épluchez les pommes de terre et faites-les cuire à la vapeur. Écossez les petits pois et jetez-les dans de l'eau bouillante non salée. Préparez une purée en écrasant les pommes de terre et en les mélangeant avec le beurre, le sel, le poivre, le comté, les jaunes d'œufs et les blancs battus en neige très ferme, incorporés délicatement. Cette purée doit être très ferme. Moulez des boules creuses en leur sommet. Posez-les sur la plaque du four, graissée, sans qu'elles se touchent. Saupoudrez chaque creux de muscade et emplissez-les de petits pois. Mettez à four très chaud (250° C ou thermostat 9) pendant 10 mn. Servez très chaud, un peu doré.

« BONJOUR MON ONCLE »

PRÉPARATION : 30 MN - CUISSON : 40 MN - 6 PERSONNES

5 œufs,
100 g de sucre semoule,
100 g de farine,
1/2 l de lait bouillant,
50 g d'amandes en poudre,
75 g de beurre.

Pâte feuilletée :
500 g de farine,
500 g de beurre,
3 dl d'eau.

Étalez la pâte à 1/2 cm d'épaisseur. Découpez des triangles. Mélangez dans un saladier 3 œufs entiers et 2 jaunes, le sucre, la farine. Mélangez, versez peu à peu le lait bouillant en tournant vigoureusement. Mettez cet appareil dans une casserole et portez doucement à ébullition. Retirez aussitôt du feu, incorporez à cette crème le beurre et les amandes. Laissez refroidir. Garnissez le centre des triangles de pâte avec cette crème. Posez dessus un autre triangle et soudez les bords à l'eau tiède. Mettez à cuire et dorer 20 mn à four chaud (200° C ou thermostat 7/8). Consommez froid.

C'est une friandise traditionnelle dans le sud de la Franche-Comté. Pendant les trois jours précédant la fête religieuse de l'Ascension, on se saluait en se croisant en lançant : « Bonjour, mon oncle », et on s'offrait alors ces petits gâteaux à la frangipane dont on avait un sac plein. La coutume s'est, hélas ! perdue, mais point la recette... !

CRAQUELINS COMTOIS

PRÉPARATION : 30 MN + 2 H DE REPOS - CUISSON : 30 MN

20 g de levure de boulanger,
500 g de farine,
300 g de beurre,
3 œufs,
1 dl de lait.

Délayez la levure avec 20 g de farine et un peu d'eau tiède. Couvrez et laissez lever à la chaleur. Dans un saladier, versez la farine, ce levain, 250 g de beurre tiédi, 2 œufs entiers, le lait. Travaillez. Couvrez et laissez lever pendant 1 h 30. Torsadez cette pâte en plusieurs « 8 ». Dorez-les d'un œuf. Posez-les sur la plaque beurrée du four. Faites cuire 30 mn à four chaud (200° C ou thermostat 7/8).

Ces gâteaux traditionnels sont très appréciés par toute la Franche-Comté. Ils y étaient si habituels que, pour désigner une chose sans importance, on disait : « Cela ne vaut pas un craquelin ! »

GÂTEAU COMTOIS

PRÉPARATION : 20 MN + 2 H DE REPOS - CUISSON : 45 MN - 6 PERSONNES

4 œufs,
100 g de beurre,
150 g de sucre,
1/4 l de lait,
350 g de farine,
20 g de levure chimique,
1 zeste de citron râpé.

Dans un saladier, mélangez le sucre, le beurre tiédi, les jaunes d'œufs, le lait, la farine, la levure. Malaxez bien, couvrez et laissez reposer au chaud. Malaxez à nouveau, ajoutez le zeste de citron et, délicatement, les blancs d'œufs battus en neige très ferme. Versez dans un moule beurré et mettez à four chaud (200° C ou thermostat 7/8) pour 45 mn. Servez tiède ou froid.

GALETTE DE MONTBÉLIARD

PRÉPARATION : 20 MN - CUISSON : 30 MN - 6 PERSONNES

6 œufs,
300 g de farine,
300 g de sucre semoule,
200 g de beurre,
100 g de raisins secs,
2 dl de kirsch.

Dans un saladier, travaillez les jaunes d'œufs avec le sucre. Quand l'appareil est mousseux, ajoutez la farine, le beurre tiédi, les raisins secs trempés dans le kirsch. Incorporez à cette crème les blancs d'œufs, battus en neige. Versez dans un moule à tarte beurré et mettez pour 30 mn à four chaud (200° C ou thermostat 7/8). Servez tiède ou froid.

PETS-DE-NONNE DE BAUME-LES-DAMES

PRÉPARATION : 15 MN - CUISSON : 45 MN

125 g de beurre,
2 dl d'eau,
50 g de sucre semoule,
1 pincée de sel,
300 g de farine,
4 œufs,
1 dl d'eau de fleur d'oranger,
1 friteuse pleine d'huile,
125 g de sucre cristallisé.

Dans une casserole, battez ensemble le beurre, l'eau, le sucre semoule, le sel. Dès l'ébullition, retirez du feu et versez d'un seul coup la farine en remuant bien. Remettez à chauffer doucement sans cesser de remuer. Ajoutez les œufs, un par un, puis l'eau de fleur d'oranger. Jetez des cuillères à soupe de cet appareil dans l'huile très chaude mais non bouillante de la friteuse. Les pets se retournent tout seuls quand ils sont dorés d'un côté. Retirez-les, posez-les sur un papier absorbant pour les égoutter. Servez en saupoudrant de sucre cristallisé.

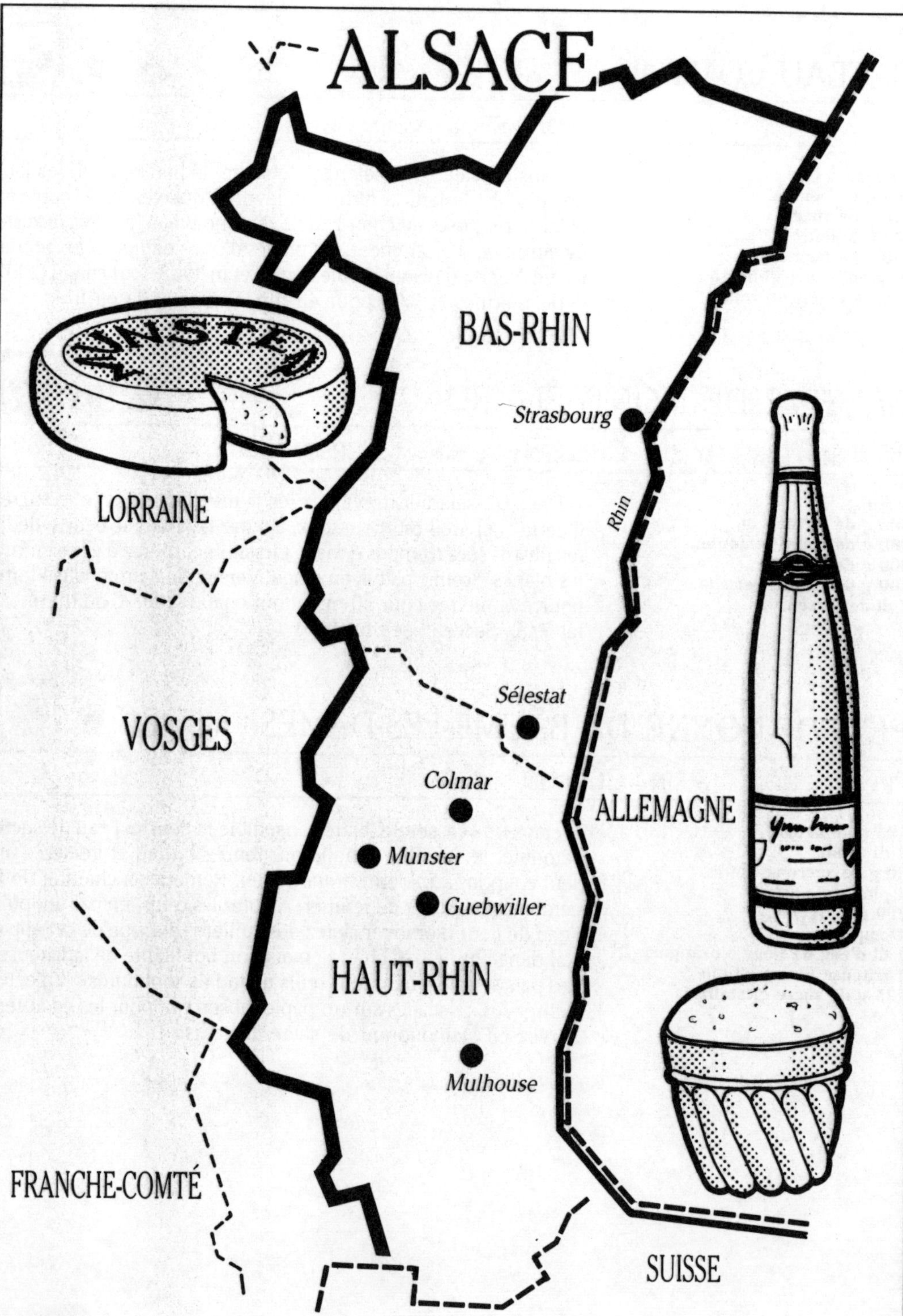
ALSACE
BAS-RHIN
Strasbourg
LORRAINE
Rhin
VOSGES
Sélestat
Colmar
ALLEMAGNE
Munster
Guebwiller
HAUT-RHIN
Mulhouse
FRANCHE-COMTÉ
SUISSE

EN ALSACE

PARMI toutes les cuisines de nos provinces, celle d'Alsace est l'une des plus riches et des plus variées. Malgré de nombreuses disettes consécutives au passage des guerres, elle s'est forgée en quelques siècles à partir des produits de sa terre, de la végétation et de la faune vosgiennes, de son rôle de charnière, de « couloir de transit » obligatoire entre l'Europe septentrionale et les pays méditerranéens.

Les menus de banquets que nous détenons en archives et qui concernent des réceptions princières ou ecclésiastiques au cours des XIVe et XVe siècles, font apparaître une prédominance des légumes de la vallée, du gibier des coteaux, des poissons du Rhin et des torrents de la montagne, des fruits sauvages de la forêt, et du sucre... oui, du sucre ! denrée rare alors mais dont les échanges empruntaient le sillon rhénan entre la République de Venise, qui l'achetait aux Arabes, et les pays du Nord.

L'Alsacien à table devait, quant à lui, se contenter de bouillies de farine et (de quoi nous faire rêver !) de faisans, sangliers, chevreuils, saumons du Rhin, truites et ombles des ruisseaux des Vosges. Les volailles et le porc étaient réservés aux jours de fête. Le pain de seigle et les vins des coteaux, secs, étaient déjà très acceptables. Les légumes étaient presque exclusivement représentés par des fèves, arrosées de saindoux. Il fallait manger gras, surtout pour résister aux rigueurs d'hivers infiniment plus durs que ceux d'aujourd'hui.

C'est au cours des XVIe et XVIIe siècles que naît vraiment la gastronomie alsacienne. En 1580 est publié le *Livre de cuisine pour les maisons religieuses aussi bien que laïques,* écrit par Bernardin Buchinger, abbé de Lucelle. Il s'agit de l'un des tout premiers livres de cuisine d'Europe.

Après l'apparition de la « trübelmuss », ou bouillie des vendanges, préparée à partir de raisins cuits, c'est la cuisine des poissons : tanches, carpes, perches, anguilles, gardons, brèmes, brochets, truites, saumons, ainsi que celle des écrevisses, qui évolue en une multiplicité de recettes, créant déjà une nette distinction entre la Haute-Alsace (notre actuel département du Haut-Rhin) et la Basse-Alsace (l'actuel Bas-Rhin).

Les recettes de faisan, gélinotte, perdrix, lagopède, lièvre et autres gibiers à poil suivent et se diversifient. Puis c'est au tour des viandes, dès la fin du XVIIe siècle. Le porc prend une place prédominante sous forme de salaisons, de fumaisons et de charcuterie pour l'essentiel. Il permet de mieux passer les hivers.

Cette évolution s'épanouit au cours du XVIIIe siècle, les ruines causées par la guerre de Trente Ans se cicatrisant progressivement. Des « chefs » de cuisine apparaissent qui imaginent, essaient, testent.

Parallèlement, dans les vallées de montagne, la cuisine paysanne se transforme au fil des décennies. On continue de faire un fort usage, sans doute excessif, des épices, on soigne la présentation et on prend l'habitude de marier volailles et viandes avec purées, gelées ou sirops de fruits.

L'Alsace exporte ses recettes dans toute l'Allemagne, par les autres peuples rhénans ou suisses, mais elle importe d'Autriche, de l'« Empire », la maîtrise des gâteaux crémeux et moelleux qu'elle va rapidement porter à des sommets de gourmandise.

S'enrichissant de nouvelles recettes au cours du XIXe siècle, affinant d'anciens mets, s'ouvrant à quelques apports de cuisine française de l'« intérieur », c'est-à-dire d'au-delà des Vosges, mais les « alsacianisant » très vite, le « savoir bien manger alsacien » devient un tout fort bien équilibré, très spécifique.

Charles Louis Napoléon (1811-1882), le futur Napoléon III, affirmait en octobre 1836, quand il tenta de soulever la garnison de Strasbourg : « ...cette cuisine d'Alsace est aussi pimpante que les villages fleuris, aussi gaie que le visage des Alsaciens, aussi séduisante que les filles de ce pays, et elle sait être aussi légère que l'eau des torrents ou, en hiver, aussi solide que granite... »

Terre généreuse, l'Alsace produit de très beaux légumes : radis, asperges, salades, poireaux, carottes, salsifis, pommes de terre et choux, etc. Une production importante de choux « Milan » et autres permet la réalisation de la fameuse « choucroute ». Toutefois, cette choucroute n'est pas alsacienne, ainsi qu'on le croit. Elle est d'origine allemande, mais bien implantée en Alsace où l'on a perfectionné sa préparation. Le véritable plat national alsacien est le fameux « baeckeofe » ou « potée aux trois viandes ».

La gastronomie du terroir alsacien, outre cette abondance de légumes, s'appuie aussi sur de très beaux fruits : framboises, myrtilles, fraises, pommes, poires, prunes (et mirabelles, encore que ce fruit soit plus spécifiquement lorrain), entre autres.

Les vins d'Alsace sont justement réputés et connaissent actuellement un développement considérable de leurs exportations. Tous sont secs et cultivés sur les coteaux, entre « plaine et montagne ». Ils appartiennent à ces prestigieux vignobles de Rhin et de Moselle que l'on retrouve accrochés aux pentes du Palatinat allemand. Tous peuvent s'utiliser en cuisine, notamment le seigneur de ces vins, le « riesling », mais il faut alors de préférence accompagner le plat du même vin.

Terre d'élevages sur le versant vosgien avec pratique du pâturage estival sur les « chaumes » des cimes, l'Alsace s'enorgueillit d'un seul mais ô combien crémeux et délectable fromage : le « munster » !

Et préférez quand vous le pouvez, le moelleux « munster fermier », produit dans les fermes des chaumes, sur les crêtes vosgiennes, au long de la merveilleuse « route des marcairies », aux fabrications industrielles de laiteries, quand même moins savoureuses.

L'Alsace est aussi mondialement réputée pour ses eaux-de-vie et liqueurs. Ses eaux-de-vie blanches de framboise sauvage, de poire Williams, de mirabelle, de quetsche, et surtout son inimitable « marc de gewürztraminer », entre trente autres parfums, savent terminer joyeusement tous les repas, et surprendre agréablement quand il s'agit d'eaux-de-vie de sureau ou de bourgeon de sapin !

SOUPE AUX CERISES

PRÉPARATION : 15 MN - CUISSON : 35 MN - 6 PERSONNES

1 kg de cerises,
1,5 l d'eau,
2,5 dl de vin rouge (pinot ou beaujolais),
1 pincée de cannelle,
60 g de fécule,
50 g de biscuits cuillère,
1 zeste de citron.

Ôtez les queues des cerises et dénoyautez-les. Dans une casserole d'eau bouillante, jetez-les avec la cannelle et le zeste d'1 citron. Laissez cuire pendant 10 mn à feu vif. Égouttez les cerises. Liez le liquide chaud avec la fécule délayée à froid dans un peu d'eau.

Pilez une trentaine de noyaux et mettez-les dans une casserole avec le vin rouge. Faites cuire pendant 15 mn puis passez cette préparation au tamis et ajoutez-la à la soupe. Coupez en petits dés les biscuits. Tapissez-en le fond d'une soupière préchauffée et versez dessus la soupe brûlante.

C'est une soupe classique de la fin du printemps dans toute la plaine rhénane, de la Haute-Alscace au confluent de la Moselle. Elle passe pour avoir quelques vertus aphrodisiaques et figurait toujours aux menus des repas de mariage au cours des XVIIIe et XIXe siècles.

SOUPE AU CHOU ROUGE

PRÉPARATION : 10 MN - CUISSON : 1 H 30 - 6 PERSONNES

2 l d'eau,
1 beau chou rouge,
500 g de pommes de terre,
100 g d'oignons,
1 pincée de sel et de poivre.

Ciselez grossièrement, aux ciseaux, le chou rouge. Jetez-le dans de l'eau bouillante et laissez-le blanchir pendant 10 mn. Égouttez-le. Dans une casserole, mettez à eau frémissante les pommes de terre coupées en dés, les oignons émincés et le chou rouge. Salez et poivrez. Après 1 h de cuisson à petit feu, passez au tamis. Servez très chaud en soupière.

Cette soupe des coteaux remonte au XVIIe siècle et fut servie à des repas princiers, telles les réceptions en l'honneur du représentant de l'Empereur du Saint-Empire. On y ajoutait parfois quelques cuillères à soupe de vin rouge (pinot noir d'Alsace ou beaujolais).

SPAETZLES (ou wasserstriwles)

PRÉPARATION : 1 H 20 + 1 H DE REPOS - CUISSON : 15 MN - 6 PERSONNES

250 g de farine de gruau,
1 cuillerée à soupe de semoule,
4 œufs,
1/2 tasse d'eau,
1 pincée de sel,
1 pincée de noix de muscade en poudre.

Cuisson :
4 l d'eau salée,
1 cuillerée à soupe d'huile d'arachide.

Dans un grand saladier, cassez les œufs et battez-les à la fourchette. Ajoutez le sel et l'eau. Versez alors lentement la farine en pétrissant bien pour obtenir une pâte molle. Ajoutez la semoule, la muscade en continuant de malaxer. Enveloppez cette pâte dans un linge blanc et propre. Laissez-la reposer pendant 1 h. Dans un faitout, portez à ébullition 4 l d'eau salée et ajoutez la cuillerée d'huile. Dans une passoire à gros trous (ou dans l'appareil spécialement conçu pour la fabrication des spaetzles), pressez la pâte au-dessus du faitout. En pressant, la pâte découpée en lanières tombe dans l'eau bouillante. Lorsque les spaetzles remontent à la surface de l'eau, retirez-les avec une passoire et jetez-les dans un récipient empli d'eau froide.

Égouttez avec une passoire. Dans une poêle, avec du beurre, faites sauter à feu vif les spaetzles jusqu'à ce qu'elles soient légèrement dorées.

Servez très chaud sur un plat préchauffé.

Mon conseil : les spaetzles sont très appréciées par toute l'Alsace. Elles sont plus fermes que les nouilles à l'alsacienne. Elles accompagnent des plats de volaille, de gibier et de viande.

NOUILLES À L'ALSACIENNE

PRÉPARATION : 2 H + 1 H 20 DE REPOS - CUISSON : 10 MN - 8 PERSONNES

500 g de farine,
10 g de sel,
8 œufs,
1 cuillerée à café de vinaigre de vin.

Battez les œufs dans un grand saladier. Ajoutez le sel, le vinaigre, et, lentement, la farine en travaillant beaucoup la pâte pour la rendre bien lisse. Enveloppez-la d'un linge propre et laissez-la reposer un peu plus d'1 h. Reprenez-la et partagez-la en morceaux du volume d'un gros œuf de cane. Roulez ce morceaux en plateaux d'environ 2,5 mm d'épaisseur. Déposez ces cercles de pâte sur un plateau fariné. Laissez reposer 1/4 h en les retournant souvent. Farinez ces feuilles de pâte et coupez-les en lanières de 2 mm de largeur. Étalez ces lanières moins une petite quantité que vous réservez. Dans une casserole, mettez à bouillir 2,5 l d'eau salée. Jetez-y les nouilles et laissez bouillir pendant 4 mn. Laissez-les cuire encore 6 mn. Égouttez bien et servez dans un plat préchauffé.

Arrosez de beurre fondu. Faites rissoler au beurre, dans une poêle, les nouilles mises en réserve et disposez-les, bien dorées, sur le plat, en décoration.

PRESSKOPF

Préparation : 1 h + 2 j de marinade - Cuisson : 2 h - 6 Personnes

1 tête de porc avec langue et oreilles,
75 dl de vin blanc sec (sylvaner ou riesling),
2 l d'eau,
4 carottes,
1/2 céleri-rave,
3 poireaux,
1 oignon,
4 gousses d'ail,
6 clous de girofle,
1 cuillerée à café de feuilles de thym,
1 feuille de laurier,
2 pincées de sel et de poivre,
1 bouquet de persil,
10 baies de genièvre,
10 grains de poivre noir,
10 cornichons au vinaigre,

Vinaigrette :
4 cuillerées à soupe d'huile (d'arachide ou tournesol),
3 cuillerées à soupe de vinaigre de vin à 7°,
1 cuillerée à café de moutarde forte,
1 pincée de sel.

Faites trancher la tête de porc dans le sens de la longueur par votre charcutier. Lavez-la et frottez-la avec du sel, du poivre et de l'ail finement haché. Recommencez plusieurs fois pendant 2 jours, au frais et à l'ombre. Disposez les 2 morceaux dans une cocotte. Mouillez avec le vin et l'eau pour recouvrir le tout. Chauffez à ébullition, écumez. Ajoutez alors carottes, céleri-rave, poireaux, le tout coupé en petits morceaux, la girofle, le laurier, le thym, la moitié du persil, l'oignon, le genièvre, le reste d'ail et les grains de poivre. Laissez cuire pendant 2 h à petits bouillons. La viande est cuite. Sortez-la, désossez-la et coupez-la en dés.

Passez le bouillon à l'étamine fine, faites réduire le jus à feu vif. Dans une casserole, versez les morceaux de viande et le bouillon réduit. Laissez cuire à nouveau pendant 10 à 15 mn. Moulez alors le presskopf dans une terrine ou dans plusieurs récipients. Une fois refroidi, coupez-le en tranches. Dressez-les sur un plat de service et décorez avec le reste de persil. Présentez à table avec la vinaigrette servie à part en saucière et les cornichons.

Mon conseil : ce plat se sert avec de la salade verte ou avec des salades de tomates, de concombres, avec des radis. Le "presskopf", qui se préparait généralement à Noël, quand on tuait le cochon, se conserve dans sa terrine jusqu'en février ou mars, au frais et à l'ombre, bien recouvert. En offrir à un visiteur, c'était l'introduire dans la "famille", le considérer comme un ami. Cela est toujours vrai de nos jours.

On dit que, durant la guerre de Trente Ans (1618-1648), pendant laquelle tant d'armées et de "bandes" ravagèrent l'Alsace, la Lorraine et le Palatinat, et massacrèrent ses habitants, beaucoup de ceux-ci se réfugièrent dans des grottes et abris de la montagne, emportant avec eux de grandes terrines de "presskopfs" pour se nourrir, mais dans lesquels ils cachaient les quelques pièces ou bijoux d'or et d'argent qu'ils pouvaient sauver !

En Alsace, on sert souvent le "trou alsacien" entre l'entrée et le plat principal. Ainsi que le "trou normand", plus connu, il vise à faciliter la digestion des graisses et rend le repas plus digeste. Il s'agit le plus souvent d'un sorbet au marc de Gewurtztraminer. On le prépare en arrosant de ce marc très parfumé une glace au citron ou un sorbet moelleux au citron.

GRENOUILLES AU RIESLING

PRÉPARATION : 20 MN - CUISSON : 25 MN - 6 PERSONNES

**36 cuisses de grenouilles,
3 dl de riesling,
2 dl de fond blanc,
5 jaunes d'œufs,
2,5 dl de crème fraîche,
225 g de beurre,
3 échalotes hachées,
1 cuillerée à soupe de ciboulette taillée,
1 cuillerée à soupe de persil concassé,
1 pincée de sel et de poivre,
le jus d'1/2 citron.**

Dans une sauteuse, faites revenir avec 100 g de beurre les cuisses de grenouilles. Ajoutez le riesling et le fond blanc. Salez, poivrez, ajoutez les échalotes hachées. Laissez cuire à petits bouillons durant 10 mn. Sortez les cuisses de grenouilles. Égouttez-les. Passez au chinois le fond de cuisson. Remettez-le à petit feu pour le réduire. Liez-le avec les jaunes d'œufs et la crème. Déposez les cuisses dans cet appareil. Ajoutez le reste du beurre en remuant bien puis versez le jus de citron. Dressez dans un plat de service préchauffé et saupoudrez de persil et de ciboulette. Servez très chaud.

POUSSINS DE LA WANTZENAU

PRÉPARATION : 30 MN - CUISSON : 40 MN - 6 PERSONNES

**6 poussins d'environ 500 g,
1,5 dl de riesling,
1 dl de crème fraîche,
150 g de beurre,
1 pincée de sel et de poivre,
6 branches d'estragon,
ou 1 salade verte.**

Rôtissez les poussins au four chaud (200° C ou thermostat 7/8). Quand ils sont bien dorés, servez-les accompagnés d'une salade verte fraîche. Ou bien salez et poivrez l'intérieur des poussins et glissez dans chacun une branche d'estragon. Rôtissez-les au beurre, à four moyen (180° C ou thermostat 5/6), pendant 20 mn. Arrosez-les souvent durant cette cuisson. Dressez-les dans un plat de service préchauffé et gardez-les au chaud. Déglacez le beurre de cuisson au vin, réduisez-le, ajoutez la crème, salez et poivrez. Passez au chinois, liez avec un peu de beurre. Nappez les poussins de cette sauce et servez le tout très chaud.

CANARD AUX NAVETS

PRÉPARATION : 30 MN - CUISSON : 1 H 15 - 6 PERSONNES

**1 jeune canard plumé et flambé,
1,5 kg de petits navets blancs,
2 carottes,
200 g de poitrine de porc fumée,
2 oignons,
1 branche de céleri,
1 branche de thym,
1/2 feuille de laurier,
1 bouquet de persil,
150 g de beurre,
1 cuillerée à soupe de farine,
1 bol de bouillon,
1 grand verre de sylvaner,
1 pincée de sel et de poivre,**

Videz le canard, coupez tête et pattes, assaisonnez et bridez. Épluchez les navets, coupez-les en morceaux moyens, fendez-les sur une face, arrondissez les angles. Coupez la poitrine fumée, jetez-la dans une casserole d'eau froide, menez à ébullition et laissez cuire pendant 10 mn ; égouttez-la, passez-la à l'eau froide. Dans une cocotte, à feu doux, faites chauffer le beurre (la moitié), ajoutez les morceaux de poitrine et faites-les blondir. Retirez-les et réservez au chaud. Dans le même beurre, faites dorer sur tous les côtés les morceaux de canard.

Quand il est bien coloré, ajoutez en morceaux carottes, céleri, oignons ; assaisonnez avec sel, poivre, thym, laurier, persil.

1 cuillerée à café de sucre en poudre.

Saupoudrez avec la farine, remuez bien et mouillez avec le bouillon et le vin. Laissez cuire 15 mn puis passez la sauce au chinois. Après avoir lavé la cocotte, remettez-y le canard et la sauce, couvrez et laissez mitonner encore 20 mn. Dans une sauteuse, faites chauffer le reste de beurre et faites-y revenir et dorer les navets. Saupoudrez de sucre, faites caraméliser. Ajoutez-les au canard. Achevez la cuisson pendant 5 mn. Dressez les morceaux de canard dans un plat de service préchauffé. Entourez avec les navets, nappez avec la sauce réduite. Servez.

BAECKEOFE

PRÉPARATION : 50 MN + 12 H DE MARINADE - CUISSON : 2 H 45 - 6-8 PERSONNES

500 g de palette de bœuf,
500 g de collet ou d'échine de porc,
500 g de collier ou d'épaule d'agneau,
2 pieds de porc,
500 g de poireaux,
400 g d'oignons,
250 g de carottes,
2 kg de pommes de terre,
120 g de farine,
100 g de graisse d'oie (ou de saindoux),
1 feuille de laurier.

Marinade :
3 carottes,
2 poireaux,
2 oignons,
2 échalotes,
1 gousse d'ail,
1 petite branche de céleri,
4 branches de thym,
75 cl de sylvaner,
1 forte pincée de sel et de poivre.

Coupez en petits morceaux les viandes et les pieds de porc. Préparez la marinade en épluchant et en coupant en morceaux les carottes, poireaux, oignons, échalotes, ail. Versez ces morceaux dans un récipient avec le vin et les épices. Déposez-y les morceaux de viande qui doivent être recouverts. Laissez-les mariner toute une nuit. Préparez les légumes du baeckeofe, émincez et découpez en rondelles les pommes de terre. Sortez la viande de la marinade, égouttez-la.

Graissez à la graisse d'oie ou au saindoux une cocotte en terre ou en fonte. Disposez dedans en couches successives les légumes, les rondelles de pommes de terre, les viandes, à nouveau les légumes, des pommes de terre. Empilez bien. Salez, poivrez. Recouvrez avec la marinade passée. Ajoutez un peu d'eau si nécessaire pour tout recouvrir. Couvrez et fermez hermétiquement la cocotte avec un liséré de pâte mouillée. Mettez à four chaud (200 °C ou thermostat 7/8). Laissez cuire pendant 2 h 45. Retirez du four. Portez la cocotte sur la table, et ôtez le couvercle devant les convives.

C'est par excellence le plat alsacien, le "plat du terroir". On le consomme depuis plusieurs siècles dans la montagne comme dans la plaine. Et comme les ménagères le portaient au four du boulanger pour que la cuisson soit plus régulière, il fut baptisé "baeckeofe" qui signifie en français : four du boulanger. C'est un plat d'automne et, surtout, d'hiver.

CHOUCROUTE À L'ALSACIENNE

PRÉPARATION : 45 MN + 3 H DE TREMPAGE - CUISSON : 2 H 30 - 8 PERSONNES

1 barde de lard,
2 kg de choucroute crue,
1,5 kg de filet ou échine de porc,
500 g de poitrine de porc fumée,
250 g de poitrine de porc 1/2 sel,
300 g de saucisse blanche,
3 jambonneaux de porc (1/2 sel ou frais),
6 saucisses de Strasbourg (knacks),
6 saucisses de Colmar,
6 côtes de porc fumées,
3 boudins noirs aux oignons,
50 cl de riesling,
30 cl d'eau,
175 g de saindoux,
3 oignons,
3 gousses d'ail,
1 pomme golden ou de reinette,
1 feuille de laurier,
6 clous de girofle,
6 baies de genièvre,
1 forte pincée de sel et de poivre.

Lavez la choucroute plusieurs fois à l'eau froide ; égouttez-la en la pressant. Par précaution, faites aussi tremper, pendant 3 h, la viande 1/2 sel. Dans une cocotte, faites légèrement revenir les oignons émincés, au saindoux.

Retirez-les et disposez la barde de lard taillée pour tapisser tout le fond. Éparpillez dessus la pomme épluchée et coupée en rondelles. Faites un lit de choucroute puis déposez les jambonneaux, la viande 1/2 sel, salez, poivrez, ajoutez 3 baies de genièvre, recouvrez du restant de choucroute. Éparpillez les clous de girofle, l'oignon revenu, le reste de genièvre, le laurier et l'ail écrasé. Mettez à four moyen (180 °C ou thermostat 5/6), laissez cuire pendant 1 h 45. Dans une casserole, faites cuire à eau frissonnante, 10 mn, les saucisses de Strasbourg et de Colmar. Passez à la poêle, au saindoux, saucisses blanches et boudins piqués. Après 90 mn de cuisson de la choucroute, déposez dessus les côtes de porc fumées.

Après cuisson, déposez les viandes dans un plat chaud, dressez la choucroute au milieu. Sur cette masse, disposez les viandes en décoration. Vous pouvez ajouter une pomme de terre cuite à l'eau par convive.

Mon conseil : vous pouvez simplifier cette choucroute en supprimant telle ou telle viande ou saucisse. Toutefois, jambonneau et saucisse de Colmar sont indispensables. La présence d'une pomme fruit réduit l'acidité du légume et celle de la barde permet de mieux répartir la chaleur de cuisson et d'éviter l'imprégnation de la choucroute par le saindoux.

Le gewürztraminer, vin très fruité qui se sert normalement avec les desserts, accompagne aussi fort bien le foie gras. Mais, trop parfumé, il interdit de revenir ensuite à d'autres vins comme le riesling, le traminer ou le pinot. On a donc tenté, il y a quelques années, de faire glisser le foie gras du début à la fin des repas, avant les desserts. L'expérience n'a pas eu de suite mais, souvent, on consomme maintenant de petits canapés au foie gras en goûter, entre les repas, en les accompagnant alors de gewürztraminer.

FAISAN AU CHOU

PRÉPARATION : 30 MN - CUISSON : 1 H 30 - 6 PERSONNES

1 beau faisan,
1 barde de lard,
1 gros chou Milan bien serré,
300 g de poitrine de porc fumée,
1 branche de thym,
1/2 feuille de laurier,
6 saucisses chipolatas,
1 verre à moutarde de bouillon,
2 dl de sylvaner,
50 g de beurre,
1 pincée de sel et de poivre,
2 cuillerées à soupe de saindoux.

Plumez, videz, flambez le faisan, assaisonnez-le et bardez-le. Coupez en fines lanières le chou lavé. Coupez en dés la poitrine fumée. Piquez les saucisses avec une fourchette. Dans une casserole, faites dorer le faisan au beurre en le retournant souvent pendant 30 mn. Pendant ce temps, dans une cocotte, avec du saindoux, faites dorer la poitrine de porc et les saucisses. Retirez et gardez au chaud. Dans cette cocotte, versez le chou en lanières, ajoutez le vin et le bouillon et laissez braiser à petit feu après avoir assaisonné et glissé le thym et le laurier. La cuisson doit durer 20 à 30 mn. Dans une terrine, versez le chou. Posez le faisan, entourez de lard et de saucisses. Couvrez et mettez à four très chaud (250 °C ou thermostat 9) pendant 1 h.

Servez très chaud dans cette terrine.

POMMES DE TERRE SUZEL

PRÉPARATION : 25 MN - CUISSON : 50 MN - 6 PERSONNES

12 belles grosses pommes de terre de forme allongée,
200 g de beurre,
200 g de jambon cuit (au torchon si possible),
200 g de viande de veau cuite et coupée en dés,
2 dl de crème fraîche,
1 forte pincée de sel et de poivre,
1 cuillerée à soupe de ciboulette hachée,
1 petit bouquet de persil et cerfeuil hachés,
1 cuillerée à café de feuilles de thym hachées,

Mettez les pommes de terre, telles, à four chaud (200 °C ou thermostat 7/8). Retirez-les et découpez un couvercle. Creusez-les sans abîmer la forme. Coupez en petits morceaux le jambon, mêlez aux dés de viande de veau, à la crème et ajoutez le thym. Mélangez bien et emplissez les pommes de terre avec cette farce. Assaisonnez. Remettez au four chaud pour 15 mn de cuisson.

Servez en saupoudrant d'herbes sous le couvercle.

Mon conseil : cette recette est un perfectionnement, un affinement de celles des pommes de terre farcies. C'est un plat d'accompagnement de viandes et gibiers, surtout en automne et en hiver. La première cuisson de ces pommes Suzel peut aussi s'effectuer sous la cendre. Parfois, on remplace la viande de veau par des dés de viande de porc prise dans le filet ou dans l'échine. On remplace aussi le jambon cuit par du jambon cru fumé.

APFELSTRUDEL

PRÉPARATION : 1 H + 3 H DE REPOS - CUISSON : 1 H - 6 PERSONNES

350 g de farine,
750 g de pommes fruits (reinettes),
2 œufs,
300 g de beurre,
120 g de sucre en poudre,
1 pincée de cannelle en poudre,
20 cl de kirsch (ou mirabelle, ou quetsche ou marc de gewürztraminer),
2 cuillerées à soupe de fécule ou de crème de riz.

Dans un saladier, versez la farine, les œufs, 100 g de beurre ramolli et un peu d'eau. Malaxez bien. Roulez en boule, couvrez, laissez reposer. Apprêtez les pommes en fines lamelles. Disposez-les dans un autre saladier, saupoudrez-les de sucre, de cannelle, et versez l'eau-de-vie ; laissez macérer le tout quelques minutes.

Étalez un linge blanc sur la table, saupoudrez-le de fécule ou de crème de riz. Étalez la pâte au rouleau pour qu'elle soit aussi fine que possible. Badigeonnez-la avec le reste de beurre fondu. Déposez les lamelles de pommes dessus à environ 6 cm des bords et rabattez ceux-ci en passant au beurre les parties rabattues. Roulez alors le gâteau en continuant de beurrer la pâte roulée. Faites glisser dans un plat beurré et mettez au four (200° C ou thermostat 7/8) pendant 1 h. Saupoudrez de sucre, servez.

KOUGELHOPF

PRÉPARATION : 30 MN + 6 H DE REPOS - CUISSON : 1 H - 8 PERSONNES

500 g de farine,
100 g de beurre,
2 œufs,
2 dl de lait,
1 pincée de sel,
25 g de levure,
20 g de beurre,
125 g de raisins de Malaga,
1 dl de kirsch,
50 g d'amandes séchées,
50 g de sucre glace

Mettez à tiédir le lait. Faites fondre le beurre dans le lait tiède. Dans un saladier, versez la farine, les œufs et le lait beurré. Ajoutez la levure mélangée à un peu d'eau tiède et le sel. Travaillez vigoureusement. Ajoutez raisin, eau-de-vie et pétrissez. Beurrez le moule spécial à kougelhopf. Placez au fond dans le creux de chaque côté une amande. Remplissez le moule de la pâte et laissez lever pendant 6 h. Mettez à four doux (150° C ou thermostat 4/5), puis chaud (200° C ou thermostat 7/8) pendant 1 h. Démoulez. Saupoudrez de sucre glace. Servez froid.

Mon conseil : le kougelhopf est la pâtisserie alsacienne la plus connue, tant en France qu'à l'étranger. C'est le gâteau traditionnel du petit-déjeuner par toute la province. Il se consomme tel, coupé en tranches, avec de la confiture. Vous pouvez aussi le déguster en dessert, imbibé d'un sirop au kirsch ou au rhum et son "trou" empli de crème Chantilly.

En passant par l'Alsace avant de rejoindre, en 1770, le dauphin Louis, son futur mari et roi de France sous le nom de Louis XVI, Marie-Antoinette d'Autriche eut l'occasion de déguster du kougelhopf. Elle apprécia tant ce biscuit qu'elle s'en fit par la suite très régulièrement venir à Versailles pour ses petits déjeuners et goûters.

Ce fut le début d'une vogue du kougelhopf à la cour de France d'abord, puis d'Autriche, par la suite de Prusse, d'Angleterre, d'Espagne, des Pays-Bas et enfin chez tous les peuples européens.

WOLFSZAHNS (ou dents-de-loup)

PRÉPARATION : 15 MN - CUISSON : 20 MN

300 g de farine,
250 g de sucre,
200 g de beurre,
4 œufs,
3 jaunes d'œufs,
1 petite cuillerée à café de levure chimique,
1/2 citron,
1 dl de crème fraîche,
1 dl d'eau-de-vie (kirsch ou mirabelle, quetsche, marc de gewürztraminer).

Dans un saladier, battez les jaunes d'œufs, le sucre, le beurre tiédi ou fondu. Ajoutez les autres œufs et travaillez jusqu'à rendre mousseux. Versez lentement la farine, la levure, le jus de citron, l'eau-de-vie. Mélangez et travaillez vigoureusement, puis ajoutez la crème. Déposez à la petite cuillère de petits tas de cette pâte sur la plaque beurrée d'un four. Faites en sorte que ces tas forment une pointe en leur sommet. Mettez à four doux (150° C ou thermostat 4/5). Cuisez pendant environ 20 mn.

Mon conseil : originaires de Haute-Alsace, ces "dents-de-loup" ont conquis tous les pays rhénans. Elles peuvent accompagner les petits déjeuners, les goûters, de nombreux desserts comme compotes, confitures, crèmes, etc.

CERISES À L'EAU-DE-VIE

PRÉPARATION : 20 MN + 3 MOIS

1 kg de cerises (Montmorency de préférence) juste cueillies si possible,
300 g de sucre de canne en morceaux,
1 l d'eau-de-vie blanche.

Lavez les cerises, essuyez-les, coupez la queue à mi-hauteur. Mettez le sucre dans un bocal. Mouillez avec un peu d'alcool. Laissez reposer pendant 1 h. Ajoutez les cerises en remuant, puis l'alcool pour bien recouvrir tous les fruits. Fermez hermétiquement. Laissez au repos pendant 3 mois, au frais, à l'ombre et au sec. Remuez et retournez régulièrement le bocal pour faciliter l'absorption du sucre.

Ces fruits à l'eau-de-vie sont consommables de 3 à 4 mois après leur préparation et peuvent se conserver pendant plusieurs années. En Alsace, on prépare de la même manière des mirabelles, quetsches, framboises.

En Alsace, on sert souvent le "trou alsacien" entre l'entrée et le plat principal. Ainsi que le "trou normand", plus connu, il vise à faciliter la digestion des graisses et rend le repas plus digeste. Il s'agit le plus souvent d'un sorbet au marc de Gewurztraminer. On le prépare en arrosant de ce marc très parfumé une glace au citron ou un sorbet moelleux au citron.

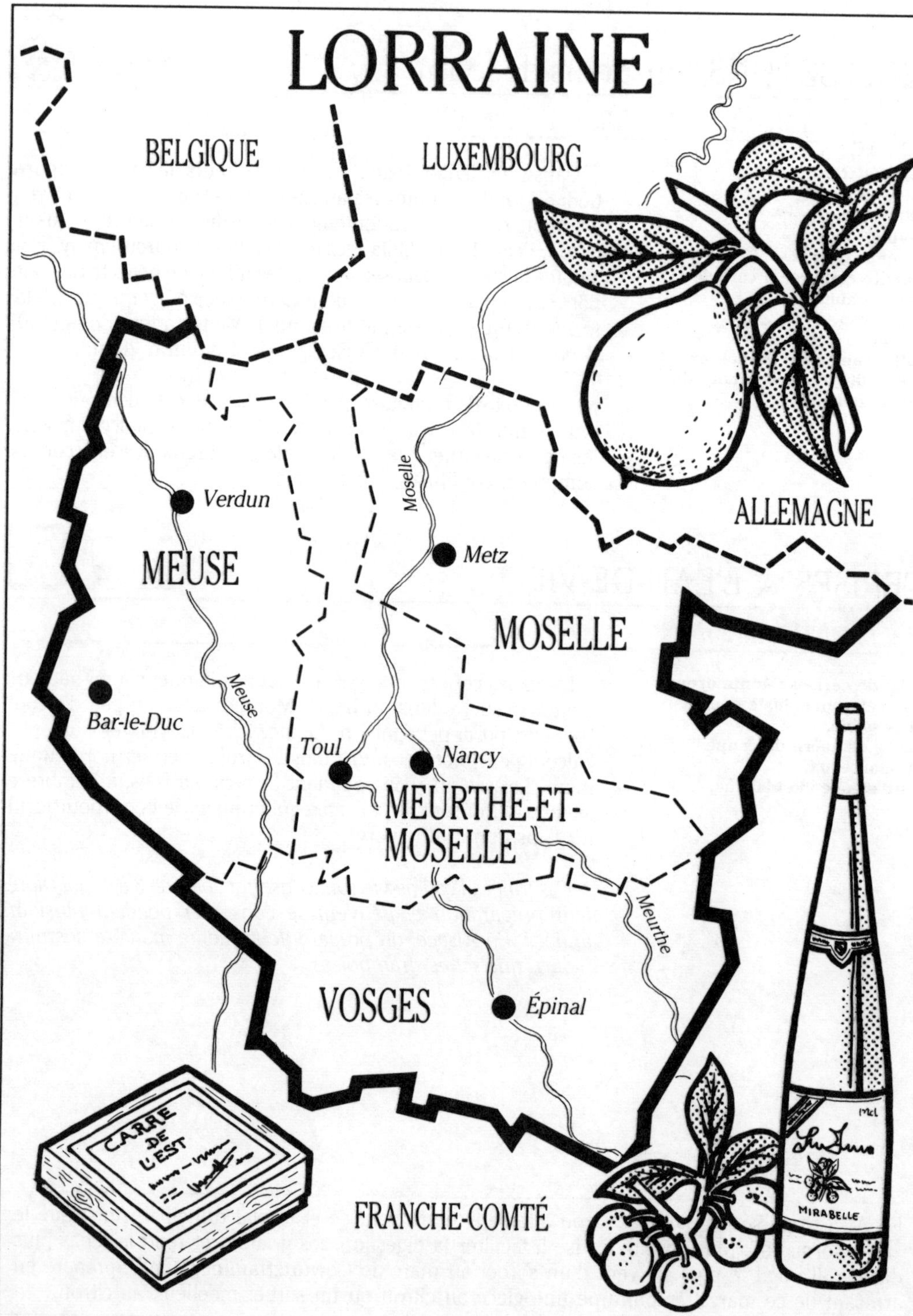
LORRAINE
BELGIQUE
LUXEMBOURG
ALLEMAGNE
MEUSE
MOSELLE
MEURTHE-ET-MOSELLE
VOSGES
FRANCHE-COMTÉ
Verdun
Metz
Bar-le-Duc
Toul
Nancy
Épinal
Moselle
Meuse
Meurthe
CARRE DE L'EST
MIRABELLE

En Lorraine

Partagée entre divers faciès géographiques, déchirée par ses grands voisins et son histoire n'étant que succession paradoxale d'heurs et de malheurs, la Lorraine regroupe aujourd'hui 4 départements français, des Vosges montagneuses à la Moselle plus germanisée, de la Meuse davantage francisée à la Meurthe-et-Moselle et ses splendeurs des temps passés.

La Lorraine, c'était aussi, il y a 2 000 ans, l'immense territoire des Leuques, des Médiomatriques et des Celtes qui en utilisaient déjà le fer.

La Lorraine, ce fut après le traité de Verdun (843), qui, hélas pour l'Europe, partagea l'Empire de Charlemagne, une grande bande de terrain séparant la Germanie de la Francie et allant des Pays-Bas aux confins actuels des Alpes suisses. La Lorraine d'aujourd'hui demeure le cœur de ces grandes heures anciennes. Sa cuisine ne pouvait que refléter ce destin.

Il faudrait d'ailleurs dire "ses cuisines", tant sont différentes les tables de Lorraine ! Ici, on préfère la poitrine de porc salée et, à côté, le lard, le jambon fumé. Là, ce sont des desserts crémeux et, un peu plus loin, des gâteaux secs... Du moins ressort-il du "Lorrain à table" suffisamment de recettes communes pour bien homogénéiser gastronomiquement ce terroir.

Le climat est rude, excessif. Au-delà, vers l'ouest des côtes d'Argonne, ce sont les influences océaniques douces et humides. En Lorraine, c'est la bise qui règne, soufflant du nord-est. Nancy est la grande ville de l'hexagone français la plus froide en hiver et l'une des plus chaudes en été. Le vent mugit sur le plateau, rugit dans les vallées où il s'engouffre comme dans des entonnoirs !

Les flux et les reflux des armées en guerre l'ont aussi profondément marquée. Le Lorrain de souche se souvient encore des destructions et massacres qui ont martyrisé sa province durant la guerre de Trente Ans (1618-1648), tout comme il fut marqué par toutes les guerres qui meurtrirent sa terre au cours des deux derniers siècles. Pour lui, tout repas doit être "riche", comme s'il n'était pas sûr du suivant.

Autres influences historiques : celles des fastes de la cour du duc souverain puis d'un duc-roi. Stanislas, fin gourmet s'il en fut !

Influences encore du "savoir bien manger" des tables ecclésiastiques qui perfectionnèrent maintes recettes à Metz, Toul et Verdun, villes qui ne sont pas historiquement lorraines mais qui dépendaient directement du pape, à Rome.

La pomme de terre, en tant que légume et connue bien avant que le pharmacien Antoine Augustin Parmentier (1737-1813) en popularise la consommation, et le porc, en tant que viande, dominent cette cuisine lorraine et lui fournissent ainsi plus de 300 recettes différentes !

Le bœuf tient aussi une grande place, plus récente. Le mouton est moins connu mais les volailles et lapins sont très appréciés.

Les poissons de rivière sont fréquents à table ainsi que le hareng, frais ou "saur", héritage des temps où ce poisson séché, véhiculé par toute la Germanie grâce aux marchands de la Hanse, sauva de la famine des millions d'Européens.

Une place importante est réservée au gibier : la Lorraine est une terre de grandes chasses.

Quant aux desserts, ils sont variés et nombreux, toujours attirants, secs ou crémeux. La cuisine lorraine est parfaitement équilibrée, même si certains la qualifient de "lourde". Elle correspond aux besoins des Lorrains et à leur environnement.

Terre de glèbe, terre lourde, argileuse et marneuse, la Lorraine ne se prête guère à l'art du jardinage, encore que ses primeurs, de Lunéville entre autres, soient réputées.

C'est un sol de grande culture de céréales, de betteraves, de pommes de terre.

Partout pourtant, le Lorrain cultive avec passion ses jardins créés de toutes pièces, enrichis d'humus, de composts, d'engrais. Dès le printemps, radis, salades puis asperges, haricots, petits pois et autres légumes assurent un important approvisionnement. Quant aux "fruitiers", ils sont justement célèbres : fraises, framboises, groseilles et cassis, pommes et poires, prunes, dont la fameuse mirabelle. Grande terre d'élevage, surtout de bovins et de porcins, la Lorraine peut largement suffire à ses besoins carnés, sauf pour ce qui est des moutons, plus rares. Les volailles et lapins sont également très nombreux et figurent souvent à table, ainsi que les œufs.

Les poissons de rivière, moins abondants que par le passé, brillent par maintes recettes, et celles de gibier s'épanouissent dans le nombre et la qualité. Le gibier de plaine est aussi riche que celui de forêt et, malgré les excès des chasseurs, abonde toujours des futaies meusiennes aux sapinières vosgiennes en passant par la grande forêt de Haye.

Il y a peu de vignobles mais ils sont de qualité : le "gris de Toul" renaît actuellement après avoir failli disparaître. C'est un vin sauvage, âpre mais chantant en bouche et qui se laisse boire avec plaisir, tout comme le vin de Moselle qui prolonge les vignobles allemands et luxembourgeois par ses rosés et ses blancs.

En revanche, il existe beaucoup d'eaux-de-vie et de liqueurs dans le même registre qu'en Alsace. Avec bien sûr en tête de production l'eau-de-vie de mirabelle faite avec la "petite dorée à points rouges de Nancy".

Les desserts et friandises sont très variés et souvent de réputation européenne, voire mondiale : macarons et bergamotes de Nancy, dragées tricolores de Verdun, madeleines de Commercy, etc. Certains gâteaux sont crémeux, ainsi le gâteau au chocolat de Nancy, d'autres sont secs comme le gâteau aux amandes, d'apparence plus austère.

On ne peut considérer la production gastronomique lorraine sans citer ses bières réputées et savoureuses. La réputation de la brasserie de Champigneulles, faubourg nord de Nancy, tient à la qualité de l'eau utilisée : celle de la source captée de Bellefontaine ; or, la bonne bière c'est avant tout de la bonne eau et du bon houblon à la fois !

N'oublions pas les fromages. Si dans les Vosges, le "géromé" n'est qu'une réplique du vrai munster alsacien, le carré de l'Est et d'autres fromages meusiens connaissent une grande vogue. Comment se pourrait-il qu'avec une telle richesse, la cuisine lorraine ne soit pas séduisante ?

SOUPE AUX POIS CASSÉS ET AU LARD

PRÉPARATION : 30 MN + 12 H DE TREMPAGE - CUISSON : 1 H 45 - 6 PERSONNES

500 g de pois cassés,
250 g de poitrine de porc fumée,
1 saucisse fumée à cuire,
1 laitue,
1 carotte,
2 oignons,
2 gousses d'ail,
2 pommes de terre,
1 branche de thym,
1/2 feuille de laurier,
1 pincée de sel et de poivre,
6 tranches de pain.

Si le "mode d'emploi" du paquet de pois cassés le prévoit, faites-les tremper. Rincez-les à l'eau froide, versez-les dans un faitout avec de l'eau, le thym, le laurier, l'ail, les oignons hachés, la salade en feuilles, les pommes de terre et la carotte coupées en morceaux. Mettez le tout à cuire, et au premier bouillon, ajoutez la poitrine fumée coupée en 6 tranches (autant que de convives) et la saucisse. Laissez mitonner à petit feu et à couvert pendant 1 h 30. Réservez au chaud poitrine fumée et saucisse. Passez le tout à la moulinette.

Dans le fond d'une soupière préchauffée, disposez les tranches de pain coupées en morceaux et dorées au gril. Versez dessus la soupe, et dessus la poitrine fumée et la saucisse coupée en tranches. Servez très chaud.

Mon conseil : si vous la souhaitez plus légère, ajoutez en fin de cuisson un verre à moutarde d'eau-de-vie : mirabelle, quetsche ou kirsch.

QUICHE LORRAINE

PRÉPARATION : 10 MN - CUISSON : 40 MN - 8 PERSONNES

4 œufs,
400 g de crème fraîche,
250 g de poitrine de porc fumée,
40 g de beurre.

Pâte brisée :
300 g de farine,
150 g de beurre,
20 dl d'eau,
2 jaunes d'œufs,
1 pincée de sel.

Abaissez la pâte ; foncez-en un plateau à tarte de façon que les rebords soient hauts et fermes. Dans un grand bol, battez ensemble les œufs et la crème pour obtenir un appareil très homogène. Découpez la poitrine fumée en petits dés. Saupoudrez-les sur la pâte. Versez dessus la crème et parsemez de lamelles de beurre. Mettez à four très chaud (250 °C ou thermostat 9) et laissez cuire pendant 40 à 45 mn. La quiche doit être dorée et bien levée. Servez immédiatement.

Mon conseil : la quiche doit son nom au lorrain allemand "flamenkich" ou "kich" que l'on utilise toujours dans le nord du département de la Moselle. C'est une "galette" cuite au four et recouverte d'une "meurotte" ou crème. Originaire, semble-t-il, du plateau, entre le Grand-Couronné de Nancy, Nomeny et Dieuze, elle a été propagée par tout le duché au XVIIe siècle. On la faisait alors avec de la pâte à pain et on la confiait au boulanger pour qu'il la cuise près des braises de son four.

RAMEQUIN MESSIN

PRÉPARATION : 10 MN - CUISSON : 45 MN - 6 PERSONNES

1/2 l de lait,
120 g de farine,
30 g de beurre,
4 œufs,
150 g de fromage râpé (comté ou gruyère),
1 pincée de sel,
1 pincée de muscade en poudre.

Dans une casserole mouillée, menez le lait à ébullition. Versez-le en remuant dans une autre casserole contenant la farine et mettez à feu doux. Donnez un tour de mixeur pour résorber les grumeaux. Ajoutez le fromage râpé, le sel, la muscade et remuez pour que le fromage fonde. Retirez du feu. Ajoutez un par un les œufs en mélangeant. Versez cet appareil dans un moule à soufflé soigneusement beurré au fond et sur ses parois. Ce moule ne doit être rempli qu'à la moitié. Mettez-le à four moyen (200° C ou thermostat 7/8), pendant environ 30 mn. Le ramequin gonfle et dore comme un soufflé. Servez très chaud.

MATELOTE DE BROCHET À LA MESSINE

PRÉPARATION : 30 MN - CUISSON : 45 MN - 6 PERSONNES

1 brochet de 2 kg,
1 oignon piqué de girofle,
1 pincée de sel et de poivre,
1/2 feuille de laurier,
4 échalotes,
1 bouquet de persil,
75 cl de vin rouge,
200 g de poitrine de porc 1/2 sel,
20 petits oignons,
60 g de beurre manié,
6 tranches de pain coupées en morceaux,
25 g de beurre,
1/2 l de bouillon.

Écaillez, parez, tronçonnez le poisson. Mettez en cocotte l'oignon piqué, sel et poivre, laurier, échalotes et persil hachés avec le bouillon. Portez à ébullition. Ajoutez les tronçons de brochet. Couvrez à hauteur de vin rouge. Laissez frémir 15 mn. Coupez le lard en dés, faites-les dorer à la poêle au beurre. Retirez et faites dorer les petits oignons. Jetez la graisse et versez dans la poêle une louche du bouillon de poisson. Liez de beurre manié, faites réduire. Ajoutez ce jus au poisson. Rectifiez l'assaisonnement. Faites réduire. Faites dorer les croûtons. Posez-les dans un plat chaud. Déposez dessus les tranches de brochet. Entourez avec lardons et oignons frits. Nappez de la sauce. Servez très chaud.

Canard à la dijonnaise (*Bourgogne* p. 227)

Côtes de porc au chablis (Bourgogne-Bresse p. 229)

Saucisson en brioche (Lyonnais p. 242)
et Poularde en vessie (Lyonnais p. 243)

Gras-double à la lyonnaise (Lyonnais p. 245)

COQ À LA BIÈRE

PRÉPARATION : 35 MN - CUISSON : 2 H - 8 PERSONNES

**2 jeunes coqs,
5 oignons,
2 gousses d'ail,
1 branche de thym,
1/2 feuille de laurier,
75 g de beurre,
300 g de champignons de Paris,
2 cuillerées à soupe de farine,
1 l de bière blonde légère,
1 branche de céleri,
1 cuillerée à café de vinaigre,
1 cuillerée à soupe de sucre de canne roux,
1 cuillerée à café de moutarde,
3 tranches de pain d'épice,
1 cuillerée à soupe de persil haché,
1 cuillerée à soupe de ciboulette taillée,
1 forte pincée de sel et de poivre,
1 pincée de noix de muscade en poudre.**

Videz, flambez, découpez en morceaux les volailles. Épluchez, lavez, coupez les oignons, le céleri, l'ail que vous écrasez. Épluchez, lavez, brossez les champignons. Faites-les revenir au beurre à la poêle. Versez dans la cocotte le reste de beurre avec oignons, céleri, thym, laurier et les morceaux de volailles qui doivent dorer à feu moyen. Saupoudrez de farine, laissez blondir, mouillez avec la bière en remuant. Menez à ébullition. Dans un bol, délayez le sucre roux et le vinaigre. Émiettez le pain d'épice. Ajoutez dans la cocotte avec l'ail, la moutarde, les champignons, le mélange de sucre au vinaigre, le sel, le poivre, la muscade. Couvrez bien et laissez mijoter à feu doux pendant 1 h 30. Dressez la volaille entourée de sa garniture dans un plat de service creux préchauffé. Saupoudrez de persil et de ciboulette. Servez très chaud.

POTÉE LORRAINE

PRÉPARATION : 45 MN - CUISSON : 4 H - 8 PERSONNES

**1 palette de porc fumée ou 1/2 sel,
1 jambonneau 1/2 sel,
2 saucisses fumées à cuire,
500 g de poitrine de porc fumée ou 1/2 sel,
1 chou vert pointu,
4 carottes,
2 navets,
4 poireaux,
250 g de haricots verts,
250 g de fèves,
250 g de pois à écosser,
4 oignons,
6 pommes de terre,
2 branches de thym,
1 feuille de laurier,
6 clous de girofle,
4 gousses d'ail,
4 échalotes,
2 fortes pincées de sel et de poivre,
1 branche de sarriette,
1 pincée de noix de muscade,
1 grosse cuillerée à soupe de saindoux.**

Dans un haut faitout, faites dorer avec un peu de saindoux échalotes émincées et oignons coupés. Ajoutez carottes et navets en rondelles. Laissez étuver à couvert pendant 10 mn. Disposez dessus la palette de porc. Mouillez d'eau, ajoutez thym, laurier, ail écrasé, épices. A ébullition, ajoutez le jambonneau.

Couvrez et laissez mijoter pendant 1 h. Lavez et coupez en 4 le chou, écossez les haricots, les petits pois. Préparez tout le reste des légumes. Ajoutez dans le faitout les feuilles de chou, les légumes, le lard. Laissez cuire à couvert 2 h. Piquez les saucisses, déposez-les sur les légumes ainsi que les pommes de terre épluchées. Laissez cuire 1 h. Servez très chaud dans plusieurs plats les viandes, les saucisses, les légumes.

Mon conseil : c'est le plat traditionnel de la Lorraine depuis 4 siècles. Il assure des repas complets, pour plusieurs jours, et se bonifie en étant réchauffé. Selon les régions, on mélange différemment viandes fumées et 1/2 sel.

PORC À LA BIÈRE

PRÉPARATION : 15 MN - CUISSON : 3 H ENVIRON - 6 PERSONNES

1 kg d'échine de porc désossée,
1/2 l de bière blonde légère,
1 kg d'oignons,
60 g de saindoux,
2 branches de thym,
1 feuille de laurier,
5 feuilles de sauge,
4 cuillerées à soupe de chapelure,
1 pincée de sel et de poivre.

Salez, poivrez l'intérieur de l'échine ; roulez et ficelez-la. Épluchez et coupez en rondelles les oignons. Dans une cocotte avec le saindoux, faites dorer la viande de tous côtés. Retirez-la et faites dorer les oignons. Replacez la viande dans la cocotte, recouvrez de chapelure, arrosez de bière, ajoutez thym, laurier, sauge et couvrez bien. Laissez cuire à petit feu pendant 2 h 40. Servez chaud en dressant la viande déficelée, coupée en tranches, sur un lit d'oignons, dans un plat de service préchauffé.

CHEVREUIL À LA BROCHE

PRÉPARATION : 20 MN - CUISSON : 1 H 15 - 6 PERSONNES

1 épaule de chevreuil,
250 g de poitrine de porc fumée,
5 échalotes,
10 cl de vinaigre de vin 7°,
1 forte pincée de sel et de poivre,
75 g de beurre,
15 cl de bouillon,
1 cuillerée à café de farine,
1 cuillerée à café de sucre en poudre,
1 cuillerée à soupe de persil haché et de ciboulette taillée.

Désossez, roulez, salez, poivrez l'épaule. Ficelea-la et embrochez-la. Coupez le lard en minces bandes et entrelardez la viande. Mettez à four très chaud (250° C ou thermostat 9) en récupérant le jus dans la lèchefrite et arrosez fréquemment le chevreuil avec ce jus. Épluchez et hachez les échalotes, jetez-les avec le vinaigre dans une casserole ; ajoutez le poivre et laissez chauffer jusqu'à évaporation totale du vinaigre. Ajoutez alors le beurre, faites dorer les échalotes et saupoudrez de farine puis mélanger avec le bouillon. Finissez en ajoutant le sucre et en tournant bien avec une cuillère en bois jusqu'à épaississement. Débrochez la viande après 1 h 15 de cuisson. Coupez-la en tranches et dressez-les dans un plat de service creux préchauffé. Ajoutez le jus de la lèchefrite à celui des échalotes, faites chauffer quelques minutes sans bouillir. Servez à part en saucière. Saupoudrez avec les herbes.

FAISAN À LA BIÈRE

PRÉPARATION : 1 H - CUISSON : 1 H 10 - 6 PERSONNES

1 beau faisan,
150 g de poitrine de porc fumée,
100 g de beurre ou de saindoux,
3 oignons,
1 tranche de pain d'épice,
3/4 l de bière blonde légère,
1 verre d'eau-de-vie (marc ou mirabelle),
1/2 cuillerée à café de jus de citron,
100 g de raisins secs,
5 baies de genièvre,
1 forte pincée de gros sel,
1 pincée de cannelle en poudre,
1 pincée de muscade en poudre,
2 clous de girofle,
10 grains de poivre,
1 branche de thym,
1 feuille de laurier,
1 cuillerée à soupe de sucre.

Plumez, videz, flambez, nettoyez, coupez en morceaux le faisan. Assaisonnez. Coupez le lard en dés ainsi que les oignons. Écrasez au mortier les grains de poivre, la girofle, le genièvre et le gros sel. Dans une sauteuse, faites rissoler au beurre les lardons. Retirez-les et gardez-les au chaud. Remplacez-les par le faisan et faites-le dorer de tous côtés. Retirez le faisan, remettez les lardons avec les oignons, sans les dorer. Saupoudrez-les de sucre, versez le jus de citron, et faites caraméliser. Réintroduisez le faisan et flambez à l'eau-de-vie. Ajoutez la bière, le thym, le laurier, le pain d'épice émietté, la muscade et la cannelle, la girofle, le poivre, le genièvre et le sel. Dès l'ébullition, laissez cuire 45 mn à petit feu. Retirez thym et laurier. Passez la sauce au chinois, réintroduisez-la dans la sauteuse avec lardons et raisins secs. Cuisez encore 15 mn à feu doux. Servez très chaud.

Ce plat délicieux d'automne et d'hiver est originaire du plateau de la Woëvre.

CHOU FARCI AUX MARRONS

PRÉPARATION : 30 MN - CUISSON : 2 H 30 - 6 PERSONNES

300 g d'oignons,
750 g de châtaignes,
1 gros chou,
50 g de saindoux,
1 pincée de sel et de poivre,
3 dl de lait.

Dans un peu de saindoux, faites étuver à couvert les oignons dans une poêle. Épluchez et faites cuire les châtaignes. Ajoutez-les aux oignons. Remuez. Laissez à couvert et à feu doux 15 mn. Laissez refroidir. Nettoyez et jetez le gros chou dans de l'eau bouillante salée 15 mn. Retirez-le. Laissez-le refroidir. Étalez-le en écartant délicatement ses feuilles. Glissez un peu de la farce entre les feuilles en partant du cœur. Refermez le chou et ficelez-le. Graissez une cocotte. Placez-y le chou, salez et poivrez. Couvrez et laissez cuire à feu doux pendant 30 mn en arrosant du jus de cuisson. Quand le jus a disparu, arrosez le chou avec le lait, couvrez et laissez encore cuire 30 mn. Servez très chaud.

Mon conseil : cette recette de Basse-Lorraine, très ancienne, accompagne volailles et viandes blanches. Vous pouvez remplacer la farce aux marrons par une farce de purée de pommes de terre ou de pommes fruits.

BABA AU RHUM

PRÉPARATION : 45 MN + 4 H DE REPOS - CUISSON : 45 MN - 6 PERSONNES

250 g de farine,
4 œufs,
150 g de beurre,
20 g de levure de bière,
300 g de sucre,
1 pointe de couteau de safran,
2 dl de lait,
1 pincée de sel,
1 verre de rhum,
1 petit verre de mirabelle,
50 g de raisins secs de Smyrne et 50 g de Malaga,
50 g d'écorce d'orange confite ou de miettes de fruits confits.

Délayez la levure avec un peu de lait tiède et de farine ; faites une boule que vous laissez reposer 1 h au chaud. Dans un saladier, versez le reste de farine, le beurre tiédi, le sel, les œufs. Malaxez la pâte. Ajoutez le levain, malaxez toujours et laissez reposer 1 h. Ajoutez en malaxant les raisins, les fruits confits, le safran délayé à l'eau chaude. Laissez reposer 1 h. Beurrez un moule à baba (à cheminée centrale), versez-y la pâte. Laissez reposer 1 h. Mettez à four chaud (200 °C ou thermostat 7/8) pendant 45 mn. Laissez refroidir. Préparez un sirop avec sucre, rhum, eau-de-vie. Versez-le sur le biscuit qui doit en être bien imbibé. Servez tel ou avec de la crème Chantilly.

Stanislas Leszczynski "inventa" le baba en faisant arroser de vin de Malaga et d'eau distillée de Tanésie un kougelhopf afin que le biscuit soit plus tendre à ses dents malades. Son chef de cuisine prépara alors le baba que nous connaissons. C'est Stanislas qui le baptisa parce qu'il lui rappelait certaines poupées polonaises que l'on appelait "babas", et aussi parce qu'on lui fit déguster cette friandise alors qu'il lisait Ali Baba et les 40 voleurs.

CHOLANDE

PRÉPARATION : 20 MN + 4 H DE REPOS - CUISSON : 35 MN - 6 PERSONNES

300 g de farine,
1 cuillerée à soupe de levure,
2 œufs,
6 cuillerées à soupe de sucre en poudre,
15 dl de lait,
150 g de beurre.

Dans un peu de lait tiède, délayez la levure. Malaxez-la avec 50 g de farine. Laissez durant 1 h la boule au chaud. Dans un saladier, versez le reste de la farine, le beurre fondu, le sucre, les œufs. Ajoutez le levain. Malaxez bien. Laissez reposer durant 1 h. Pétrissez à nouveau et placez la pâte dans une tourtière à bords élevés. Laissez reposer 2 h. Mettez à four chaud (200 °C ou thermostat 7/8). Servez chaud ou froid.

Mon conseil : voici un délicieux biscuit de la Lorraine meusienne. Vous pouvez le farcir de lardons fumés rissolés comme à Pagny-sur-Meuse ou de lamelles de pommes fruits.

Les pains d'épice de Remiremont sont célèbres pour leur inimitable parfum. Tous les ans, les 5 et 6 décembre, saint Nicolas et son redoutable serviteur, le Père Fouettard, défilent dans Nancy avant de s'en retourner dans la basilique de Saint-Nicolas-de-Port au sud-est de la capitale lorraine. Ils distribuent des pains d'épice aux enfants sages et studieux mais des verges à ceux qui sont par trop dissipés !

GÂTEAU AU CHOCOLAT DE NANCY

PRÉPARATION : 30 MN - CUISSON : 45 MN - 6 PERSONNES

125 g de chocolat,
125 g de sucre en poudre,
2 sachets de sucre vanillé,
30 g de sucre glace,
125 g de beurre,
100 g de poudre d'amandes,
4 œufs,
1 cuillerée à soupe de farine ou de fécule.

Dans une casserole, faites chauffer le chocolat. Quand il est malléable, ajoutez le beurre. Malaxez à la spatule. Laissez refroidir sans cesser de remuer pour que le mélange ne durcisse pas. Versez-le dans un saladier. Ajoutez le jaune des œufs. Mélangez bien. Ajoutez farine ou fécule, sucre vanillé, sucre en poudre et poudre d'amandes. Continuez de pétrir. Battez les blancs d'œufs en neige ferme et introduisez-la dans la pâte, délicatement. Beurrez un moule à gâteau, versez-y cet appareil. Mettez à four moyen (175 °C ou thermostat 5/6) pendant 3/4 h. Le gâteau gonfle en cuisant. Démoulez à froid et saupoudrez de sucre glace.

C'est un gâteau d'une grande légèreté, velouté, onctueux, dont la réputation a gagné tous les continents. Dessert de fêtes et de cérémonies. Un gâteau un peu semblable mais plus sucré et avec de la crème est connu comme "gâteau au chocolat de Metz", traduisant la rivalité qui oppose la capitale lorraine, Nancy, à sa 'complémentaire de Moselle, la ville épiscopale.

GROSEILLES DE BAR-LE-DUC

PRÉPARATION : 50 MN - CUISSON : 40 MN

125 g de riz long glacé,
2 l d'eau salée,
1 l 1/4 de lait,
750 g de groseilles à grappes,
1 kg de sucre en poudre ou cristallisé,
50 g de sucre vanillé.

Dégrappez les groseilles. Passez-les à l'eau vive. Séchez-les. Dans une casserole, préparez un sirop avec 800 g de sucre et 1/3 l d'eau. Faites bouillir en remuant. Lorsque le sirop commence à épaissir, plongez-y les groseilles. Retirez du feu dès la reprise d'ébullition. Dans une grande casserole, faites bouillir 2 l d'eau salée et plongez-y le riz, lavé à eau fraîche et vive, pendant 8 mn. Égouttez-le et remettez-le dans la casserole. Faites bouillir le lait. Ajoutez-lui le sucre restant et le sucre vanillé. Remettez à cuire à petits bouillons pendant 20 mn. Versez le riz dans un plat creux de service. Recouvrez-le avec les groseilles. Servez tiède ou froid.

Mon conseil : vous pouvez servir cette recette simple et délectable, originaire de la Meuse, avec une crème anglaise.

Saviez-vous qu'Alfred Hitchcock dégustait chaque matin un pot de gelée de groseille de Bar-le-Duc ? Il en raffolait !

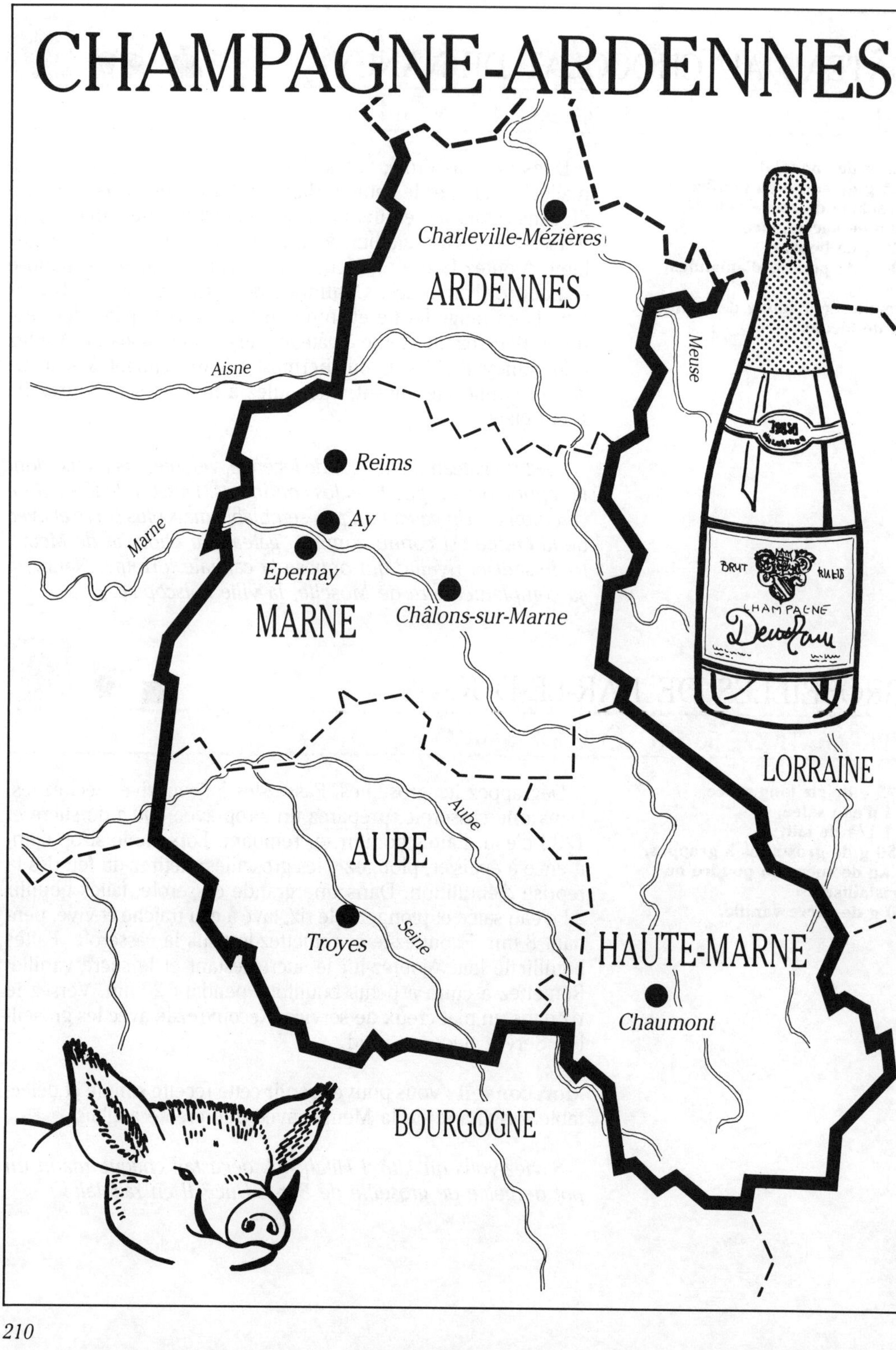
CHAMPAGNE-ARDENNES
Charleville-Mézières
ARDENNES
Aisne
Meuse
Reims
Ay
Marne
Epernay
MARNE
Châlons-sur-Marne
LORRAINE
Aube
AUBE
Seine
Troyes
HAUTE-MARNE
Chaumont
BOURGOGNE
BRUT
CHAMPAGNE

EN CHAMPAGNE-ARDENNES

SAINT-DIZIER, Chaumont, et c'est encore la Lorraine vosgienne aux vertes et sombres frondaisons. Valmy, Vouziers, Bazeilles, portent l'empreinte de la Lorraine meusienne, militaire, aux sévères reliefs d'Argonne !

Mais Montmirail amorce le fond de la cuvette d'Ile-de-France tandis que Bar-sur-Seine se teinte de bourguignon et que Langres, Chalindrey, annoncent la Franche-Comté.

L'ensemble "Champagne-Ardennes" ne jouit pas d'une unité physique, géographique et géologique, si ce n'est qu'il se centre sur la zone crayeuse et longtemps inculte de cette Champagne que l'on disait "pouilleuse". Il s'est élargi de parcelles s'apparentant aux provinces voisines, telle l'Ardenne qui est historiquement lorraine.

C'est là un sol intermédiaire entre le cœur de la France et ses marches-frontières, sol de passage et cependant fortement spécifié.

Les couches géologiques en arcs de cercle, descendant du plateau lorrain vers le Bassin parisien, ont facilité toutes les imprégnations et tous les mélanges mais les divers facteurs du caractère provincial se sont marqués au fil du temps d'éléments caractéristiques et reconnaissables.

Ces influences marginales se traduisent en tout par une mosaïque de réalités souvent diamétralement opposées. Il n'y a aucun rapport entre l'Ardenne des profondes forêts et la côte des Bars, au sud-est de Troyes, pourtant forestière ; aucun entre la vallée ardennaise de la Meuse et celles de la Marne, de l'Aube, de la Seine.

Le climat de Champagne-Ardennes est plus homogène. Il est franchement atlantique, océanique, même si l'Ardenne et le Morvan du Sud adoptent souvent le climat continental lorrain, notamment en hiver.

C'est une ambiance atmosphérique relativement douce et humide par vents dominants d'ouest et de sud-ouest.

L'Histoire, en revanche, a marqué cet ensemble "Champagne-Ardennes". Si les ravages provoqués par les guerres y furent moins nombreux et moins cruels qu'en Lorraine et en Alsace, ils ont laissé maintes cicatrices, surtout au cours des derniers conflits européens.

Ces divers antécédents ont façonné des cuisines très diverses. Celles-ci sont reliées les unes aux autres par des caractères communs : le gibier dans les zones de reliefs et de forêts, la cuisine au vin de Champagne dans les plaines. Si l'on excepte la cuisine ardennaise, proche du "savoir manger" lorrain et donc plus ou moins germanique, ces cuisines sont indubitablement françaises.

Elles ont lentement suivi les remous et méandres des politiques et des économies royales, puis républicaines, des fastes et des crises, des périodes d'opulence et de disette.

En cela, elles se rapprochent fréquemment du "savoir manger" d'Ile-de-France. Riches en plats de gastronomie, elles sont séduisantes et méritent attention.

Sol à multiples facettes que cet ensemble constitué d'arcs de cercle adossés à la Lorraine, limité par la Belgique wallone, la Bourgogne et descendant en pentes douces vers le Bassin parisien. Très variées sont les qualités de la terre et variées les cultures qu'on y peut faire, bien qu'aujourd'hui les engrais permettent tous les miracles ; même celui, au cours des 4 dernières décennies, de transformer en grenier à céréales et à betteraves sucrières l'ancienne et désolée Champagne pouilleuse, de craie et de méchants arbustes.
Les légumes, très variés, sont l'apanage des jardins, soigneusement cultivés et amendés. Ils fournissent radis, salades, choux, haricots et petits pois, carottes et poireaux d'avril à novembre, et quelques primeurs viennent à présent de serres installées de Sézanne à Reims, de Sedan à Saint-Dizier.

Ils font d'excellentes garnitures pour les plats de viandes, gibiers et volailles. Il en est fait grand usage et les tables champenoises se distinguent souvent par la présence simultanée de plusieurs d'entre eux afin de "mieux façonner le palais".

Une place honorable est tenue par les volailles qui sont très appréciées. Celles de ferme, nourries au grain et en plein air, passent pour être souvent les meilleures de France avec celles, réputées, de Bresse.

Le gibier est abondant, notamment dans les Ardennes, et des recettes très originales l'accompagnent. Gibier à plume, mais surtout à poil avec une place tout à fait spéciale pour le sanglier, animal traditionnel des Ardennes.

La cuisine des poissons du cru est riche, encore que certaines espèces se raréfient. Peu de recettes concernent les œufs, les pâtes, mais il y a opulence de plats carnés, surtout de bœuf. La Champagne est l'une des toutes premières régions françaises d'élevage.

Si le porc conserve une importante place à table aux lisières orientales, lorraine et franc-comtoise, si le mouton se fait plus fréquent au sud, aux confins bourguignons, c'est le cheptel bovin qui partout domine. Il a fortement marqué les plats carnés de la région, apportant aussi laitages, beurre et fromages en abondance.

Parmi ces derniers, le cendré d'Argonne, le cendré de Champagne, le carré de l'Est semblable à celui de Lorraine, le cendré des Riceys, le demi-coulommiers, le rocroi cendré des Ardennes, la baguette laonnaise produite également en Ile-de-France, le chaumont, le chèvre, le chaource et le barberey de Troyes se distinguent par leur finesse.

Mais la Champagne, c'est avant tout son vin !

Depuis le moine Dom Pérignon qui en inventa les mélanges et les procédés de vinification au XVIIe siècle, les yeux pétillent à cette seule évocation ! Mais ce renom du vin de Champagne, brut, sec, demi-sec ou doux en fonction du peu de sucre que l'on y ajoute, cache la valeur de très bons vins non pétillants, excellents mais que l'on consomme rarement hors de la province. Ce sont le plus souvent ces vins qui entrent dans certaines préparations culinaires.

Le sol apporte aussi aux cuisines champenoise et ardennaise, des fruits. Les vergers sont moins nombreux qu'en Alsace et en Lorraine. Ils fournissent toutefois prunes, fraises et framboises, cerises qui figurent souvent à table ou entrent dans divers desserts.

Quant aux eaux-de-vie, moins éclectiques qu'en Alsace et en Lorraine, elles sont essentiellement dominées par le marc de Champagne, dégusté comme tel ou permettant la fabrication de délicieuses confiseries : les bouchons de Champagne enrobés de sucre ou de chocolat.

SOUPE À L'OIGNON DE GIVET

PRÉPARATION : 15 MN - CUISSON : 1 H 30

1 kg d'oignons,
1 kg de pommes de terre,
75 g de beurre,
1 l 1/2 d'eau,
2 branches de thym,
1/2 feuille de laurier,
4 gousses d'ail,
1 pincée de sel et de poivre,
1 cuillerée à soupe de persil et autant de cerfeuil et de ciboulette.

Dans une cocotte, faites revenir au beurre les oignons coupés en lamelles. Ajoutez les pommes de terre épluchées, lavées, coupées en gros quartiers. Remuez avec une cuillère en bois jusqu'à ce que le tout ait pris une belle couleur brune. Ajoutez alors le thym, le laurier, l'ail écrasé, l'eau et les herbes. Assaisonnez. Laissez cuire à couvert et à petits bouillons 1 h 15. Servez très chaud en soupière préchauffée.

C'est une très ancienne recette qui, au XIXe siècle, exigeait des pommes de terre du Canada qu'on remplace aujourd'hui par des pommes de terre rouges ou à chair jaune, ce qui, pourtant, ne donne pas la même saveur au potage. Il est assez difficile de bien réussir cette « canadas roussias » car elle ne doit être ni trop liquide, ni trop sèche.

ŒUFS À LA BAYARD

PRÉPARATION : 10 MN - CUISSON : 30 MN - 6 PERSONNES

12 œufs,
12 tomates,
12 minces tranches de bacon,
1 pincée de sel et de poivre,
1 cuillerée à soupe de persil et cerfeuil hachés,
100 g de beurre,
1 cuillerée à soupe de ciboulette taillée,
1 tasse de sauce tomate,
12 tranches de pain.

Coupez le dessus des tomates. Videz-les sans les abîmer à la petite cuillère. Arrosez-les d'un peu de beurre fondu et faites-les chauffer dans un plat à feu vif. Quand elles sont encore fermes, retirez-les du four, posez un petit morceau de bacon au fond de chaque tomate et versez dessus un œuf poché. Salez, poivrez, mettez à four chaud (200 °C ou thermostat 7/8) et laissez cuire 20 mn. Faites griller pour dorer les tranches de pain. Sur chacune, posez une tomate, nappez de sauce tomate chaude et saupoudrez d'herbes. Servez chaud.

BOUDIN BLANC

PRÉPARATION : 5 MN - CUISSON : 30 MN - 6 PERSONNES

6 boudins blancs,
6 tranches de jambon des Ardennes,
6 tranches de comté ou de gruyère,
100 g de beurre.

Incisez chaque boudin dans le sens de la longueur. Glissez-y 1 tranche de fromage. Enroulez le tout dans 1 tranche de jambon ; piquez d'une pointe en bois et faites cuire doucement dans une poêle, au beurre. Servez très chaud. Vous pouvez remplacer le jambon des Ardennes par de la poitrine de porc fumée.

Charles le Téméraire (1433-1477), duc de Bourgogne et fin gourmet, tenta vainement d'apprendre la recette du boudin blanc de Rethel. Pourtant, maints de ses espions essayèrent d'en percer le secret. De nos jours, cette recette est demeurée à peu près semblable !

PÂTÉ ARDENNAIS

PRÉPARATION : 4 H + 12 H DE MARINADE - CUISSON : 1 H - 8 PERSONNES

500 g d'échine de porc,
500 g d'épaule de veau (faites désosser ces viandes par votre boucher et demandez-lui les os à part),
350 g de farine,
200 g de beurre,
15 cl d'eau,
4 œufs,
25 g de levure de boulanger,
15 g de sel,
15 g de poivre.

Marinade :
25 cl de vin blanc sec,
15 cl d'eau,
4 échalotes,
1 bouquet de persil,
1 pincée de sel et de poivre.

La veille, coupez la viande en petits morceaux ; mettez-la à mariner dans une casserole avec le vin, l'eau, les échalotes hachées, sel et poivre. Couvrez. Le lendemain, dans un saladier, versez la farine, cassez les œufs, ajoutez le beurre tiédi et du sel, du poivre puis la levure délayée dans un peu d'eau tiède. Mélangez, malaxez. Laissez reposer 3 heures. Dans une casserole, faites bouillir 45 mn la marinade avec persil et os de viande. Étalez les 3/4 de la pâte. Foncez une tourtière. Emplissez-la avec de la viande. Étalez le reste de la pâte en couvercle soudé à l'eau. Ménagez une cheminée centrale avec un bristol. Dorez-le avec 1 jaune d'œuf délayé dans un peu d'eau. Mettez à four chaud (200 °C ou thermostat 7/8) pendant 1 h. Servez chaud ou consommez réchauffé, enveloppé de papier d'aluminium.

BROCHET FARCI

PRÉPARATION : 30 MN + 1 H DE REPOS - CUISSON : 45 MN - 6 PERSONNES

1 beau brochet (1,750 kg à 2 kg),
150 g de beurre,
3 œufs,
5 dl de crème fraîche,
300 g de champignons de Paris,
3 carottes,
3 oignons,
3 tranches de pain de mie,
1 branche d'estragon,
1 bouquet de persil,
1/2 bouteille de champagne,
2 pincées de sel et de poivre noir ou gris,
10 g de farine.

Écaillez, videz, lavez, essuyez le brochet. Enlevez la croûte du pain, émiettez-le dans un saladier. Épluchez, brossez, lavez, hachez les champignons. Ajoutez le persil haché, les champignons, les œufs battus, la crème, le sel, le poivre. Remuez vigoureusement. Laissez reposer 1 h. Emplissez le brochet de cette farce. Déposez le poisson dans un plat à feu bien beurré. Ajoutez autour les carottes, les oignons en rondelles. Versez le champagne, déposez l'estragon sur le brochet. Mettez à four chaud (200 °C ou thermostat 7/8). Laissez cuire 45 mn en arrosant souvent. Dressez le brochet avec précaution sur un plat de service préchauffé. Passez la sauce, faites-la réduire dans une casserole. Ajoutez-lui le beurre manié avec 1 pincée de farine. Battez au fouet. Nappez le poisson avec cette sauce. Saupoudrez de persil. Servez.

Ce plat de haute gastronomie champenoise est originaire de la Montagne de Reims.

LAPIN FARCI À L'ARDENNAISE

PRÉPARATION : 35 MN - CUISSON : 1 H 45 - 6 PERSONNES

1 beau lapin de 4 à 6 livres très gras,
75 cl de vin blanc sec,
5 oignons,
3 carottes,
50 g de beurre,
50 g de saindoux,
1 pincée de sel et de poivre.

Farce :
600 g de chair à saucisse,
3 oignons,
200 g de jambon de Paris,
2 gousses d'ail,
1 bouquet de persil,
1 pincée de quatre-épices,
1 pincée de sel et poivre,
1 branche de thym,
1/2 feuille de laurier.

Le lapin étant dépouillé, vidé, paré, préparez la farce. Ôtez le foie du lapin et faites-le revenir, haché ainsi que le jambon, l'ail, le persil, les oignons avec un peu de beurre. Mélangez avec la chair à saucisse, le sel, le poivre, le quatre-épices, le thym émietté et le laurier. Avec cette farce, emplissez le ventre du lapin et cousez-le soigneusement. Mettez le lapin à cuire dans une cocotte avec beurre et saindoux, les oignons émincés et les carottes coupées en rondelles. Quand le lapin est doré, mouillez avec le vin, assaisonnez, couvrez. Laissez cuire à feu doux 1 h 45. Dressez le lapin sur un plat de service préchauffé. Dégraissez le jus et servez-le en saucière.

Ce grand plat peut rivaliser avec un lapin de garenne. Il semble originaire des Ardennes et a rayonné par toute la Wallonie et les Lorraines luxembourgeoise et allemande.

JAMBON EN CROÛTE

PRÉPARATION : 45 MN - CUISSON : 1 H 15 - 6 PERSONNES

1 beau jambon cuit,
1 bouteille de champagne,
3 œufs,
500 g de champignons de Paris,
125 g de beurre,
2 gousses d'ail,
3 oignons,
1 pincée de sel et poivre,
1 cuillerée à soupe de persil haché.

Pâte feuilletée :
500 g de farine,
500 g de beurre,
3 dl d'eau,
1 cuillerée à café de sel.

Faites braiser le jambon pendant 15 mn dans une cocotte avec un peu de beurre et de champagne. Étalez la pâte. Foncez un moule à tourte allongé, à la forme du jambon (à la rigueur, vous pouvez mouler avec du papier d'aluminium). Coupez en biais des tranches dans le jambon et reconstituez-le. Enveloppez-le de pâte en ménageant une cheminée centrale avec un bristol. Mettez à four chaud (200° C ou thermostat 7/8) et laissez cuire pendant 1 h. Épluchez, brossez, lavez, faites revenir les champignons au beurre dans une sauteuse. Faites réduire le jus de cuisson du jambon au champagne. Versez-en un peu sur les champignons. Ajoutez les oignons coupés en lamelles sautés au beurre et les gousses d'ail écrasées. Avant la fin de la cuisson, dorez la croûte de pâte au jaune d'œuf délayé dans un peu d'eau. Par la cheminée, versez un peu de la sauce au champagne additionnée de deux œufs battus et du persil, à l'intérieur de l'appareil. Servez très chaud, les champignons présentés à part et la sauce en saucière préchauffée.

Mon conseil : quand on use de pétillant de Champagne dans une préparation culinaire, il est souhaitable de le faire avec du "brut". Les "secs" réagissent moins bien à la chaleur et les "demi-secs" apportent trop de sucre à la sauce. Pour garder tout son bouquet au champagne, il faut le chauffer très, très lentement et ne jamais le laisser bouillir à feu vif.

SANGLIER À L'ARDENNAISE

PRÉPARATION : 50 MN + 3 J. DE MARINADE - CUISSON : 1 H 50- 6 PERSONNES

1 cuissot de sanglier,
6 tranches de poitrine de porc fumée,
2 dl de marc de Champagne,
6 morceaux de sucre,
100 g de beurre,
1 pincée de sel et de poivre,
500 g d'airelles ou de marmelade d'airelles,
30 g de farine.

Marinade :
75 cl de vin rouge,
50 cl de vinaigre de vin 7°,
3 carottes,
5 oignons,
6 clous de girofle,
2 cuillerées à soupe d'huile,
2 gousses d'ail,
1 branche de thym,
1/2 feuille de laurier,
1 pincée de sel et de poivre.

Dans une casserole, versez tous les ingrédients de la marinade et faites-les cuire 10 mn. Laissez refroidir. Immergez la viande dans cette préparation et laissez-la mariner 3 jours, couverte, dans un endroit frais. Coupez la poitrine fumée en petits dés. Faites-les revenir au beurre dans une sauteuse. Ajoutez la viande essuyée. Faites dorer de tous côtés. Flambez au marc. Avec un peu de farine et de beurre, préparez un roux à base de marinade, assaisonnez, ajoutez le sucre. Mettez à four chaud (200° C ou thermostat 7/8) et laissez cuire, couvert pendant 1 h 40. Environ 30 mn avant la fin de la cuisson, ajoutez les airelles ou la marmelade d'airelles. Servez le sanglier coupé en tranches dans un plat de service préchauffé. Présentez les airelles et la sauce à part.

Mon conseil : dans ce plat de la forêt ardennaise, d'automne et d'hiver, vous pouvez remplacer le sanglier par du marcassin en limitant la marinade à 1 journée.

SELLE DE CHEVREUIL À LA CRÈME

PRÉPARATION : 35 MN - CUISSON : 2 H - 6 PERSONNES

1 selle de chevreuil,
250 g de bardes de lard,
3 dl de crème fraîche,
250 g de gelée de groseille,
50 g de beurre,
50 g de sucre en poudre,
50 g de farine,
les parures du chevreuil.

Faites revenir les parures au beurre dans une cocotte. Ajoutez suffisamment d'eau pour les recouvrir. Laissez cuire 30 mn à petit feu. Ôtez les parures. Faites réduire le fond de gibier. Dans une casserole, avec le reste de beurre, la farine et le fond de gibier, préparez un roux ; ajoutez la crème. Laissez cuire 10 mn à frisson. Dénervez la selle, bardez-la dans la crème pour la mettre à four chaud (200 °C ou thermostat 7/8). Arrosez fréquemment la viande. Laissez cuire 1 h 30. Saupoudrez la selle de sucre. Faites caraméliser à four très chaud (250° C ou thermostat 9) pendant 15 mn. Dressez la selle, coupée en tranches inclinées, sur un plat de service préchauffé. Liez la sauce avec la gelée de groseille, passez et nappez-en la viande. Servez une partie en saucière.

La légende veut que Charlemagne qui avait sa capitale à Aix-la-Chapelle aimait, en passant par les Ardennes, chasser le "porc noir" (sanglier) et aussi déguster ce "jambon fumé à humet de si bonne saveur qu'appestit excite bellement". Ses serviteurs en emportaient toujours quelques douzaines lorsqu'il partait en campagne.

BAÏENNE

PRÉPARATION : 20 MN - CUISSON : 1 H - 8 PERSONNES

3 kg de pommes de terre rouges,
2 dl d'eau,
25 g de beurre,
3 kg d'oignons,
20 gousses d'ail,
2 pincées de sel et poivre,
1 cuillerée à soupe de persil haché,
1 cuillerée à soupe de ciboulette taillée.

N'épluchez pas les pommes de terre. Lavez, brossez et coupez-les en deux dans le sens de la longueur. Dans une cocotte, faites fondre le beurre et graissez bien le fond. Déposez un lit de pommes de terre, côté coupé sur le fond. Étalez une couche d'oignons et d'ail, puis une nouvelle couche de pommes de terre et ainsi de suite. Mouillez avec l'eau. Mettez à feu doux, couvrez et laissez cuire ainsi sans soulever le couvercle. Une petite odeur de brûlé vous préviendra que les légumes sont cuits. Retirez du feu. Assaisonnez. Servez chaud en saupoudrant avec les herbes.

D'JOUTE

PRÉPARATION : 10 MN - CUISSON : 2 H - 6 PERSONNES

1 beau chou blanc,
300 g de poitrine de porc fumée,
3 saucisses à cuire,
6 pommes de terre,
1/2 l de bouillon de bœuf,
1 pincée de noix de muscade,
1 pincée de sel.

Faites blanchir 6 mn le chou à l'eau salée bouillante. Égouttez-le, découpez-le en lanières, mettez-le dans une cocotte avec un peu de bouillon. Ajoutez la poitrine de porc coupée en petits dés et les saucisses piquées. Laissez cuire 2 h en ajoutant de temps en temps un peu de bouillon. Environ 1/2 h avant la fin de la cuisson, déposez sur le chou les pommes de terre épluchées et coupées dans le sens de la longueur. Vérifiez l'assaisonnement. Servez très chaud.

SALADE CUITE AU LARD

PRÉPARATION : 20 MN - CUISSON : 1 H 10 - 8 PERSONNES

1 kg de pissenlits,
12 pommes de terre rouges allongées,
12 tranches de poitrine de porc fumée,
12 échalotes,
3 cuillerées à soupe de vinaigre de vin 7°,
4 cuillerées à soupe d'huile,
1 pincée de sel et de poivre.

Dans une cocotte, versez l'huile, faites dorer le lard et ajoutez la salade lavée, effeuillée. Remuez, laissez cuire quelques minutes. Ajoutez alors les pommes de terre épluchées et coupées en rondelles que vous aurez fait cuire 45 mn dans leur peau à l'eau bouillante salée. Écrasez-les à demi dans la cocotte en les mélangeant à la salade. Salez, poivrez, versez les échalotes hachées et le vinaigre chaud. Mélangez bien. Servez dans des saladiers préchauffés.

Mon conseil : vous pouvez remplacer le pissenlit par de la frisée ou des verts de scarole mais le pissenlit seul est authentique pour ces recettes.

Il faut compter alors plus de salade qu'avec le pissenlit, scarole et frisée réduisant à chaud.

TANTIMOLES

PRÉPARATION : 15 MN + 3 H DE REPOS - CUISSON : 4 MN PAR TANTIMOLE

300 g de farine,
100 g de beurre,
50 g d'huile,
4 œufs,
25 cl de lait écrémé,
3 pincées de sel,
1 morceau de lard gras,
1 dl d'eau-de-vie (mirabelle, questche), ou de rhum.

Dans un saladier, versez farine, huile, œufs, sel, beurre fondu, battez vigoureusement en ajoutant lentement le lait. Quand la pâte est coulante, mais se tient bien, laissez-la reposer 3 h. Ajoutez l'eau-de-vie. Graissez fond et parois d'une poêle avec le lard. Faites chauffer, versez une petite louche de pâte, secouez, faites cuire 2 mn, d'un coup vif du poignet retournez la tantimole. Laissez cuire 2 mn l'autre face. Servez chaud en saupoudrant de sucre ou en ajoutant un « farci » de confiture, compote ou fruits au sirop avant de rouler.

TARTE AUX RAISINS DE CHAMPAGNE

PRÉPARATION : 40 MN - 2 H DE MACÉRATION - CUISSON : 40 MN - 6 PERSONNES

350 g de pâte feuilletée,
1 kg de raisins (muscats),
100 g de sucre cristallisé,
250 g de crème fraîche,
3 œufs,
150 g de sucre,
100 g d'amandes en poudre,
1 dl de marc de champagne,
75 g de farine,
30 g de beurre,
1/4 l de champagne.

Égrenez le raisin, pelez les grains délicatement. Mettez dans un saladier en saupoudrant avec le sucre en poudre. Arrosez avec le marc et la moitié du champagne. Laissez macérer 2 h. Étalez la pâte. Foncez un plateau à tarte. Piquez le fond à la fourchette. Mettez à four chaud (200° C ou thermostat 7/8). Laissez cuire 10 mn. La pâte ne doit pas colorer. Égouttez les raisins. Mettez-les dans un saladier avec les œufs, l'amande en poudre, la crème fraîche, le sucre cristallisé, le jus de macération et le reste de champagne. Battez pour obtenir une crème lisse et liquide. Garnissez de cet appareil le fond de tarte. Mettez 30 mn à four chaud. Servez tiède.

GÂTEAU DE MÉZIÈRES

PRÉPARATION : 15 MN - CUISSON : 1 H 30 - 6 PERSONNES

1,5 kg de pommes de reinette,
300 g de beurre,
8 œufs,
250 g de sucre en poudre,
1 bâton de vanille,
100 g de sucre cristallisé.

Dans une casserole, faites cuire les pommes épluchées, épépinées et coupées en morceaux. Ajoutez sucre en poudre et vanille. Pendant 45 mn de cuisson à feu doux, remuez régulièrement par intermittence. En fin de cuisson, ajoutez les œufs battus et le beurre en petits dés. Caramélisez au sucre cristallisé un moule et versez la compote. Placez au bain-marie frissonnant à four chaud (200 °C ou thermostat 7/8) et laissez cuire 45 mn. Laissez refroidir. Démoulez.

RAISINS AU CHAMPAGNE

PRÉPARATION : 20 MN + 12 H DE REPOS + 3 MOIS DE MACÉRATION

1,5 kg de beaux raisins de table blancs,
3 dl de marc de Champagne,
1 bouteille de champagne brut,
150 g de sucre en poudre.

Égrenez le raisin. Ne gardez que les grains parfaitement sains. Lavez-les, essuyez-les soigneusement. Versez-les dans un saladier avec le marc. Laissez reposer en remuant souvent pendant 12 h.

Retirez les grains et versez-les sans attendre dans un bocal pouvant être hermétiquement fermé. Saupoudrez avec le sucre et versez du champagne brut juste débouché. Les raisins doivent être entièrement recouverts.

Fermez le bocal aussitôt. Cette opération de remplissage du bocal de conditionnement doit être aussi rapide que possible afin d'enfermer un maximum de bulles de champagne.

Laissez reposer et macérer pendant 3 mois au frais, à l'ombre et au sec en retournant le bocal tous les trois jours. Après trois mois, ces raisins peuvent être consommés.

Ils sont excellents en fin de repas après le café, ou au goûter. Comptez quatre ou cinq grains par convive avec une cuillère de vin.

Le vin de Champagne résulte d'un savant mélange de 3/4 de raisins noirs de pinot meunier et d'1/4 de raisins blancs de pinot Chardonnay.

BOURGOGNE-BRESSE
YONNE
Auxerre
CÔTE-D'OR
Dijon
Yonne
NIÈVRE
Beaune
Nevers
Loire
MOUTARDE DE DIJON
Allier
SAÔNE-ET-LOIRE
Saône
Mâcon
Bourg-en-Bresse

EN BOURGOGNE-BRESSE

GÉOGRAPHIQUEMENT, comme historiquement, la Bourgogne est le véritable pivot de la France dans le contexte européen.

Deux cheminements relient en effet les Europes orientale et occidentale. L'un court au long de la plaine nordique par l'Allemagne, les Pays-Bas, la Belgique jusqu'en Artois, Picardie, Normandie et Bretagne. L'autre glisse entre Alpes et Forêt Noire, passe le "seuil de Bourgogne" au sud de l'Alsace et se divise en deux lorsqu'il bute sur le massif du Morvan. Par le nord, il rejoint le Bassin de la Loire et l'Atlantique ; par le sud, il glisse vers la Méditerranée au long des vallées de la Saône et du Rhône.

Cette position géographique vouait la Bourgogne à un rôle capital au long des siècles entre les empires et royaumes du Nord et du Sud, de l'Est et de l'Ouest, entre Vienne, Paris et Madrid, entre Amsterdam et Rome et Naples.

De là ont découlé de profonds mixages qui, paradoxalement, ont généré un type bourguignon très caractéristique, tant physiquement que moralement. Ténacité dans le travail, joie de vivre sont les qualités essentielles du Bourguignon. Et comment ne pas y voir la marque d'une abondance et d'une richesse agricoles tout à fait exceptionnelles ?

Plateaux calcaires de l'Auxerrois, du Tonnerois, de la "percée d'Ouche", de la "montagne dijonnaise", du Mâconnais, du Chalonnais se distribuent autour de la plaine d'effondrement de la Saône, se parsèment de traînées de sables granitiques, de dépôts de lœss, de filons de marnes et d'argiles. Une structure géologique tourmentée mais qui favorise une agriculture et un élevage très diversifiés.

Le climat se ressent aussi de la position charnière de la Bourgogne. Au nord, il s'imprègne des influences continentales. La bise aigre des hivers lorrains, le souffle torride des vents d'est en été, marquent le Morvan et la Côte-d'Or. L'Yonne, la Nièvre sont davantage ouvertes aux souffles d'ouest, tempérés et humides tandis que la Saône-et-Loire laisse parfois pressentir le micro-climat rhodanien.

Quand, venant de Bourgogne, on flâne par les petites routes du Morvan et du Nivernais, à travers forêt profonde, bocage, vaste plaine et région vinicole des bords de Loire, on se rend compte à quel point la région y est généreuse.

Le bois a eu une énorme importance dans la vie paysanne. Il permettait de s'abriter et de se chauffer. La forêt était un refuge inviolable en cas d'invasion. Elle fournit aujourd'hui encore faisans et sangliers en abondance. Le porc s'y nourrit de glands. Rivières et lacs sont prodigues en ablettes, goujons, carpes, brochets, truites et anguilles. Écrevisses et grenouilles abondent dans le filet d'eau des petits rus.

Le bocage et la plaine pratiquent la culture du blé, seigle, avoine et betteraves, et les bosquets qui les parsèment sont riches en noyers et noisetiers sous lesquels on cueille les morilles.

L'apiculture, fort répandue, donne un miel savoureux. Le Puisaye s'est spécialisé dans l'élevage de la volaille dont la notoriété ne doit rien à celle de la Bresse.

L'élevage des bovins a une renommée nationale et leur viande était fort appréciée à la cour des rois de France.

Si le vignoble nivernais n'a pas la réputation des vignobles bordelais et bourguignons, il fournit des vins très typés dont le plus prestigieux est le pouilly-fumé, obtenu par le pressurage de raisin sans mélange : le sauvignon, qui lui donne tout son bouquet, le terroir apportant son goût de pierre à fusil. Cela donne un vin frais, vivant, très bouqueté et très fruité et qui a sa place sur les meilleures tables.

Il ne doit pas nous faire oublier le chasselas de Pouilly et les blancs de Tannoy, ni les rouges de Cosne-sur-Loire.

A la limite de la Nièvre mais plus nivernais qu'auxerrois, nous avons pu apprécier un rouge très bouqueté de Coulanges-la-Vineuse — la bien nommée — et surtout un vin d'Irancy où la vigne pousse sous les cerisiers, ce qui lui donne un fruité très particulier. Il faudrait des pages et des pages pour parler de la pâtisserie, qui va de la tarte paysanne la plus simple à la confiserie la plus sophistiquée, et ne pas omettre les fromages que chaque petit pays de cette région confectionne à sa manière pour le plus grand plaisir des amateurs.

La Bresse est constituée par une partie de la plaine de la Saône, sur la rive gauche de cette rivière, au nord du cours du Rhône français. Elle bute sur les contreforts jurassiens. Elle couvre une partie des départements de la Saône-et-Loire et de l'Ain auquel on l'assimile le plus souvent.

On distingue les Bresse chalonnaise, bressane, louhannaise. Longtemps propriété du duché de Savoie, elle passa à la France sous Henri IV et fut ensuite rattachée au gouvernement de Bourgogne.

Protégée au nord et à l'est par les épaulements du Jura, ouverte à l'ouest et au sud aux influences océaniques et tièdes, c'est une région relativement douce, humide et tempérée. Les limons déposés dans la plaine joints à ce climat ne pouvaient que favoriser agriculture et élevage. En cela donc, la Bresse se rattache fort bien à la Bourgogne. Et il ne faut pas s'étonner si les cuisines respectives de ces provinces s'osmosent souvent, se ressemblent et se complètent.

Pourtant, historiquement, elles vécurent très différemment, la Bresse relevant jusqu'au début du XVIIe siècle du duché de Savoie et des influences italiennes alors que le duché de Bourgogne s'épanouissait au gré des orgueils et des appétits de puissance de ses ducs mais en s'imprégnant toujours de germanisme par le Saint-Empire et même, aussi curieux que cela puisse paraître aujourd'hui, d'empreintes espagnoles, prises en Flandre et aux Pays-Bas alors sous la tutelle des rois d'Espagne et où les ducs de Bourgogne avaient des prétentions.

Terres riches et fertiles ; terres généreuses qui récompensent les efforts de ceux qui les travaillent !

Tous les légumes de zones tempérées peuvent y venir et les primeurs sont nombreuses que l'on cultive autour des villes principales. Ces cultures, souvent menées selon les méthodes les plus modernes, approvisionnent non seulement les marchés locaux mais font l'objet d'"exportations", que ce soit vers Paris et sa région ou vers les autres métropoles environnantes, notamment vers Lyon et vers Saint-Étienne.

La grande culture est représentée par de vastes et moyennes exploitations de céréales mais ce sont les herbages qui dominent au service d'un imposant élevage de bovins dont certains, comme la fameuse race charolaise, sont considérés comme les meilleurs du monde pour la production de viande de boucherie.

Des ovins sont élevés dans le Nord et l'Ouest de la Bourgogne et les porcs sont partout présents dans les fermes sans toutefois atteindre la densité de porcins qui caractérise l'Alsace et la Lorraine.

Les volailles et lapins nombreux aussi ne deviennent éléments majeurs de l'élevage local qu'en Bresse, où les poulets et poules jouissent d'une flatteuse et très justifiée réputation.

Encore que les vaches à lait soient inégalement réparties, elles permettent d'obtenir une gamme très variée de fromages. Chèvres et brebis y ajoutent leur apport.

Citons : le chevreton de Mâcon, la cancoillote, le chèvre de la Montagne de Nuits et de Beaune, le cîteaux.

Les poissons, notamment brochets, sont très appréciés. La politique de prévention des pollutions menée depuis quelques lustres améliore leur répartition et leur densité dans les cours d'eau, lacs et étangs.

Le gibier est extrêmement varié et riche, en plaine, en forêt et sur les étangs des Dombes. A plume comme à poil, il a toujours été estimé et a suscité la mise au point de nombreuses recettes très savoureuses.

Enfin, pour couronner ce tableau opulent, et ce n'est que justice, il faut situer l'importance de la vigne et de nombreux vergers. Cerises surtout au Nord, framboises et cassis de la région dijonnaise, fraises de l'Ain et vignobles par toute la Bourgogne. Il en découle les célèbres liqueurs de cassis de Dijon, des eaux-de-vie de fruits de qualité et surtout, une apothéose de vins, blancs et rouges, dont les seules appellations font saliver les amateurs du monde entier. Il était normal que les cuisines locales usent de ces vins et créent, grâce à leur bouquet, des plats de très haute gastronomie.

Fortes de ces richesses, les cuisines de Bourgogne, du Nivernais et de Bresse ne pouvaient figurer, au pinacle des régions de France, qu'avec les meilleures si ce n'est au tout premier rang !

En 1600, Henry IV (1553-1610) conquiert la Bresse et l'intègre l'année suivante au royaume de France par le traité de Lyon.

C'est, dit-on, parce qu'il avait apprécié la finesse des volailles de la province qu'il prononça son fameux :

« Je voudrais que tout homme de mon peuple mît la poule au pot tous les dimanches... »

SOUPE AUX "APPÉTITS"

PRÉPARATION : 10 MN - CUISSON : 20 MN - 4 PERSONNES

1 poignée de petits oignons nouveaux,
1 l d'eau,
1 poignée de sel gros,
1 cuillerée à soupe de beurre,
2 tranches de pain de campagne.

Dans une casserole, faites bouillir l'eau salée. Nettoyez les oignons (coupez le chevelu blanc et juste le bout des tiges vertes), lavez-les, coupez-les en 2 et jetez-les dans l'eau bouillante avec le beurre. Pendant ce temps, faites griller le pain et détaillez-le en cubes. Au bout de 20 mn de cuisson à feu moyen, versez bouillon et oignons sur les croûtons dans des bols ou des soupières individuelles en grès, à oreillettes. Dégustez aussitôt cette soupe fraîche et parfumée.

Mon conseil : une bonne façon de "balayer" les toxines de l'organisme. Ses vertus dépurative, vermifuge et diurétique vous obligeront à prendre quelques précautions !...

ŒUFS COCOTTE AU VIN

PRÉPARATION : 10 MN - CUISSON : 40 MN - 6 PERSONNES

6 œufs,
3 dl de bon vin rouge,
1 branche de thym,
1/2 feuille de laurier,
2 gousses d'ail,
50 g de beurre,
50 g de farine,
1 pincée de sel et de poivre,
6 tranches de pain dorées au beurre,
100 g de crème fraîche,
1 cuillerée à soupe de ciboulette taillée.

Dans une casserole, faites réduire à feu vif le vin assaisonné avec sel, poivre, thym, laurier et l'ail écrasé. Retirez du feu, saupoudrez de farine maniée avec le beurre et remuez bien.

Prenez un ramequin par convive, posez dans le fond de chacun une tranche de pain dorée au beurre ; cassez dessus un œuf et nappez de la sauce réduite, passée au tamis. Ajoutez pour finir un peu de crème fraîche et mettez à cuire au bain-marie, à four chaud 200° C ou thermostat 7/8. Servez tel, saupoudré de ciboulette taillée.

La Bourgogne et la Bresse sont riches d'une cinquantaine de recettes aux œufs très spécifiques de la région. Au XIXe siècle, il était fréquent qu'au moins un des repas quotidiens en pays rural comporte un plat principal d'œufs, sous une forme ou une autre. L'omelette aux herbes, aux champignons, à la moutarde était par exemple un plat du soir que l'on finissait froid au matin, au lever du jour, avant de partir aux champs.

Aux fines herbes, aux croûtons de pain grillé, aux restes de viandes ou aux rognons, aux foies de volaille ou de veau, aux morilles, comme aux asperges et même au sang de poule ou de canard, les omelettes de Bourgogne et de Bresse sont toutes des plats raffinés et dignes d'intérêt.

CRÂPIAU DU MORVAN

PRÉPARATION : 10 MN - CUISSON : 2 MN PAR CRÂPIAU - 8 CRÂPIAUX

250 g de farine de froment,
3 œufs,
1/2 cuillerée à café de sel,
50 cl de lait
(ou moitié eau - moitié lait),
16 tranches minces de poitrine de porc fraîche
(de 10 cm de long),
matière grasse (saindoux, huile, margarine végétale).

Plat spécifique du Morvan, qui tenait une grande place dans l'alimentation populaire : c'est une crêpe salée au lard.

Dans une terrine, versez la farine en fontaine et mettez au centre le sel et les œufs battus en omelette. Ajoutez peu à peu le lait et battez au fouet pour obtenir une pâte fluide mais pas liquide. Dans une poêle bien graissée et à feu vif, faites griller 2 tranches de lard, versez dessus une bonne louche de pâte et faites cuire comme une crêpe que vous retournerez pour faire dorer l'autre côté. Servez très chaud.

Mon conseil : vous pouvez, comme nos aïeules morvandelles, utiliser de la farine de blé noir ou de sarrasin, ou mélanger froment et sarrasin.

GOLOTES DE LA MI-CARÊME

PRÉPARATION : 2 MN - CUISSON : 10 MN - 6 PERSONNES

250 g de pâte à pain,
2 l de lait,
500 g de fromage blanc.

Modelez de petites galettes plates de pâte à pain. Dans une grande casserole, mettez à chauffer le lait et jetez dedans les golotes. Lorsqu'elles remontent, récupérez-les avec une passoire, déposez-les dans un plat de service préchauffé et servez recouvert de fromage blanc.

Cette entrée était auparavant servie en Bourgogne autour de la mi-carême. On la saupoudrait parfois de ciboulette taillée ou de cerfeuil haché.

Ce plat est du sud du Morvan. Parfois, on appelle « brandons » les golotes parce que le lait était souvent chauffé sur des feux de braises.

GALETTES DE MÂCON

PRÉPARATION : 10 MN - CUISSON : 4 MN PAR GALETTE

500 g de farine,
300 g de sucre en poudre,
6 œufs,
3 dl de lait,
1 dl d'huile de noix,
2 cuillerée à soupe de cerfeuil haché et de ciboulette taillée.

Dans un récipient, mélangez ensemble farine et sucre. Ajoutez les œufs puis le lait pour obtenir une pâte bien lisse, juste liquide ou coulante. Dans une poêle avec un peu d'huile de noix, à feu vif, faites dorer successivement une demi-louche de cette pâte, de chaque côté. Saupoudrez d'herbes. Servez très chaud.

CARPE FARCIE

PRÉPARATION : 20 MN - CUISSON : 1 H - 6 PERSONNES

1 carpe de 1,5 kg,
1 oignon,
1 carotte,
25 cl de chasselas de Pouilly-sur-Loire,
1 grosse noix de beurre frais,
3 pincées de sel,
5 tours de moulin à poivre.

Farce :
30 g de mie de pain trempée dans du lait et essorée,
80 g de poitrine fraîche hachée,
laitance du poisson,
3 cuillerées à soupe de persil haché,
1 œuf,
1 échalote et 1 gousse d'ail hachées fin,
5 tours de moulin à poivre,
1/3 de cuillerée à café de sel.

Écaillez, videz, lavez la carpe et essuyez-la (réservez la laitance). Préparez la farce dans une jatte en mélangeant tous les éléments à la fourchette pour la rendre homogène. Remplissez-en le poisson et cousez l'ouverture. Déposez la carpe farcie dans un plat à gratin graissé (beurre ou margarine végétale), entourez-la de l'oignon et de la carotte pelés et coupés en dés, salez et poivrez. Mouillez du vin blanc et enfournez à four préchauffé thermostat 8 pendant 1 h. Arrosez souvent en cours de cuisson. Pour servir, débarrassez la carpe dans un plat annexe tenu au chaud, et incorporez à la sauce, au fouet, 1 grosse noix de beurre frais. Remettez le poisson dans le plat de cuisson et servez aussitôt. Accompagnez de pommes de terre coupées en tranches, bien assaisonnées et cuites à couvert dans 2 verres de court-bouillon, ou de pommes de terre vapeur.

Mon conseil : j'ajoute à la farce quelques feuilles de céleri finement hachées et une pincée de noix muscade.

TRUITES EN GELÉE AU VIN DE CHAMBERTIN

PRÉPARATION : 10 MN - CUISSON : 50 MN - 6 PERSONNES

500 g de têtes et arêtes de poissons,
50 g de beurre,
3 oignons,
1 forte pincée de sel et de poivre,
1/2 l d'eau,
1/2 l de vin de Chambertin,
6 truites de 200 g,
6 plaquettes de gelée alimentaire,
6 branches d'estragon,
6 branches de cerfeuil.

Mettez l'eau, les têtes et arêtes de poisson, les oignons hachés, le sel, le poivre, le beurre à bouillir 40 mn dans une casserole. Ajoutez alors le vin, réduisez un peu et passez au chinois. Dans ce fumet de poisson, mettez à pocher pendant 10 mn les truites. Égouttez-les. Rangez-les dans des plats longs ou dans un plat de service à haut rebord. Faites fondre la gélatine alimentaire et versez-la sur les poissons décorés chacun d'une branche de cerfeuil et d'une branche d'estragon. Laissez refroidir. Servez frais. Se conserve 2 jours au réfrigérateur.

Cette recette du Morvan et du pays de Beaune remonte au XVIIe siècle.

Le poisson a toujours joué un rôle important dans les cuisines bourguignonne et bressane. Pains de brochet, truites aux herbes, brochet au vin rouge ou rôti, carpes farcies ou en croûte, petite friture au vin, sont autant d'autres recettes délectables. Hélas aujourd'hui, la raréfaction du poisson de nos cours d'eau et la détérioration de leur qualité, à la suite des pollutions diverses, fait que ces recettes sont moins courantes et certaines presque oubliées.

CANARD À LA DIJONNAISE

PRÉPARATION : 25 MN - CUISSON : 1 H 30 - 6 PERSONNES

1 beau canard nantais ou de Barbarie,
100 g de poitrine de porc salée ou fraîche,
3 carottes,
3 oignons,
2 dl de vin de Chablis,
1 forte pincée de sel et de poivre,
2 dl de fond blanc de volaille,
1 dl de liqueur de cassis,
200 g de baies de cassis,
1 dl de vinaigre de cassis,
1 pincée de poivre de Cayenne,
100 g de beurre,
1 branche de thym,
1/2 feuille de laurier.

Dans une cocotte, faites revenir avec 50 g de beurre la poitrine de porc coupée en dés et les oignons émincés. Ajoutez thym, laurier, couvrez pendant 10 mn. Retirez les dés de poitrine et les légumes, mettez le canard bridé à dorer à feu vif. Ajoutez-lui alors dés de poitrine, oignons, carottes en rondelles. Laissez colorer quelques minutes encore puis mouillez avec le vin, couvrez, laissez cuire à petits bouillons pendant 45 mn. Retirez le canard et gardez-le au chaud. Versez dans la cocotte la liqueur de cassis, le fond de volaille (ou le bouillon) et le vinaigre de cassis. A feu vif, laissez réduire. Passez cette sauce au chinois ; faites-la à nouveau chauffer et pochez-y pendant 5 mn les grains de cassis. Déposez le canard sur un plat de service préchauffé, répandez autour les grains de cassis, nappez d'un peu de la sauce assaisonnée et servez le reste en saucière.

COQ AU VIN

PRÉPARATION : 30 MN - CUISSON : 2 H - 6 PERSONNES

1 beau coq dans les 2 kg,
5 cl d'huile,
50 g d'oignons,
50 g de farine,
50 g de concentré de tomate,
1 dl de marc de Bourgogne,
7 dl de bon vin de Bourgogne,
250 g de poitrine de porc fumée,
250 g de champignons de Paris,
150 g de petits oignons ronds,
1 branche de thym,
1/2 feuille de laurier,
1 forte pincée de sel et de poivre,
3 gousses d'ail écrasées.

Plumez, videz, flambez, découpez un beau coq bien en chair. Dans une cocotte, faites revenir les morceaux à l'huile. Saupoudrez avec la farine en remuant. Ajoutez le concentré de tomate, l'ail, le thym, le laurier, les gros oignons émincés, les petits oignons ronds, la poitrine de porc coupée en dés. Versez le marc de Bourgogne et flambez puis ajoutez le vin rouge. Assaisonnez, couvrez et laissez mijoter à petit feu pendant 2 h. Servez très chaud mais, de préférence, laissez refroidir et réchauffez le lendemain. Le coq au vin n'en sera que meilleur. Vous pouvez ajouter les champignons après 1 h 30 de cuisson ou les cuire à part et les ajouter à la sauce au moment de servir.

Mon conseil : ce grand plat gastronomique de Bourgogne, véritable régal ! vaut qu'on le prépare avec un grand vin : chambertin par exemple et non un « passetoutgrain » de plus petite venue. Il se bonifie à être réchauffé et sa sauce gagne à être réduite. Plusieurs régions de Bourgogne se disputent sa paternité mais il semble originaire des environs de Mâcon et remonter au XVIIIe siècle.

BŒUF À LA NIVERNAISE

PRÉPARATION : 30 MN - CUISSON : 3 H - 6 PERSONNES

1,2 kg de bœuf pris dans culotte (assez sec), macreuse ou paleron (plus moelleux) ou l'aiguillette,
2 cuillerées à soupe de margarine végétale,
2 cuillerées à soupe d'huile de pépins de raisins,
1 pied de veau,
2 oignons,
2 carottes,
1 bouquet garni,
2 gousses d'ail écrasées,
50 cl de vin chasselas de Pouilly-sur-Loire,
75 cl d'eau ou de bouillon,
1/2 cuillerée à café de sel fin,
5 tours de moulin à poivre,
30 g de beurre,
1 cuillerée à soupe de farine.

Dans une cocotte en fonte, faites chauffer la matière grasse et mettez-y à revenir la viande sur toutes ses faces (afin que les sucs ne s'en échappent pas à la cuisson). Pendant ce temps, faites blanchir le pied de veau, pelez carottes et oignons et coupez-les en fines rondelles. Mettez-les autour de la viande et faites-les dorer. Ajoutez le pied de veau, le bouquet garni, l'ail, salez et poivrez et mouillez du vin. Portez à ébullition et ajoutez le bouillon ou l'eau. Quand l'ébullition reprend, couvrez et enfournez à four préchauffé thermostat 6/7 pendant 2 h 30 à 3 h. Après 2 h, abaissez la température au thermostat 5. Quand la cuisson est terminée, débarrassez la viande dans un plat tenu au chaud. Passez la sauce au chinois et liez-la avec le beurre manié et la farine. Rectifiez l'assaisonnement au besoin et versez en saucière chaude. Présentez la viande coupée en tranches et entourée d'une garniture de légumes glacés : carottes, navets, pommes de terre.

Mon conseil : vous pouvez désosser le pied de veau et le détailler en dés que vous présenterez avec le bœuf.

FERCHUSE (ou Fressure)

PRÉPARATION : 20 MN - CUISSON : 2 H - 6 PERSONNES

1,5 kg d'abats de porc (foie, cœur, rate, poumons),
400 g de poitrine de porc frais,
100 g de saindoux,
1 bouteille de vin rouge de Bourgogne,
6 échalotes,
6 gousses d'ail,
1 forte pincée de sel et de poivre,
1 branche de thym,
1/2 feuille de laurier,
6 pommes de terre,
6 oignons,
2 cuillerées à soupe de farine.

Coupez les abats. Faites-les dorer au saindoux dans une cocotte. Ajoutez la poitrine de porc coupée en dés. Saupoudrez de farine, laissez brunir légèrement et arrosez avec le vin en remuant. Les abats doivent être bien recouverts. Ajoutez thym, laurier, échalotes et ail hachés ; assaisonnez. Laissez mitonner à couvert et à petit feu pendant 1 h 30. Dans une poêle, faites dorer avec une noix de saindoux les oignons et les pommes de terre coupés en rondelles. Quand ils ont belle couleur, ajoutez le tout à la préparation des abats, couvrez et laissez encore cuire pendant 30 mn à feu doux. Servez très chaud dans une soupière préchauffée.

CÔTES DE PORC AU CHABLIS

PRÉPARATION : 15 MN - CUISSON : 35 MN - 6 PERSONNES

6 côtes de porc,
50 g de saindoux,
3 dl de vin de Chablis,
50 g de purée de tomates,
2 cuillerées à soupe de moutarde forte,
2 dl d'eau,
1 forte pincée de sel et de poivre,
1 bouquet de ciboulette taillée.

Dans une poêle, faites dorer au saindoux chaud les côtelettes puis ajoutez l'eau, assaisonnez et couvrez. Laissez cuire 15 mn à petit feu. Réservez les côtes sur un plat de service, au chaud. Déglacez le jus de cuisson avec le vin puis ajoutez la purée de tomates, la moutarde et la ciboulette. Faites réduire 20 mn à feu vif. Nappez les côtes avec cette sauce et servez chaud.

SAUPIQUET DES AMOGNES

PRÉPARATION : 10 MN - CUISSON : 40 MN - 4 PERSONNES

4 tranches épaisses de jambon cru (que vous aurez fait dessaler au besoin),
1 cuillerée à soupe de margarine végétale.

Sauce espagnole :
40 g de farine,
40 g de margarine végétale,
50 cl de jus de viande (ou de bouillon préparé à partir de tablettes),
1 cuillerée à soupe bombée de purée de tomates.

Réduction :
1 verre de vinaigre de cidre ou de vin,
3 échalotes hachées,
5 baies de genièvre,
1 branche d'estragon.

Liaison :
40 g de beurre,
10 cl de crème fraîche.

Préparez la sauce espagnole : faites un roux brun avec la matière grasse et la farine et mouillez-le du bouillon. Mélangez au fouet quelques minutes, jusqu'à épaississement et ajoutez la purée de tomates. Dans un autre récipient, mettez le vinaigre, les échalotes, les baies de genièvre et les feuilles d'estragon, et faites réduire à sec. Ajoutez la sauce à la réduction, mélangez, laissez mijoter 30 mn, passez au chinois et liez avec le beurre et la crème. Faites chauffer dans une poêle la matière grasse et mettez-y à dorer les tranches de jambon. Dressez-les aussitôt dans un plat de service chaud et nappez-les de la sauce. Saupoudrez de persil et d'estragon haché. Servez très chaud.

Mon conseil : vous pouvez préparer la sauce à l'avance et la garder ou la faire réchauffer au bain-marie.

Parmi les autres grandes recettes de viande originaires de Bourgogne et de Bresse, citons : le jambon braisé au vin, le rôti de veau à la moutarde, le rigodon au jambon, le chaiveusri ou lard en papier sous la cendre, les andouillettes à la dijonnaise, le jambon à la lie, la queue de bœuf au vin, les cervelles de veau à la bourguignonne, le ris de veau au chablis.

RÂBLE DE LIÈVRE À LA MODE DE DIJON

PRÉPARATION : 20 MN + 12 H DE MARINADE - CUISSON : 40 MN - 6 PERSONNES

1 râble de lièvre,
8 gousses d'ail,
1 bouteille de vin de Bourgogne rouge,
2 oignons,
2 carottes,
2 branches d'estragon,
1 branche de thym,
1/2 feuille de laurier,
1 bouquet de persil,
1 cuillerée à soupe de vinaigre de vin 7°,
1 cuillerée à soupe d'huile (arachide ou noix),
100 g de moutarde forte,
1 toilette de porc,
50 g de beurre,
5 dl de crème fraîche,
1 forte pincée de sel et de poivre.

Préparez la marinade dans un faitout : mettez le vin, l'huile, le vinaigre, le thym, le laurier, le persil, le sel et le poivre, l'estragon, les carottes et oignons coupés en morceaux et plongez-y le râble que vous aurez piqué d'ail. Laissez reposer pendant 12 h. Essuyez alors le râble, tartinez-le de moutarde, enveloppez-le dans la toilette de porc trempée dans de l'eau tiède et placez-le dans un plat avec le beurre. Mettez à four chaud (200° C ou thermostat 7/8) pendant 35 mn en arrosant de temps en temps avec la marinade réduite à feu vif. En fin de cuisson, ajoutez la crème en remuant, vivement. Servez chaud.

Ce plat succulent qui date du XIXe siècle convient aux repas de fêtes.

GÂTEAU DE POMMES DE TERRE

PRÉPARATION : 20 MN - CUISSON : 2 H 30 - 6 PERSONNES

2 kg de pommes de terre,
75 g de saindoux,
200 g de poitrine de porc fraîche ou fumée,
6 oignons,
2 dl de crème fraîche,
250 g de fromage râpé (gruyère ou comté),
1 cuillère à soupe d'huile (arachide ou tournesol),
2 saucissons à cuire.

Dans une cocotte, sur le saindoux fondu, superposez des couches de pommes de terre en rondelles, de poitrine de porc en dés, de crème, de fromage râpé et d'oignons hachés. Arrosez d'huile et ajoutez les saucissons. Couvrez et laissez cuire 2 h 30 à feu très doux. Sur un plat, retournez cet empilement en le couronnant des saucissons coupés chacun en trois. Servez très chaud.

Spectaculaire et délicieux, ce plat est originaire du Sud du Morvan. Il remonte au XVIe siècle et semble avoir été mis au point dans les nombreux monastères de Bourgogne.

Les « racines » et légumes de toutes sortes ont souvent sauvé le Bourguignon de la famine. Légumes verts, secs et pommes de terre conservent toujours une place importante en cuisine.

SALADE DU VIGNERON

PRÉPARATION : 10 MN - CUISSON : 10 MN - 6 PERSONNES

Plusieurs salades croquantes : scaroles, frisées, etc., 1 cuillerée à soupe de moutarde, 2 cuillerée à soupe de vinaigre de vin 7°, 150 g de poitrine de porc fumée ou fraîche, 2 gousses d'ail, 50 g de beurre, 2 cuillerées à soupe de vin rouge de Bourgogne, 1 cuillerée à soupe de persil et cerfeuil hachés.

Épluchez, lavez, essuyez scaroles, frisées, etc. et disposez-les dans un saladier avec moutarde, vinaigre, herbes hachées. Dans une poêle, faites dorer au beurre la poitrine de porc coupée en dés, les gousses d'ail hachées et versez le tout sur la salade avec le vin. Remuez bien et servez tiède.

Cette salade du pays viticole, de Dijon à Tournus, était de tradition au XIXe siècle et au début du XXe lors des repas de vendanges, « à la vigne ».

BUGNES

PRÉPARATION : 30 MN + 2 H DE REPOS - CUISSON : 5 MN PAR BUGNE

500 g de farine, 4 œufs, 150 g de beurre, 25 g de sucre, 1 pincée de sel, 1 cuillerée à soupe d'eau de fleur d'oranger, 15 g de levure de boulanger, sucre en poudre, huile de friture.

Dans un saladier, mélangez la farine, les œufs, la levure délayée dans un peu d'eau tiède, le beurre fondu, le sel, le sucre et l'eau de fleur d'oranger. Malaxez bien et laissez reposer 2 h au tiède et couvert d'un linge.

Abaissez la pâte et découpez-la en figurines ou en dessins géométriques. Par deux ou trois, mettez ces morceaux dans une friture bien chaude. Retirez-les avec une écumoire quand ils sont bien dorés. Saupoudrez de sucre.

CHORLATTE

PRÉPARATION : 15 MN - CUISSON : 30 MN - 6 PERSONNES

300 g de farine, 4 œufs, 4 dl de crème fraîche, 500 g de citrouille, 8 feuilles de chou vert.

Dans un saladier, mélangez farine, œufs et crème jusqu'à obtenir une pâte mi-liquide. Jetez-y des dés de chair de citrouille. Posez de petites louches de cette pâte sur des feuilles de choux et mettez pour 30 mn à four chaud (200° C ou thermostat 7/8). Servez ainsi.

C'est une spécialité de la Côte d'Or. Dans le Mâconnais, la même friandise se cuit sur des feuilles de maïs.

TARTE À LA S'MOUILLE

PRÉPARATION : 25 MN - CUISSON : 40 MN - 6 PERSONNES

Pâte :
200 g de farine,
100 g de margarine végétale,
1 pincée de sel,
5 cl d'eau.

Appareil :
50 cl de lait,
75 g de sucre,
75 g de semoule,
3 œufs,
50 g de raisins de Corinthe,
3 cuillerées à soupe de kirsch.

La s'mouille ou semouille, c'est de la semoule fine.

Faites bouillir le lait sucré ; dès l'ébullition, jetez-y en pluie la semoule et laissez-la cuire à petit feu et en tournant à la cuillère en bois, 10 mn environ. Hors du feu, ajoutez les 3 œufs battus et les raisins préalablement macérés dans le kirsch. Mélangez bien le tout et laissez tiédir. Pendant ce temps, préparez la pâte. Malaxez la farine et la margarine coupée en dés pour obtenir une sorte de grosse semoule. Incorporez alors l'eau et faites une boule. Laissez-la reposer 10 mn, étalez-la au rouleau sur une surface farinée et foncez-en une tourtière. Garnissez de la semoule tiède et enfournez à four préchauffé thermostat 5/6 pendant 30 mn. Servez tiède ou froid.

Mon conseil : dans la recette initiale, on utilisait de la pâte feuilletée, mais sa préparation est assez longue, et à mon avis, on peut, sans dommage, lui substituer cette pâte brisée.

CORNIOTTES

PRÉPARATION : 20 MN - CUISSON : 35 MN - 6 PERSONNES

Pâte brisée :
300 g de farine,
150 g de beurre,
10 dl d'eau,
2 jaunes d'œufs.

Garniture :
500 g de fromage blanc,
4 œufs,
1 dl de crème fraîche,
1 pincée de sel et de poivre.
1 cuillerée à café de marc de Bourgogne,
1 jaune d'œuf.

Abaissez la pâte en cercle. Déposez au centre le mélange formé avec le fromage blanc, les œufs, le marc, la crème, le sel et le poivre, le tout bien battu. Remontez en crêtes les bords de la pâte et soudez-les à l'eau tiède. Dorez-les au jaune d'œuf. Mettez à four chaud (200° C ou thermostat 7/8) pendant 35 mn.

Mon conseil : c'est un dessert traditionnel des fêtes de l'Ascension en Bresse. En Côte-d'Or, on remplace la crème au fromage blanc par un mélange de fruits de saison sucrés.

Amateurs de « grande bouffe », les Bourguignons sont souvent appelés pour cette raison les « gueulards », mais ce terme désigne les « fins gourmets » en Bourgogne et n'a aucune signification péjorative.

MASSEPAINS

PRÉPARATION : 20 MN - CUISSON : 30 MN

200 g de sucre semoule,
125 g d'amandes décortiquées,
15 g de farine,
2 œufs,
1 zeste de citron.

Coupez les amandes en lamelles, pilez-les avec le sucre et les blancs d'œufs pour obtenir une pâte coulante. Ajoutez farine et zeste de citron. Farinez légèrement la plaque du four et déposez de petits tas de cet appareil sur ce support. Mettez à four chaud (200° C ou thermostat 7/8) pendant 30 mn.

Cette friandise de Chandeleur, Mardi gras, fêtes de mariages et baptêmes est originaire d'Arnay-le-Duc et remonte au XVIIIe siècle.

GÂTEAU DE POIRES

PRÉPARATION : 15 MN + 12 H DE MACÉRATION - CUISSON : 1 H - 8 PERSONNES

2 kg de poires,
150 g de sucre en poudre,
1 dl d'eau-de-vie de poire,
1 pincée de sel et de poivre,
1 pointe de cannelle,
500 g de pâte brisée,
1 œuf,
2 dl de crème fraîche.

Épluchez les poires, coupez-les en deux, mettez-les à macérer pendant 1 nuit au frais avec le sucre en poudre, l'eau-de-vie, le sel, le poivre. Abaissez la pâte en deux ronds. Avec l'un, foncez un plat à tarte. Prévoyez de hauts rebords. Disposez les poires et le jus sur ce fond. Saupoudrez de cannelle. Recouvrez avec l'autre rond de pâte et soudez les bords à l'eau tiède. Avec le jaune de l'œuf délayé d'un peu d'eau tiède, dorez le dessus du gâteau. Prévoyez au centre un trou et disposez un bristol pour former une cheminée. Mettez à four chaud (200° C ou thermostat 7/8) pendant 1 h. Ôtez le bristol. Versez par la cheminée la crème battue sur le gâteau. Servez tiède ou froid.

Mon conseil : ce dessert traditionnel du Nivernais remonte au XVIIIe siècle, et on l'appelle souvent « fricandelle de poires » en milieu rural. Vous pouvez aussi le faire aux abricots ou aux pêches mais ces fruits se maintiennent moins bien que les poires et s'écrasent plus facilement à macération et cuisson ; dans ces deux cas, usez d'eau-de-vie de prune ou, mieux, de marc de Bourgogne.

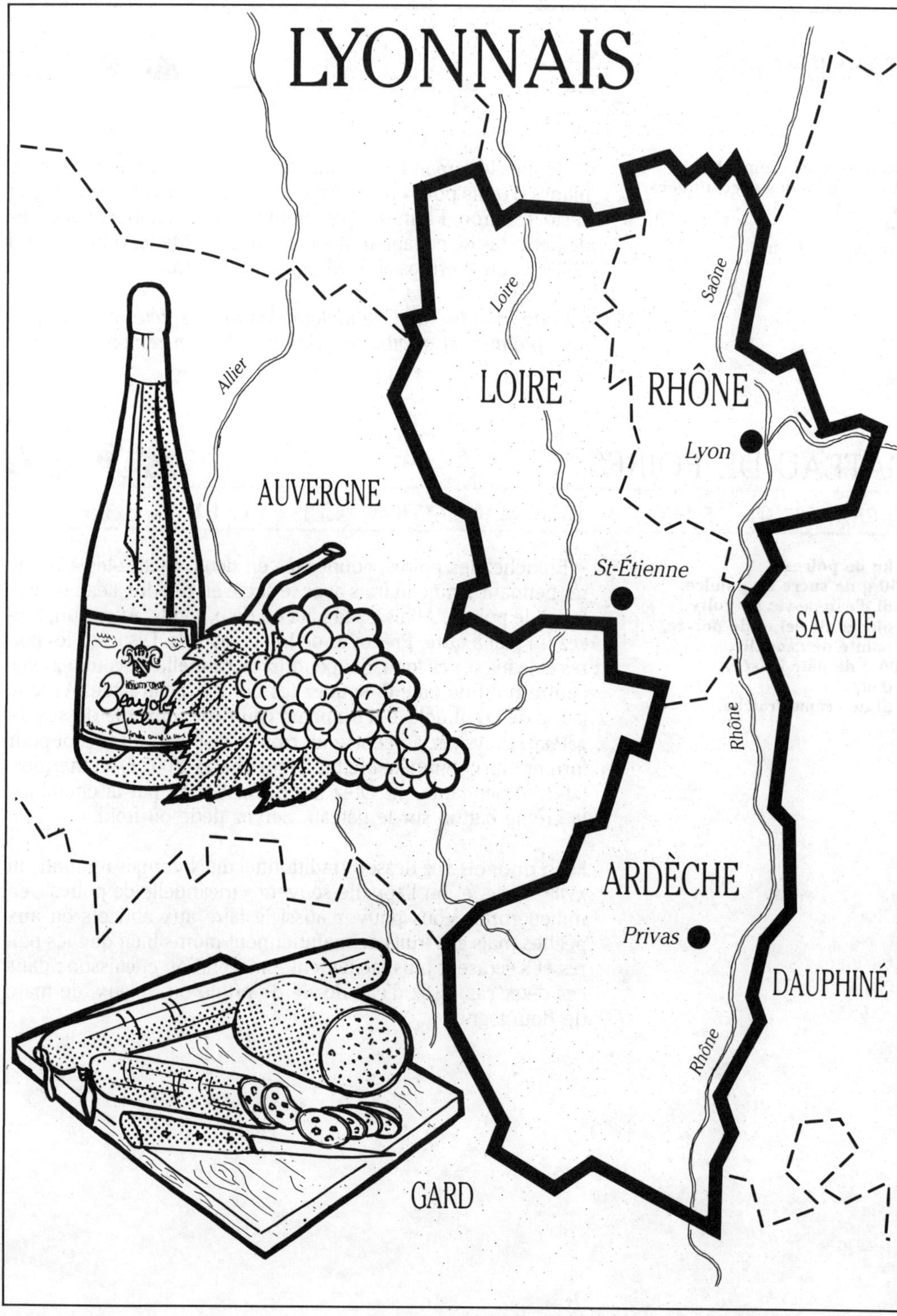
LYONNAIS
LOIRE
RHÔNE
AUVERGNE
SAVOIE
ARDÈCHE
DAUPHINÉ
GARD
Lyon
St-Étienne
Privas
Loire
Saône
Allier
Rhône

EN LYONNAIS

VILLE attractive et travailleuse, Lyon a su surtout drainer vers elle toutes les richesses qui l'entourent. La Bresse, les Dombes, le haut Vivarais, le Bugey, le Beaujolais et le Mâconnais en y apportant leurs produits ont fait de Lyon la capitale de la gourmandise. Capitale secrète et pudique, repliée dans un certain conformisme bourgeois à l'image de ses habitants fort sérieux, ouvrant difficilement leur cœur et leur porte mais qui vont rire aux facéties de Guignol et de Gnafron. A Lyon, Rabelais a écrit Pantagruel et Gargantua et à quelques pas de là, Gabriel Chevallier a situé le village de Clochemerle. Ville pleine de contrastes donc où lever le coude n'est pas un péché et où la gourmandise est devenue un art aux mains de femmes, ces fameuses "mères" qui ont fait de la cuisine locale un compromis très réussi entre la grande cuisine et la cuisine familiale. Contraste encore entre l'archétype du Lyonnais sévère et froid et le personnage rabelaisien qui se retrouve entre amis à 10 heures le matin, autour de la table d'un bouchon pour y déguster le fameux mâchon fait de cervelas, de rosette et de jésus arrosé de quelques pots de beaujolais. L'anecdote bien connue montre Édouard Herriot avalant d'incroyables fourchetées de mets bien gras et demandant au serveur de supprimer la salade parce qu'un de ses amis lui rappelait les prescriptions de son médecin.

Ville de passage et centre d'une mosaïque de régions agricoles aux richesses fort diverses, située à la croisée de voies fluviales importantes, Lyon a su tirer parti de ces différents éléments géographiques ou historiques.

Les Celtes élevaient d'excellents cochons ; il fallait trouver le moyen de conserver cette viande et de la faire circuler grâce aux possibilités offertes par le réseau des voies romaines. La transformation du porc en saucisson a fourni ce moyen. Le sérieux lyonnais et l'imagination ont fait le reste.

Peu à peu sont apparus, après le saucisson de Lyon, aujourd'hui un peu méprisé, la rosette, le jésus, le saucisson à cuire, la tête roulée, le cervelas, le gras-double et le tablier de sapeur qui ont fait la réputation de la ville et l'ont transformée en capitale française de la charcuterie. Depuis, à Lyon, on ne lésine ni sur le gras, ni sur le vin et l'on a le culte des ripailles et de la table. Si pour rappeler le mot de Daudet, le beaujolais est le troisième fleuve qui arrose la ville, il ne faut pas oublier les côtes-du-rhône et ne pas mépriser les hermitages saint-joseph, condrieu et côte-rôtie. Le Rhône et la Saône apportent les poissons d'eau douce qui tiennent une place honorable dans les habitudes culinaires lyonnaises. Si l'on mange gras quand il s'agit de charcuterie, le Lyonnais n'aime pas la viande de bœuf persillée. Un contraste encore, un de plus.

C'est le saint-marcellin et le chèvre venu de la vallée du Rhône qui sont les fromages typiques. Quant à la pâtisserie, elle perd sa singularité en voyant la disparition du mâtefaim, le bien nommé, et d'un beignet appelé buge, gâteaux pour gens affamés qui ne trouvent plus place dans la diététique actuelle.

Cette grande cité, qui n'est pas la capitale d'une région bien définie, est devenue, en puisant dans les richesses des régions voisines, la capitale de la cuisine du terroir et de la joie de vivre à table. Le Limousin et le Charolais lui expédient les viandes rouges, la Bresse, les volailles, le bas Dauphiné, les dindons de Crémieu, le fromage de Saint-Marcellin et les vins de l'Hermitage, le haut Vivarais, ses fruits secs et ses châtaignes tandis que le Forez constitue la terre d'élevage du porc.

Tripoux (Auvergne p. 254)

Picaucel (Auvergne p. 255)

Tête de veau à l'huile de noix de Gannat (Bourbonnais p. 264)

Carottes Vichy (Bourbonnais p. 265)

MITONNÉE LYONNAISE

PRÉPARATION : 15 MN - CUISSON : 25 MN - 6 PERSONNES

400 g d'oignons,
1,5 l de bouillon ou d'eau,
100 g de beurre ou de matière grasse végétale,
1 cuillerée à café de sel,
4 tours de moulin à poivre,
150 g de gruyère râpé,
20 cl de crème fraîche,
6 tranches minces de pain rassis.

Placez une casserole sur feu vif, mettez-y la matière grasse à chauffer et, dans celle-ci, coupez en tranches très minces des oignons pelés. Faites-les dorer en tournant avec une cuillère en bois, puis arrosez-les peu à peu de bouillon très chaud. Salez (légèrement) si vous utilisez du bouillon et laissez bouillir 15 mn en surveillant la cuisson à découvert. Pour tremper la soupe, disposez dans une soupière une couche de tranches minces de pain rassis, puis une couche de gruyère râpé. Recouvrez d'une seconde couche de tranches de pain et de gruyère. Saupoudrez du poivre, puis versez la soupe bouillante. Mettez alors la soupière au four et laissez gratiner environ 10 à 15 mn. Servez après avoir ajouté la crème à la préparation.

CERVELLE DE CANUT

PRÉPARATION : 20 MN - 6 PERSONNES

250 g de fromage blanc épais,
sel, poivre,
1 bouquet de ciboulette,
1 gousse d'ail,
1 échalote,
3 cuillerées à soupe de crème fraîche,
1/2 cuillerée à soupe de vinaigre,
1 cuillerée à soupe de vin blanc,
1 cuillerée à soupe d'huile.

Choisissez un fromage blanc bien égoutté ; battez-le soigneusement et vigoureusement à la spatule en bois. Quand il est bien mousseux, ajoutez le sel, le poivre, les fines herbes hachées, l'ail et l'échalote pelés et également hachés menu au couteau. Incorporez alors la crème, le vinaigre, le vin blanc et l'huile. Servez frais avec du bon pain de campagne.

Mon conseil : persil, cerfeuil, estragon hachés peuvent être ajoutés à la préparation.

SAUCISSON EN BRIOCHE

PRÉPARATION : 20 MN + 2 H DE REPOS - CUISSON : 1 H - 6 PERSONNES

1 saucisson à cuire de 600 g environ truffé ou aux pistaches.

Pâte :
250 g de farine,
2 cuillerées à soupe de sel,
1 cuillerée à café de sucre,
3 œufs,
100 g de beurre,
1 cuillerée à soupe de lait,
10 g de levure fraîche de boulanger,
1 œuf.

Versez la farine en fontaine dans une terrine, cassez les œufs au milieu, ajoutez le sel et le sucre, mélangez le tout. Joignez le beurre ramolli mais non fondu et incorporez-le complètement. Ajoutez la levure que vous aurez délayée dans une cuillerée à soupe de lait tiède. Pétrissez bien la pâte jusqu'à ce qu'elle se détache des doigts ; elle doit être souple et élastique. Couvrez-la d'un linge et laissez-la lever dans un endroit tiède jusqu'à ce qu'elle ait doublé de volume (2 h environ). D'autre part, plongez le saucisson dans de l'eau bouillante et laissez-le cuire pendant 30 mn à petits bouillons. Égouttez-le et retirez la peau pendant qu'il est encore tiède, puis laissez-le refroidir. Quand la pâte est bien levée, étalez-la au rouleau sur une planche farinée et enveloppez-en complètement le saucisson. Dans les chutes de pâte, découpez des feuilles que vous collerez au blanc d'œuf. Dorez le tout au jaune d'œuf pour décorer et faites cuire à four moyen (180° C ou thermostat 7/8) pendant 30 mn. Servez tiède avec quelques feuilles de salade verte.

Mon conseil : on peut verser la pâte dans un moule long (à cake) graissé et y enfouir le saucisson. Dorez ensuite la pâte à l'œuf, avant de faire cuire de la même façon.

CERVELAS GRATINÉS

PRÉPARATION : 10 MN - CUISSON : 35 MN - 4 PERSONNES

4 cervelas,
2 échalotes,
25 g de beurre,
20 cl de vin blanc sec,
sel, poivre,
100 g de gruyère râpé.

Faites pocher les cervelas pendant 20 mn à l'eau frémissante. Pelez et hachez les échalotes, faites-les fondre doucement dans le beurre dans un plat allant au feu, au four et à table. Égouttez les cervelas cuits, fendez-les en deux et posez-les sur les échalotes. Arrosez-les de vin, assaisonnez-les et saupoudrez-les du fromage râpé. Faites gratiner au four environ 15 mn et servez très chaud.

QUENELLES DE BROCHET SAUCE NANTUA

PRÉPARATION : 15 MN + 3 H DE REPOS - CUISSON : 40 MN - 6 PERSONNES

500 g de chair de brochet,
175 g de beurre fin,
3 œufs,
1 cuillerée à café de sel,
6 tours de moulin à poivre.

Sauce Nantua :
50 g de beurre d'écrevisses,
1 noix de beurre frais,
2 cuillerées à soupe bombées de farine,
50 cl de lait,
10 cl de crème fraîche,
1 truffe,
6 queues d'écrevisses,
sel, poivre,
1 pointe de couteau de Cayenne.

Pilez finement le poisson, ajoutez à froid le beurre ramolli. Battez bien pour obtenir un mélange homogène, incorporez les œufs un à un, le sel et le poivre. Laissez reposer 3 h. Préparez la sauce : dans une casserole, faites fondre le beurre d'écrevisses, le beurre frais, ajoutez la farine, faites cuire 5 mn en tournant sans cesse au fouet puis ajoutez le lait et la crème. Laissez épaissir puis incorporez la truffe coupée en petits dés et les queues d'écrevisses ; salez, poivrez. Sur une planche farinée, roulez les quenelles de poisson en boudins pas trop gros et faites-les pocher à grande eau bouillante salée pendant 20 mn. Égouttez-les, rangez-les dans un plat à gratin et arrosez-les de la sauce. Mettez à four chaud (200° C ou thermostat 7) pendant 20 mn. Les quenelles doivent tripler de volume. Servez aussitôt car elles demandent à être dégustées dès la sortie du four.

Mon conseil : vous pouvez opérer de la même façon pour obtenir des quenelles de daurade, de volaille ou de veau.

POULARDE EN VESSIE

PRÉPARATION : 2 H ET 12 H DE TREMPAGE - CUISSON : 2 H - 6 PERSONNES

1 belle volaille de Bresse de 1,8 kg,
1 vessie de porc,
2 cuillerées à soupe de madère,
1 cuillerée à soupe de cognac,
2 pincées de sel gros,
10 grains de poivre.

Pour fermer la vessie :
2 attaches.

Garniture :
500 g de pommes de terre,
250 g de carottes,
250 g de navets,
250 g de blancs de poireaux,
2 l d'eau salée,
100 g de beurre.

Videz la volaille ; laissez-la tremper dans de l'eau glacée pendant 4 h, afin de lui conserver le plus de blancheur possible. La veille, faites dégorger la vessie de porc dans de l'eau vinaigrée salée. Introduisez la volaille dans la vessie bien rincée, essorée et retournée en plaçant la poularde de façon à ce que l'attache se trouve sur son dos. Joignez le sel, le poivre, le madère ainsi que le cognac. Refermez la vessie par deux attaches fortement serrées et piquez-la avec une épingle, une dizaine de fois, pour qu'elle n'éclate pas. Mettez à pocher la volaille en vessie dans de l'eau frémissante durant 1 h 30. Épluchez, lavez et émincez les légumes. Faites-les blanchir 10 mn dans de l'eau salée, puis mettez-les à égoutter et faites-les dorer au beurre 20 à 25 mn. Servez la poularde dans sa vessie et les légumes dans un légumier préchauffé. Ouvrez la vessie sur la table, en la fendant du côté du dos de la volaille. Un arôme subtil vous chatouillera aussitôt les narines. Vous pouvez aussi farcir la volaille de petits légumes coupés en bâtonnets et de truffes, le tout lié à la crème fraîche.

POULARDE DEMI-DEUIL

PRÉPARATION : 35 MN - CUISSON : 1 H 30 - 6 PERSONNES

1 poularde d'environ 1,8 kg,
1 truffe,
1 citron,
250 g de champignons de Paris,
100 g de crème fraîche,
2 œufs,
3 l de bouillon de volaille (ou d'eau + concentré de volaille),
50 g de beurre,
sel, poivre,
huile.

Sauce :
60 g de farine,
75 g de beurre ou matière grasse végétale.

Coupez la truffe crue en fines lamelles. La poularde étant parée et bridée, truffez-la, c'est-à-dire faites de petites incisions sous la peau et glissez-y la moitié des lamelles légèrement huilées pour qu'elles pénètrent facilement. Mettez alors la volaille dans une marmite, recouvrez-la de bouillon et faites-la cuire à petit feu et à couvert pendant 45 mn ou 1 h (selon la qualité de la volaille). Vérifiez la cuisson. D'autre part, préparez la sauce : faites un roux blond en mélangeant la farine et la matière grasse dans une grande casserole ; laissez cuire 3 mn sur feu doux sans laisser prendre couleur. Lorsque le roux devient mousseux, mouillez-le avec un litre du bouillon de poule prélevé dans la marmite. Fouettez alors jusqu'à ébullition, puis laissez mijoter pendant 15 mn environ. Pendant ce temps, nettoyez et lavez les champignons ; coupez-les en lamelles, arrosez-les du jus de citron pour qu'ils restent blancs, puis faites-les sauter au beurre avec le reste des lamelles de truffe, pendant 10 mn environ. Battez dans un bol les jaunes d'œufs avec la crème, puis versez cette préparation dans la sauce en fouettant vivement afin de l'empêcher de tourner ; ajoutez-y alors les truffes et champignons. Salez, poivrez. Vous pouvez servir la poularde avec la peau ou sans : dans ce cas, découpez-la, nappez-la avec la sauce et décorez les morceaux avec les lamelles de truffe qui ont cuit entre la chair et peau. Présentez le reste de sauce en saucière. Servez le tout très chaud.

ANDOUILLETTES AUX POMMES DE TERRE

PRÉPARATION : 15 MN - CUISSON : 65 MN - 4 PERSONNES

4 pommes de terre moyennes,
3 échalotes,
sel, poivre,
30 cl de vin blanc sec,
40 g de beurre,
4 andouillettes.

Pelez et émincez finement les pommes de terre, pelez et hachez les échalotes. Mettez le tout dans un plat allant au four, en salant et en poivrant largement. Mouillez de vin blanc, parsemez de noisettes de beurre et faites cuire 45 mn à four chaud préchauffé thermostat 8. Posez alors les andouillettes par-dessus et continuez la cuisson pendant 20 mn en les retournant et en les arrosant de temps en temps. Servez chaud dans le plat de cuisson ou dans un plat de service préchauffé.

GRAS-DOUBLE À LA LYONNAISE

PRÉPARATION : 15 MN - CUISSON : 3 H 20 ou 35 MN - 6 PERSONNES

750 g de gras-double mélangé : le feuillet, le mince, l'épais,
10 cl d'huile,
3 oignons moyens,
sel, poivre,
noix muscade,
4 tomates fraîches,
15 cl de bon vin blanc sec,
1/2 verre d'eau,
1 cuillerée à soupe de vinaigre de vin,
1 cuillerée à soupe de persil haché,
chapelure.

Hachez le gras-double en fines lanières et faites-le revenir dans l'huile très chaude en remuant avec une cuillère en bois pour qu'il rissole sans attacher. Égouttez-le et dans la même huile, faites sauter les oignons émincés. Égouttez-les, mélangez-les au gras-double, salez, poivrez, ajoutez la noix muscade râpée et les tomates fraîches pelées, épépinées et concassées. Mettez le tout dans un plat à gratin, arrosez du vin blanc et de l'eau (pour éviter trop d'acidité). Couvrez d'un papier d'aluminium et laissez mijoter à four doux pendant 3 h environ. Vous pouvez faire la même opération dans une cocotte en intercalant un diffuseur de chaleur entre la flamme et celle-ci. Une fois cuite, saupoudrez la préparation de chapelure, dorez rapidement sous le gril, puis remettez à four très doux 20 mn. Il est important que la cuisson soit longue et douce. Avant de servir, arrosez du vinaigre et saupoudrez de persil. Si vous achetez du gras-double cuit, vous réduirez la cuisson à 35 mn.

PAUPIETTES DE VEAU

PRÉPARATION : 30 MN - CUISSON : 2 H - 5 PERSONNES

5 escalopes de veau (10 à 12 cm de long et 5 cm de large) de 100 g chacune,
125 g de porc haché,
70 g de beurre,
1 verre de vin blanc sec,
1 gousse d'ail,
1 carotte,
1 oignon,
1 cuillerée à café de fécule ou de farine,
1 verre de bouillon de viande (ou d'eau + extrait de viande),
1 bouquet de persil,
1 bouquet garni,
sel, poivre,
1 pincée de quatre-épices.

Faites aplatir par le boucher les escalopes de façon qu'elles soient les plus minces possible. Égalisez-les en coupant les bords. Faites un hachis avec les parures (que vous venez de couper), le porc haché, le persil et la gousse d'ail ; salez, poivrez, ajoutez une pointe de couteau de quatre-épices. Placez sur chaque escalope une cuillerée à soupe de farce, roulez-les, ficelez-les. Faites fondre 50 g de beurre dans la cocotte et mettez-y la carotte et l'oignon émincés, puis les paupiettes. Laissez mijoter. Lorsque les paupiettes commencent à attacher très légèrement, mouillez avec le vin blanc sec, donnez 2 ou 3 bouillons puis ajoutez le bouillon chaud, quelques brindilles de thym et une feuille de laurier ; salez, poivrez. Couvrez et faites cuire à petit feu pendant 1 h 30. Retirez alors les paupiettes, enlevez leur ficelle et réservez-les au chaud. Passez la sauce au chinois, lavez la cocotte et mettez-y le reste de beurre, 2 cuillerées à soupe de sauce passée et la fécule délayée avec un peu d'eau froide ; lorsque la préparation s'épaissit, ajoutez le reste de sauce, puis les paupiettes. Mettez la cocotte au four, le temps que les paupiettes dorent. Servez très chaud avec de la purée ou du riz blanc.

Mon conseil : vous pouvez enfermer les paupiettes dans un morceau de crépine de porc.

TABLIERS DE SAPEUR

PRÉPARATION : 15 MN + 3 H DE MARINADE - CUISSON : 45 MN - 4 PERSONNES

1 fraise de bœuf.

Marinade :
1/2 bouteille de pouilly-fuissé,
1/2 citron,
1/2 cuillerée à soupe d'huile,
1 cuillerée à café de moutarde forte,
1 cuillerée à café de sel fin,
3 tours de moulin à poivre,
1 œuf,
1 cuillerée à soupe d'huile,
sel, poivre,
1 grosse tranche de pain de campagne,
30 g de beurre,
1 cuillerée à soupe d'huile,
mayonnaise,
persil,
estragon,
1 cuillerée à café de câpres,
2 cornichons.

Coupez la fraise de bœuf en 4 carrés d'égale grandeur. Faites-les cuire 30 mn à grande eau bouillante salée. Retirez-les. Mélangez le vin, le jus de citron, l'huile, la moutarde, le sel, le poivre en grains fraîchement moulu et faites tremper la fraise dans cette marinade pendant 3 h environ. Juste avant la cuisson, égouttez-la soigneusement, trempez chaque morceau dans l'œuf battu avec l'huile, 1 cuillerée à soupe d'eau, le sel et le poivre et roulez-les dans le pain de campagne finement émietté ou de la chapelure. Faites griller les tabliers de sapeur à la poêle dans un mélange de beurre et d'huile bien chaud. La cuisson demande environ 6 mn de chaque côté. Servez avec une mayonnaise dans laquelle vous incorporez les herbes hachées, les câpres et les cornichons finement émincés.

POMMES DAUPHINE

PRÉPARATION : 1 H - CUISSON : 1 H - 6 PERSONNES

900 g de pommes de terre,
80 g de beurre,
125 g de farine,
4 œufs,
1 cuillerée à café de sel,
huile pour friture,
25 cl d'eau.

Épluchez, lavez et coupez les pommes de terre puis faites-les cuire dans un peu d'eau salée, environ 20 mn. Ensuite, égouttez-les, séchez-les un peu au four et passez-les à la moulinette. Mettez dans une casserole 25 cl d'eau, le beurre et le sel. Portez à ébullition, ajoutez la farine tamisée et travaillez bien jusqu'à l'obtention d'une pâte lisse, se décollant de la casserole. Retirez celle-ci du feu et ajoutez les œufs un à un en travaillant la pâte vigoureusement. Additionnez-la aux pommes de terre et mêlez bien le tout. Prenez, avec une cuillère, une noix de la préparation et glissez-la dans une friture bien chaude. Laissez dorer et gonfler les pommes dauphine, puis égouttez-les et servez-les en accompagnement d'une viande rôtie.

SALADE FRISÉE AU SAUCISSON DE LYON

PRÉPARATION : 20 MN - CUISSON : 20 MN - 4 À 6 PERSONNES

300 g de saucissons aux pistaches ou truffés, à cuire,
1 salade frisée,
50 g de cerneaux de noix.

Vinaigrette :
1 cuillerée à soupe de vinaigre,
1 cuillerée à café de moutarde,
3 cuillerées à soupe d'huile,
2 pincées de sel,
4 tours de moulin à poivre.

Piquez les saucissons en deux ou trois endroits avec une épingle pour qu'ils n'éclatent pas et plongez-les dans de l'eau frémissante, laissez-les cuire doucement pendant 20 mn. D'autre part, nettoyez la salade et essorez-la soigneusement. Égouttez les saucissons, retirez la peau, coupez-les en tranches et mettez-les dans un saladier avec la frisée et les noix. Préparez la vinaigrette avec les ingrédients indiqués, puis faites-la chauffer doucement en remuant. Arrosez-en la salade, mélangez et servez aussitôt.

SALADE DE CANUT

PRÉPARATION : 15 MN - CUISSON : 50 MN - 8 PERSONNES

1 chicorée frisée,
150 g de lardons fumés,
1 cervelas,
3 œufs,
1 cuillerée à soupe de matière grasse,
100 g de cerneaux de noix.

Bouillon :
1 blanc de poireau,
2 petites carottes,
1 bouquet garni,
1 cuillerée à café de sel,
5 grains de poivre.

Vinaigrette :
(voir recette précédente)
+ 1 échalote,
1 cuillerée à soupe de bouillon.

Nettoyez, lavez, essorez la salade et coupez-la en lanières. Préparez la vinaigrette en battant au fouet tous les éléments. Faites le bouillon et laissez-le se parfumer à feu moyen et à couvert pendant 20 mn. Mettez-y alors à pocher le cervelas (après l'avoir piqué à la fourchette) pendant 30 mn. 7 mn avant la fin de la cuisson, faites cuire les œufs mollets et faites revenir les lardons dans 1 cuillerée à soupe de matière grasse. Dans un grand saladier ou plat creux, disposez la salade ; arrosez-la de la vinaigrette et mélangez le tout. Coupez le cervelas en rondelles que vous répartirez sur la salade, ainsi que les lardons, les cerneaux de noix et les œufs écalés et coupés en deux.

Mon conseil : vous pouvez faire cuire les œufs durs.

BEIGNETS SOUFFLÉS

PRÉPARATION : 15 MN + 2 H DE REPOS - CUISSON : 15 MN

3 œufs,
250 g de farine,
1 pincée de sel,
1/2 cuillerée de liqueur de rhum,
eau tiède,
huile de friture,
sucre semoule pour saupoudrer.

Battez dans une jatte les jaunes d'œufs avec la farine, le sel et le rhum. Gardez les blancs. Délayez avec l'eau tiède pour obtenir une pâte gluante que vous battrez à la main en soulevant bien la masse, pour qu'elle s'aère jusqu'à ce qu'elle se détache du récipient. Couvrez alors cette pâte avec les 3 blancs d'œufs battus en neige et laissez lever environ 2 h à température tiède. Au moment de faire les beignets, mélangez délicatement les blancs à la pâte. Préparez une friture bien chaude, mettez-y gros comme une noix de pâte pour chaque beignet (le volume va tripler à la cuisson). Laissez prendre une belle teinte dorée, égouttez sur un papier absorbant, saupoudrez de sucre et servez.

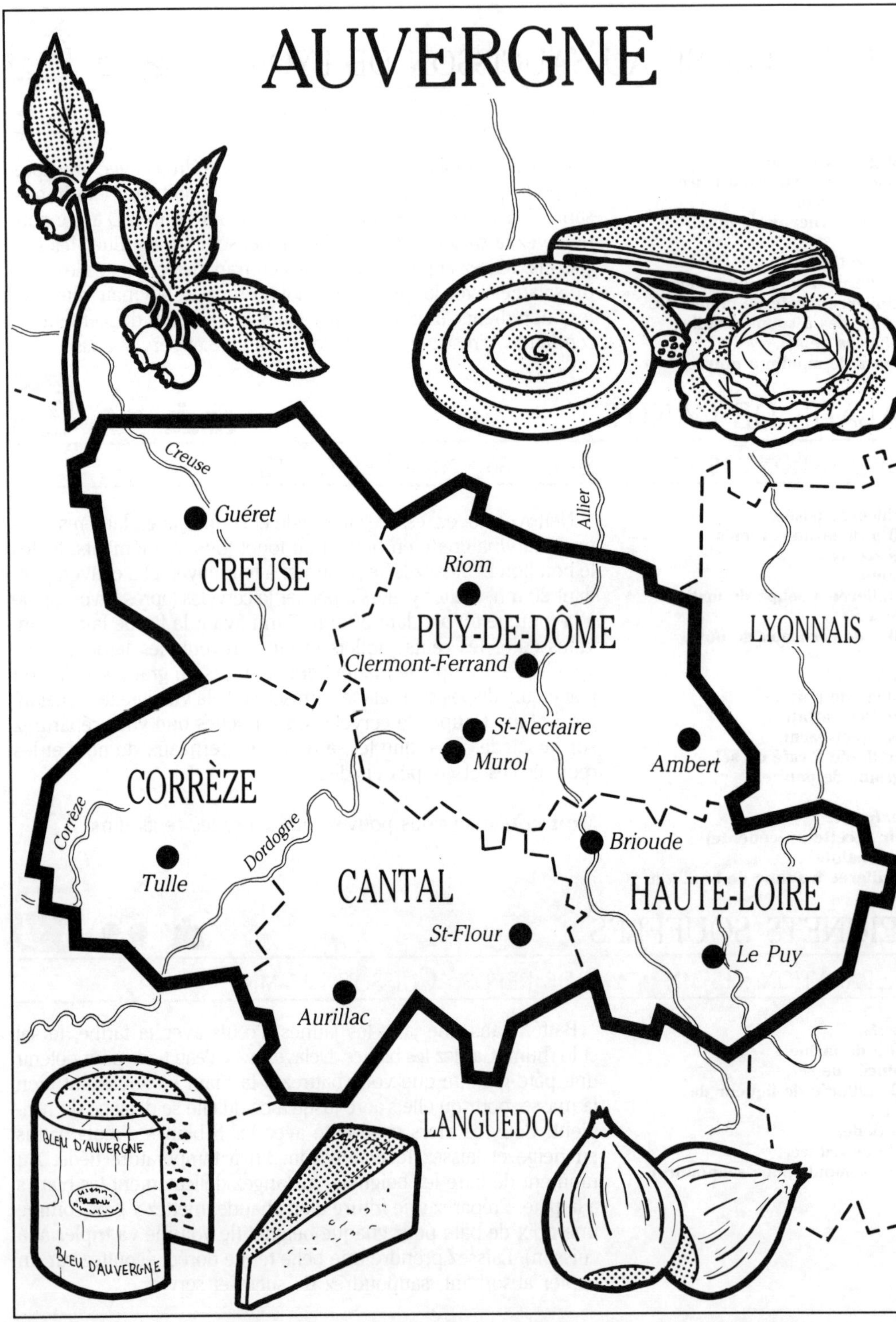
AUVERGNE
Creuse
Guéret
CREUSE
Allier
Riom
PUY-DE-DÔME
LYONNAIS
Clermont-Ferrand
St-Nectaire
Murol
Ambert
CORRÈZE
Corrèze
Dordogne
Brioude
Tulle
CANTAL
HAUTE-LOIRE
St-Flour
Le Puy
Aurillac
LANGUEDOC
BLEU D'AUVERGNE
BLEU D'AUVERGNE

En Auvergne

Les fluctuations des frontières de l'Auvergne, dans les siècles passés, rendent difficile la délimitation de cette province. Le diocèse de Clermont, avant 1317, englobait dans l'Auvergne une grande partie de l'Allier, donc du Bourbonnais, jusqu'à Saint-Pourçain. Vous constaterez vous-même que nos moines étaient attirés par le vin de Saint-Pourçain.

La création du diocèse de Saint-Flour après 1313 créa deux Auvergnes : la Basse Auvergne et la Haute Auvergne.

Maintenant, nous pouvons dire que l'Auvergne est composée du département du Puy-de-Dôme, du Cantal, et dans le département de Haute-Loire, de l'arrondissement de Brioude.

En Auvergne, l'arbre nourricier était le châtaignier. On l'appelait l'arbre à pain. On inventa maints instruments pour le débarrasser de ses peaux. En Limousin, on utilisait un couteau à lame courbe, le peladou, pour enlever sa première écorce, puis après l'avoir plongée dans l'eau bouillante, on la torturait avec une pince en bois, le déboueradour.

En Auvergne, qui n'a pas boursé la châtaigne, en croquant dedans comme dans un tube de dentifrice ? Vous pourrez aussi goûter, en suivant les recettes de ce livre, le cousina, qui est une magnifique soupe de châtaignes.

Parmentier est arrivé. Le truffo ou trilo, trifol, trefaou, diverses appellations de la pomme de terre en Auvergne, permit de faire la potée auvergnate, l'aligot de l'Aubiac, la truffade du Cantal, la farcidure de Corrèze.

Autrefois, la nourriture quotidienne du paysan était à base de pain : pain de seigle, parfois mélangé à de la farine d'avoine ou d'orge, souvent mal levée, et qui moisissait dans la huche jusqu'à ce que la dernière miche fût mangée.

Avec du pain, on mangeait son fromage et j'ai grand plaisir à vous raconter « comment naquit le roquefort » : un jeune berger des Causses faisait paître ses moutons près des grottes qui se sont formées au pied du Combalou. Il se préparait à manger le morceau de pain et de fromage de brebis qui formaient tout son repas, lorsqu'il aperçut près du Soulzon (un ruisseau qui coule par ici) une jeune fille qu'il aimait. Il en oublia son appétit, abandonna fromage et pain sur une saillie de roche et poussa son troupeau vers la demoiselle. La fillette ne se pressa pas de trop fuir.

Trois mois plus tard, le pâtre revint à la grotte, et y trouva son casse-croûte tout bleu, et au lieu de sécher, il était devenu moelleux.

Par curiosité, le berger y goûta et crut défaillir de contentement. Le roquefort était né, et merci à l'amour !

Le porc est la viande principale de la cuisine auvergnate, indispensable dans la potée pour donner du goût, ainsi que dans la palette aux lentilles du Puy. N'oublions pas le piuntari et le pounti, plus cantaliens, et le boudin aux châtaignes.

Une autre célébrité d'Auvergne : le fromage. Comment résister à ce « plateau d'Auvergne » avec ses bleus, de Cayres, de Castaros, de Laquerville, de Landes, de Thiezac, du Velay ; son cantal, son chèvreton d'Ambert, ses fourmes d'Ambert, du Cantal, du Forez, du Mezène, de Montbrisson, de Salers, son murol, son saint-nectaire, en terminant par le trou de Murol et le vachard.

Comment passer sous silence ses volailles, ses gibiers et ses légumes pour faire un bon gargouillou !

Terminons par les douceurs avec les myrtilles d'Auvergne, pour faire de magnifiques tartes.

En matière d'hommes comme en matière de vins, l'Auvergne a toujours produit à la fois le meilleur et le pire.

Au XVIIe siècle, le terme « auvergnat » désignait un cépage de vigne, producteur d'un raisin noir à gros grains qui faisait un vin riche et très coloré. Un voyageur, Pierre du Val, dans sa *Géographie*, citait : « La France sous Louis XIV : un agréable vignoble règne en Auvergne depuis Langeau jusqu'à Saint-Pourçain. Le vin en est des plus exquis et ne flétrit point les feuilles qu'on y met. Sa bonté en a autrefois fait transporter des crocettes à Orléans. »

Un autre bon connaisseur de l'époque, le chanoine Audigier, citait ainsi les vins : « On ne mépriserait pas dans les meilleures tables de Paris ceux de : Ris, Châteldon, du Cros de Vallore, de Mirefleurs, Corent, Villeneuve, Beauregard, et d'un canton du petit Pérignat nommé Dieu le Père, s'ils pouvaient être transportés sans demeurer longtemps en chemin. » Comme je le comprends !

Aujourd'hui, en Auvergne, il ne reste même plus de Chanturgues, couleur cerise. Il reste des vins rouges agréables à boire frais, tels le dallet, le sauvagnat, le sainte-marthe, le chateaugué et un vin rosé : le rosé de Corent.

Doit-on croire un proverbe du Puy : « D'Auvergne ne vient, ni bon vin, ni bon vent, ni bonnes gens » ?

La truffe d'Auvergne

Les Auvergnats l'utilisaient déjà en 1730. De nombreux contrats ruraux du début du XVIIIe siècle font mention de « truffes » ou « truffoles ».

Une certaine Jeanne Montagne, de Saint-Maurice-de-Roche, fait donation en 1736 « de tous ses biens, sans aucune réserve, si ce n'est la quantité de huit cartons de seigle... du bois de chauffage et cartons de truffes ».

POTÉE AUVERGNATE

PRÉPARATION : 15 MN + 12 H DE DESSALAGE - CUISSON : 2 H 10 - 10 PERSONNES

2 l d'eau froide,
1,3 kg de palette de porc demi-sel,
750 g de plat de côte de porc demi-sel,
800 g de poitrine de porc,
5 saucisses,
1 saucisson à cuire,
2 choux,
5 carottes,
2 oignons,
4 clous de girofle,
6 pommes de terre,
30 g de saindoux,
300 g de pain de seigle,
200 g de cantal.

La veille, mettez la viande dans une grande bassine d'eau fraîche pour la dessaler. Changez l'eau trois fois. Epluchez les oignons et piquez l'un d'eux d'un clou de girofle. Rincez la viande, mettez-la dans un grand faitout, et recouvrez-la d'eau froide (10 cm au-dessus). Ajoutez les oignons et chauffez jusqu'à ébullition, puis ralentissez à feu doux et faites cuire à couvert 15 mn. Epluchez les choux, coupez-les en quatre morceaux. Lavez-les bien. Blanchissez-les 5 mn dans de l'eau bouillante. Rafraîchissez-les sous l'eau froide. Epluchez les carottes et coupez-les en deux dans le sens de la longueur. Après 10 mn d'ébullition de la viande, placez choux et carottes dans le faitout. Ajoutez ensuite le saindoux. Ramenez à ébullition et laissez cuire 1 h 30. Mettez ensuite les saucisses préalablement piquées à la fourchette et le saucisson. Faites-les cuire 20 mn. Epluchez et coupez en quatre les pommes de terre et mettez-les dans le faitout. Faites-les cuire 20 mn. Retirez viande et légumes sans passer la potée mais laissez les débris de légumes et de viande. Réchauffez le bouillon ainsi obtenu si c'est nécessaire.

Coupez les tranches de pain de seigle et émincez le cantal. Mettez-les, ainsi que le fromage, dans le fond de la soupière. Versez le bouillon par-dessus. Disposez dans un plat les légumes et la viande coupée en morceaux et servez-les avec la soupe.

BRÉJAUDE

PRÉPARATION : 20 MN - CUISSON : 3 H - 6 PERSONNES

200 g de lard avec couenne,
4 ou 5 pommes de terre,
4 poireaux,
4 carottes,
1 chou,
5 navets ou raves,
2 l d'eau,
pain bis en tranches,
sel, poivre du moulin.

Epluchez et coupez les légumes en morceaux. Incisez le lard dans tous les sens sans toucher à la couenne. Faites-le cuire dans 2 l d'eau pendant 1 h puis égouttez-le. Le lard étant très tendre, séparez-le de la couenne avec un couteau. Ecrasez-le avec une fourchette. Remettez-le dans l'eau avec la couenne. Ajoutez le chou, les poireaux, les raves ou navets. Assaisonnez. Faites cuire à feu doux 1 h 30. Ajoutez les pommes de terre, couvrez et faites cuire 30 mn de nouveau. Disposez dans votre assiette des morceaux de pain bis et versez la soupe dessus.

Coupez les morceaux de « bréjou » et répartissez-les dans les assiettes. (En patois corrézien, le « breger » est le lard et le « bréjou » la couenne.)

PATRANQUE

PRÉPARATION : 5 MN - CUISSON : 20 MN - 8 PERSONNES

700 g de pain rassis,
700 g de tomme fraîche de Cantal,
4 gousses d'ail,
1 l 1/4 d'eau,
sel, poivre blanc du moulin.

Emincez le pain rassis et la tomme fraîche de Cantal. Faites bouillir l'eau dans une cocotte et plongez-y le pain. Faites bouillonner en remuant doucement à la cuillère en bois. Versez la tomme dans cette panade. Salez, poivrez et versez l'ail haché. Faites cuire à feu moyen sans cesser de remuer. Attendez que le fromage file autour du manche de la cuillère. Servez chaud.

BOURRIOLS

PRÉPARATION : 15 MN + 12 H DE REPOS - CUISSON : 7 MN - 10 PERSONNES

380 g de farine de blé noir (seigle),
130 g de farine de froment,
10 g de levure de boulanger,
30 cl de petit lait,
1 œuf,
1 l 1/2 d'eau,
100 g de beurre de petit lait,
sel.

Délayez la levure dans un peu d'eau tiède. Mélangez les farines. Faites une fontaine et versez la levure délayée, le sel, le petit lait et mélangez bien. Ajoutez ensuite l'eau petit à petit et mélangez bien progressivement pour que la pâte devienne comme une pâte à crêpes. Réservez-la dans un endroit tiède pendant 12 h. Battez vigoureusement l'œuf dans la pâte. Laissez-la de nouveau reposer. Graissez le fond d'une poêle. Versez-y une louche de pâte. Faites cuire des deux côtés en retournant à la spatule. Mettez une noisette de beurre de petit lait sur le bourriols avant de le plier en quatre.

BROCHET À LA CORRÉZIENNE

PRÉPARATION : 15 MN - CUISSON : 1 H 10 - 6 PERSONNES

1 brochet d'environ 1 kg,
1 kg de carottes,
1/2 l de vin gris de Fels,
1 kg de pommes de terre,
50 g de beurre,
1 morceau de sucre,
sel, poivre du moulin.

Épluchez, lavez et coupez en petits morceaux carottes et pommes de terre. Faites-les cuire dans une casserole, recouverts d'eau salée pendant 40 mn. Écaillez, videz, lavez et séchez le brochet. Mettez-le dans un plat à four beurré et disposez dessus des noisettes de beurre. Lorsque les légumes sont cuits, disposez-les autour du brochet. Mouillez des 2/3 de vin gris sucré avec le morceau de sucre, et de trois cuillerées à soupe de bouillon de légumes, salez et poivrez. Faites cuire à four doux pendant 40 mn en arrosant souvent.

La patranque de Salers est proche du cantermerlau : les proportions sont à peu près les mêmes mais la technique diffère légèrement. On met tout de suite le pain trempé à cuire doucement dans l'eau au lieu de faire préalablement bouillir l'eau avec le beurre ; on ajoute le fromage quand le pain est bien bouilli et comme pour le cantemerlau, on tourne énergiquement le bloc filant qui se forme. Certains font cuire la patranque à la poêle en la retournant comme une crêpe lorsqu'elle est dorée sur une face.

ANGUILLE À LA MODE D'ÉGLETONS

PRÉPARATION : 15 MN + 12 H DE REPOS - CUISSON : 1 H 15 - 6 PERSONNES

1 anguille d'1 kg,
2 carottes,
2 oignons,
1 poireau,
6 baies de genièvre,
2 clous de girofle,
10 cl de vinaigre de vin,
50 cl de vin blanc sec,
2 œufs,
100 g de farine,
50 g de chapelure,
150 g de beurre,
1 bol de mayonnaise,
1 verre d'eau,
persil, thym, laurier,
ciboulette,
sel, poivre blanc du moulin.

Préparez le court-bouillon : émincez en rondelles carottes et oignons. Fendez le blanc du poireau, ajoutez les clous de girofle et les baies de genièvre, le bouquet garni, le vinaigre, le vin blanc, le sel, le poivre et le verre d'eau ; portez à ébullition ; laissez frémir une dizaine de minutes et réservez. Coupez la tête de l'anguille puis dépouillez celle-ci et videz-la (ou faites faire cette opération par votre poissonnier). Donnez-lui une forme circulaire en attachant la tête à la queue avec une ficelle. Disposez-la dans une cocotte. Recouvrez-la du court-bouillon. Portez à ébullition sur feu doux et laissez frémir pendant 25 mn. Retirez du feu et réservez au frais pendant 12 h. Retirez l'anguille de sa gelée. Roulez-la dans la farine, puis dans les œufs battus et la chapelure. Placez-la dans un plat à four. Arrosez-la de beurre fondu. Faites-la cuire au four 30 mn. Servez-la avec une mayonnaise parsemée de ciboulette hachée.

GIGOT BRAYAUDE

PRÉPARATION : 15 MN - CUISSON : 4 H - 8/10 PERSONNES

1 gigot de 2 kg,
3 gousses d'ail,
10 g de saindoux,
2 carottes,
2 oignons,
1 verre de bouillon de veau ou d'eau,
sel, poivre blanc du moulin.

Piquez le gigot de 2 gousses d'ail. Ficelez-le pour renfermer les sucs. Dans une grande cocotte, faites-le revenir au saindoux sur toutes ses faces. Ajoutez la gousse d'ail en chemise, les oignons, les carottes coupées en rondelles. Lorsque tout est coloré, versez le bouillon, faites cuire à couvert pendant 4 h à four moyen (thermostat 5).

TRIPOUX

PRÉPARATION : 2 H - CUISSON : 6 H - 8 PERSONNES

2 panses de mouton,
1 ventre complet de veau (fraises et tripes blanchies),
210 g de lard de poitrine,
200 g de jambon,
12 couennes,
2 pieds de veau blanchis,
3 carottes,
1 oignon piqué d'un clou de girofle,
1 verre d'eau,
20 cl de vin blanc sec,
3 gousses d'ail,
persil,
1 bouquet garni,
sel, poivre.

Mettez les panses à plat et découpez-les en morceaux rectangulaires de 10 cm × 6 cm (vous pouvez en tailler quatre dans chaque panse). Coupez en petits morceaux le ventre de veau. Hachez le lard, le jambon, les gousses d'ail, le persil, et mélangez ce hachis aux petits morceaux de veau. Salez, poivrez, épicez. Posez à plat chaque petit rectangle de panse et farcissez-les de l'appareil précédent. Pliez pour faire une petite poche et cousez les bords avec du fil de lin. Foncez une marmite en terre avec les couennes. Disposez sur le fond les rondelles de carottes, l'oignon piqué d'un clou de girofle. Placez par-dessus les tripoux. Mettez de chaque côté les pieds de veau fendus en deux, désossés et coupés en quatre. Ajoutez le bouquet garni, versez le vin et le verre d'eau (recouvrez les tripoux). Couvrez la marmite et soudez hermétiquement le couvercle avec une pâte (farine + eau). Faites cuire à feu doux pendant 6 h. Servez très chaud.

ROUELLE DE VEAU AUX MOUSSERONS

PRÉPARATION : 20 MN - CUISSON : 3 H - 8 PERSONNES

1,3 kg de rouelle de veau,
250 g de lard de poitrine,
150 g de jambon cru d'Auvergne,
80 g de beurre,
2 oignons,
1 verre d'eau,
800 g de mousserons,
10 g de farine,
thym, laurier,
sel, poivre.

Epluchez et lavez les mousserons. Placez-les, à sec, dans une casserole à feu doux pour qu'ils rendent toute leur eau de végétation, pendant 15 mn (réservez le jus de végétation). Pendant ce temps, réduisez le lard en petits dés, ainsi que le jambon cru d'Auvergne. Dans une cocotte, faites revenir les lardons, le jambon avec le thym, le laurier et les oignons émincés. Quand ils commencent à dorer, écartez-les sur les bords de la cocotte et posez au centre la rouelle de veau. Faites-la dorer sur les deux côtés. Salez-la et poivrez-la. Versez le verre d'eau, le jus de végétation des champignons et la farine. Faites cuire à couvert et à feu modéré pendant 3 h. Environ 10 mn avant la fin de la cuisson, répartissez dans la cocotte les mousserons et faites-les cuire à couvert 15 mn. Mouillez de temps en temps si nécessaire.

Le tripoux, gloire du Cantal, est l'objet de disputes passionnées, notamment entre Aurillac, St-Flour et Maurs. Le vrai « tripoux » est-il à base de fraise de veau ou de graisse de mouton ? Si la plupart des auteurs sont d'accord pour y faire entrer des morceaux de pieds de mouton, les charcutiers du sud du Cantal déclarent avec indignation qu'«il n'était pas question de mettre autre chose que du noyau de veau dans le tripoux » !

PICAUCEL

PRÉPARATION : 20 MN + 3H DE MARINADE - CUISSON : 40 MN - 8 PERSONNES

400 g de jambon d'Auvergne,
2 gousses d'ail,
2 oignons,
100 g de lard de poitrine,
3 feuilles de blettes,
1 bouquet de ciboulette,
1 bouquet de persil,
130 g de champignons de Paris,
50 g de saindoux,
30 g de farine,
20 cl de bouillon,
100 g de pruneaux,
vinaigre,
poivre,
muscade.

Faites gonfler et mariner les pruneaux dans du vinaigre pendant 3 h. Epluchez et lavez les feuilles de blettes. Hachez-les, ainsi que le persil et la ciboulette. Coupez en dés le jambon et le lard de poitrine. Epluchez et hachez l'ail et les oignons. Mélangez-les au hachis d'herbes. Epluchez et hachez les champignons de Paris et mélangez à l'appareil précédent. Poivrez et muscadez. Dans une cocotte, faites revenir au saindoux la préparation, à feu doux pendant 2 mn. Saupoudrez ensuite de farine et mélangez. Versez le bouillon et mélangez bien. Faites cuire à feu doux jusqu'à consistance de la préparation. Une fois cuite, écrasez la préparation à la fourchette.

Servez chaud, accompagné des pruneaux marinés et gonflés.

TRUFFADE

PRÉPARATION : 20 MN - CUISSON : 20 MN - 6 PERSONNES

8 pommes de terre,
250 g de tomme fraîche de Cantal,
10 g de saindoux ou graisse d'oie,
125 g de lard,
3 gousses d'ail,
sel, poivre.

Coupez le lard en dés. Epluchez, lavez et coupez en rondelles les pommes de terre. Séchez-les au torchon. Faites fondre le saindoux dans une grande poêle. Jetez-y les lardons. Avant que les lardons ne rissolent, mettez les pommes de terre dans la poêle, salez et poivrez. Faites cuire 15 mn en remuant souvent. Avec une fourchette, écrasez légèrement les pommes de terre. Ajoutez l'ail écrasé, recouvrez et faites cuire 5 mn. Versez les lamelles de tomme fraîche, et répartissez-les bien. Laissez dorer. Renversez sur le plat de service : la truffade ressemble à un gâteau doré.

CÈPES EN FRICASSÉE

PRÉPARATION : 25 MN - CUISSON : 1 H - 6 PERSONNES

1 kg de cèpes,
20 g de saindoux ou graisse d'oie,
800 g de pommes de terre,
2 tranches de pain de seigle,
2 gousses d'ail,
2 branches de persil,
sel, poivre.

Nettoyez les cèpes. Essuyez les chapeaux et épluchez les pieds pour ne laisser que les parties saines. Emincez-les en lamelles. Epluchez et coupez en dés les pommes de terre. Dans une cocotte, faites revenir les cèpes au saindoux 5 mn, à feu moyen, en remuant souvent. Après 30 mn de cuisson, ajoutez les pommes de terre, les gousses d'ail écrasées et le persil haché. Salez, poivrez. Ajoutez le pain de seigle en tranche, pour recouvrir complètement en surface la cocotte. Recouvrez et faites cuire 30 mn à feu doux.

ALIGOT

PRÉPARATION : 20 MN - CUISSON : 30 MN - 6 PERSONNES

500 g de pommes de terre,
400 g de tomme fraîche de Cantal,
150 g de beurre,
150 g de crème fraîche,
3 gousses d'ail,
sel, poivre blanc du moulin.

Epluchez, lavez et coupez en morceaux les pommes de terre. Faites-les cuire à la vapeur et réduisez-les en une purée consistante. Emincez la tomme en fines lamelles. Epluchez et pilez l'ail.

Dans une cocotte, faites chauffer beurre et crème fraîche. Mélangez bien. Versez la purée et remélangez. Versez ensuite la tomme émincée et remuez sans cesse pour bien amalgamer fromage et purée. Salez, poivrez, ajoutez l'ail écrasé et mélangez. L'aligot est au point quand il devient « filant » et onctueux. Retirez alors du feu.

POUNTAR

PRÉPARATION : 20 MN + 6 À 8 H DE MARINADE - CUISSON : 45 MN - 8 PERSONNES

125 g de farine,
60 g de sucre,
20 cl de lait,
6 œufs,
24 pruneaux,
60 g de beurre,
thé,
sel.

Faites mariner les pruneaux dans du thé, pendant 6 à 8 h. Egouttez-les, dénoyautez-les. Dans une terrine, mélangez le sucre, le sel, la farine. Ajoutez ensuite les œufs. Travaillez la pâte, en versant peu à peu le lait pour obtenir une pâte coulante mais non fluide. Beurrez un plat à four à bords hauts, versez la pâte en répartissant les pruneaux. Faites cuire au four à couvert pendant 45 mn (four moyen). Retirez le couvercle 10 mn avant la fin, pour permettre au pountar de dorer.

MILLARD

PRÉPARATION : 20 MN - CUISSON : 45 MN - 8 PERSONNES

800 g de cerises noires,
250 g de farine,
40 g de sucre semoule,
3 œufs,
30 g de beurre,
15 cl d'eau.

Equeutez, lavez, égouttez et séchez les cerises dans un torchon. Dans une terrine, mélangez sucre et farine, puis incorporez les œufs et travaillez bien la pâte. Eclaircissez-la en versant peu à peu l'eau. La pâte doit devenir homogène et fluide. Beurrez un plat à four, rangez les cerises sur le fond, versez par-dessus la pâte, veillez à ce qu'elle pénètre bien partout. Faites cuire à four chaud pendant 45 mn. Servez tiède.

FLOGNARDE

PRÉPARATION : 20 MN - CUISSON : 30 MN - 6 PERSONNES

35 g de farine,
3 œufs,
100 g de sucre semoule,
75 cl de lait,
30 g de beurre,
2 poires émincées,
1 cuillerée à café de fleurs d'oranger.

Faites tiédir le lait et fondre le sucre. Versez une cuillère à café de fleurs d'oranger. Dans une terrine, mélangez les œufs battus et la farine. Versez peu à peu le lait refroidi en prenant soin de bien mélanger pour éviter les grumeaux. Epluchez et émincez les poires. Versez-les dans la pâte et mélangez. Beurrez un plat pouvant aller au four. Versez la pâte, parsemez de petits copeaux de beurre, faites cuire à four chaud pendant 30 mn. Consommez chaud.

CREUSOIS

PRÉPARATION : 20 MN - CUISSON : 30 MN - 8 PERSONNES

250 g de poudre de noisettes,
4 blancs d'œufs,
100 g de sucre en poudre,
110 g de beurre,
50 g de farine,
sucre glace,
1 paquet de levure.

Faites fondre le beurre au bain-marie. Montez les blancs d'œufs en neige très ferme. Dans un récipient, mélangez les noisettes en poudre, la farine et le sucre et le paquet de levure. Dans une grande terrine, mélangez en les soulevant à la spatule les blancs d'œufs en neige et l'appareil précédent. Procédez de la même manière pour mélanger le beurre fondu. Beurrez un moule à manqué, versez-y la pâte et faites-la cuire à four moyen 30 mn.

Attendez le refroidissement du gâteau pour démouler. Saupoudrez-le de sucre glace et servez.

BOULAIGOU

PRÉPARATION : 20 MN - CUISSON : 20 MN - 6 PERSONNES

250 g de farine,
3 œufs,
75 cl de lait,
30 g de miel,
50 g de beurre,
sel.

Dans une terrine, mélangez les œufs et la farine en battant bien. Ajoutez peu à peu le lait en tournant pour éviter les grumeaux et salez. Dans une grande poêle, faites chauffer 50 g de beurre et versez la pâte. Etendez bien le boulaigou. Piquez-le à la fourchette pour faire couler la pâte dessous. Faites cuire 10 mn et retournez. Faites cuire 7 mn. Faites glisser le boulaigou dans un plat de service et recouvrez-le de miel.

Les célèbres chocolateries de Royat, à l'enseigne de la marquise de Sévigné, ont été fondées à la fin du siècle dernier. L'origine du nom est due, dit-on à Royat, à un hasard : le chocolatier, en envoyant une boîte de bonbons à Edmond Rostand qui logeait au pavillon Sévigné, à Vigny, eut l'idée de donner le nom de la marquise de Sévigné à son magasin. Ce nom rend un hommage mérité à la marquise, qui fut une grande gourmande et à qui les saisons passées à Vichy étaient bien nécessaires pour réparer les désordres hépatiques. Ces derniers ne l'empêchaient pas de ne jamais se priver, même en cure à Vichy, et de déguster les chocolats de Royat.

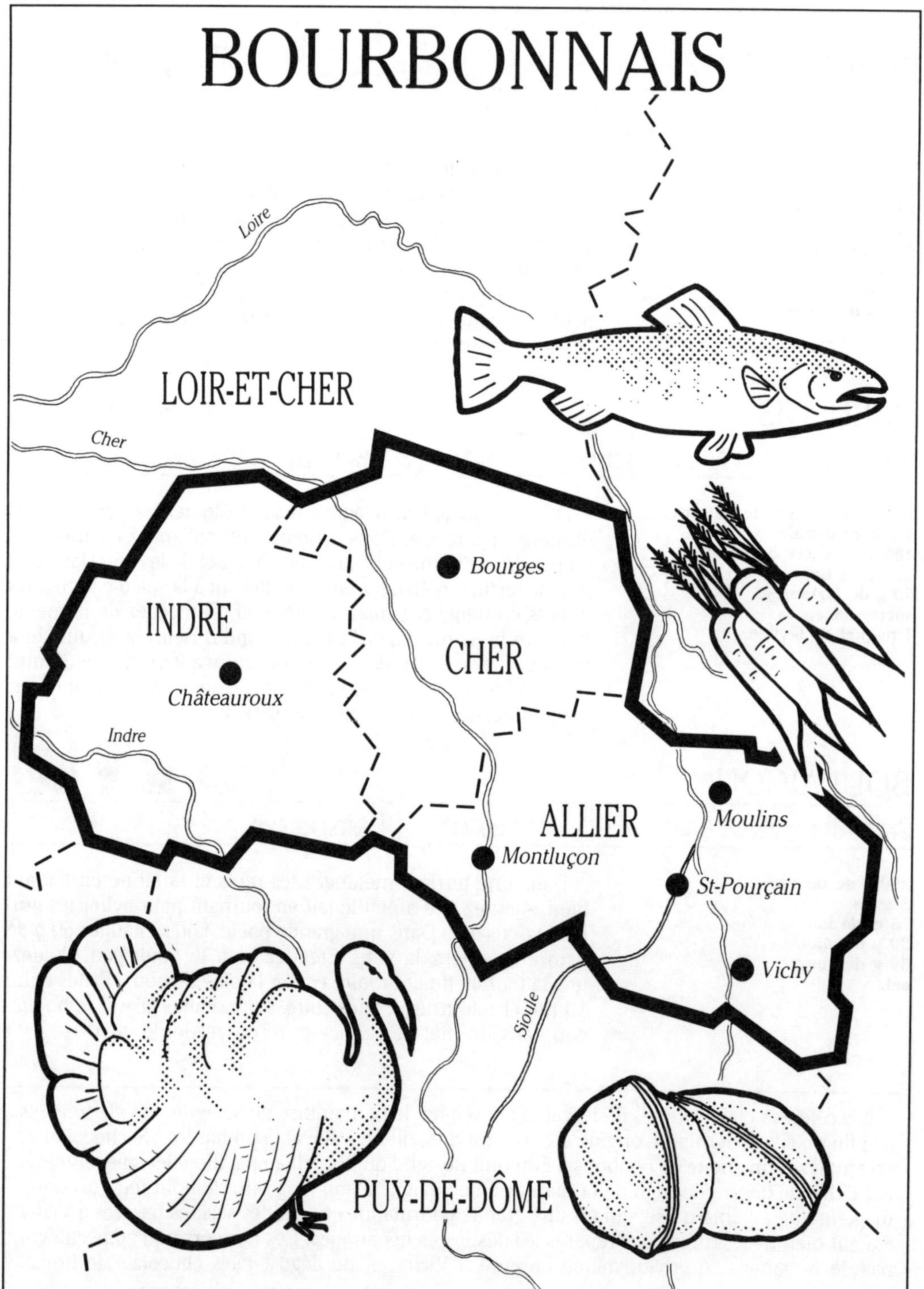
BOURBONNAIS
Loire
LOIR-ET-CHER
Cher
Bourges
INDRE
CHER
Châteauroux
Indre
Moulins
ALLIER
Montluçon
St-Pourçain
Vichy
Sioule
PUY-DE-DÔME

En Bourbonnais

Le Bourbonnais est beaucoup plus connu par l'histoire de la dynastie des Bourbons que par sa gastronomie.

Et bien, l'un ne va pas sans l'autre, ces gens-là mangeaient et même très bien. C'est pour cela que la cuisine bourbonnaise présente un caractère mi-bourgeois, mi-paysan.

Camille Gagnon, dans son livre *Le Folklore bourbonnais,* nous dit : « Certes, dans ce pays aux ressources variées, la bourgeoisie a su réaliser des recettes savoureuses tandis que la cuisine rustique, beaucoup plus bornée, trouvait surtout à s'exprimer en des pâtisseries caractéristiques ».

Les historiens définissent les Bourbonnais par les trois G : « Gueux, Glorieux, Gourmands. » Depuis une génération de traditions et de talent, nous pouvons découvrir une cuisine gastronomique bourbonnaise.

Mais il faut bien dire que les moyens ont changé depuis la cuisine de la cheminée avec la grosse marmite en fonte pendue à la crémaillère, la "padelle" où l'on mettait les aliments à frire, les pots de terre où l'on mettait les aliments à mijoter, la grosse poêle percée pour faire cuire les marrons, etc.

Au XIXe siècle apparut dans les maisons bourgeoises la cuisinière au charbon de bois, avec les fourneaux à grands foyers où l'on brûlait les fagots. N'oublions pas que les fermes possédaient leur four, chauffé aux fagots de bois, de genêts, ou de genévriers, dans lequel on faisait un magnifique pain. J'ai encore cette nostalgie du goût (jamais retrouvé ailleurs) des grosses tranches de pain que je mangeais à cette fête qu'était le battage.

C'est dans ces fours qu'est né le fameux "piquenchagne", tourte de coings, de pommes, ou de poires, taillées en rondelles. Quant aux "pompes à Dieu", petites michettes faites avec des restes de pâte, qui de ma génération n'y a pas goûté ?

Depuis le XIXe siècle, cette cuisine s'est adaptée à la modernisation des moyens et des produits. La situation du Bourbonnais permet de bénéficier d'excellents produits d'élevage, de culture, de poissons de rivière et de gibier.

Commençons par le produit que l'on trouve à peu près partout, la crème fraîche qui agrémente de façon onctueuse nos soupes de marrons, nos fricassées de cèpes à la crème, nos pâtés aux pommes de terre, nos fricassins, oyonnades et bien sûr notre fameuse sauce Duchambais (nom d'un curé de l'Ancien Régime) et la merveilleuse truite à la Saint-Pourçain.

La réputation de l'élevage de l'Allier n'est plus à faire, nos charolaises qui paissent dans nos pâturages arrosés par l'Allier et le Cher, donnent les meilleures viandes du monde.

Il faut citer le mouton, le veau et le porc de Paray-le-Frésil pour leur qualité exceptionnelle.

Parlons d'un produit d'exportation, la dinde de Jaligny. Les présidents des États-Unis d'Amérique régalent leurs familles, tous les ans, de ces dindes moelleuses et grasses à souhait. Si vous traversez l'Allier, arrêtez-vous dans les gorges de la Sioule pour en apprécier toutes les beautés du paysage. Et si vous êtes pêcheur, tentez votre chance en pêchant la truite dans la Sioule, le saumon dans l'Allier et la carpe dans les nombreux étangs ou lacs de la région.

Les Bourbonnais sont de forts mangeurs de légumes, choux, choux-raves, carottes, pommes de terre, poireaux. Ils font des soupes de toute nature, et entre autres, la fameuse crème vichyssoise.

Les fruits de l'Allier sont de très bonne qualité, ce qui explique l'origine de ces vieux gâteaux : la gougère aux pommes ou poires, le millat ou millard aux cerises, les pâtes aux pommes ou aux poires non plus, et comment ne pas citer la variété de Montluçon, la sucre-vert ou la pêche de désertines ?

La région de Gannat nous apporte l'excellente huile de noix pour assaisonner nos salades de pissenlits et de doucettes. Moulins vous fera découvrir dans ses restaurants les andouilles et andouillettes, les paupiettes à la bourbonnaise, les tourtes à la viande et quelques douceurs comme les pralines, les pavets d'or, etc. Montluçon vous offrira son fricassin, et ses pâtés aux pommes de terre inimitables. Quant à Montmarault pour son fromage appelé "noujadoux" et à Chambérat pour la finesse de son fromage de chèvre mi-sec, ce seront désormais vos étapes.

Quant aux vins, c'est à mon avis le blanc qui a le plus de caractère avec sa belle robe jaune, souvent pâle, voire vert pâle. Il est fruité, rond avec parfois une pointe d'acidité qui caractérise le terroir.

Les cépages de Tressallier, le Saint-Pierre, le Sauvignon, le Chardonnay, ont permis de faire dans cette région un VDQS (Vin de Qualité Supérieure), grâce aussi à une vinification plus rigoureuse. Quant au rouge fait avec le cépage Gamay, il ressemble au beaujolais, donc à boire frais. Mais attention, ce vin supporte mal les voyages.

Remercions ces moines du Ve siècle qui furent les premiers vignerons de Saint-Pourçain. C'est à eux que l'on doit de déguster ce merveilleux vin blanc avec une "truite à la saint-pourcinoise". Le vignoble du Bourbonnais se divise en trois : le Saint-Pourçain, le plus célèbre et le meilleur, le Montluçonnais et le Moulinois.

Commençons par le Moulinois et le Bellenaves qui étaient de petits vins rouges acides et durs. Finis les ulcères, ces vignobles n'existent plus ! Quant à la région de Montluçon, il faut se dépêcher, car il n'existe plus que quelques rares courageux à vouloir entretenir un à deux journaux (1 journal = 500 m^2) de vigne sur les coteaux de Domérat, Crevant, Fleuriel et Couraud.

On peut déguster encore dans une ou deux caves de Domérat un gros vin rouge qui tache, un blanc au bouquet de verdurant, et un excellent rosé (feu le maire Albert Poncet en avait un excellent).

Mais malheureusement, le phylloxéra au XIXe siècle et au début du XXe siècle et la mévente de ces vins finirent par envoyer tous ces vignerons travailler chez Dunlop.

En 1811, il y avait 800 ha cultivés, en 1953, 450 ha, en 1980, peut-être 10 ha.

C'est dommage, car j'aurais aimé vous faire goûter un rouge au cépage goujet, un vin très rouge et très tonique qui accompagne très bien le pot-au-feu ainsi que son bouillon pour faire "chabrot" ou "chabrol".

CRÈME VICHYSSOISE

PRÉPARATION : 15 MN + 12 H - CUISSON : 45 MN - 8 PERSONNES

6 blancs de poireaux,
1 kg de pommes de terre (Bintje),
1 gros oignon,
2 l de bouillon de poulet (4 cubes dans 2 l d'eau),
75 cl de crème fraîche,
ciboulette,
sel, poivre.

Émincez très finement les blancs de poireaux et l'oignon. Faites-les revenir dans une grande casserole, sans les colorer. Ajoutez le bouillon lorsque les poireaux sont légèrement "confits". Portez à ébullition, versez les pommes de terre coupées en petits morceaux, salez et poivrez.

Faites cuire 45 mn. Passez au mixeur, ajoutez la crème, portez à ébullition. Réservez 12 h au réfrigérateur. Servez froid, saupoudré de ciboulette hachée.

PILÉE

PRÉPARATION : 10 MN - CUISSON : 25 MN - 6 PERSONNES

350 g d'avoine,
2 l d'eau,
1 l de lait,
50 g de sucre,
15 g de sel.

Faites cuire l'avoine dans 1 litre d'eau salée 25 mn. Égouttez-la et séchez-la au four. Pilez-la au mortier et passez-la au tamis pour retenir la farine. Préparez une bouillie avec le litre d'eau restant et le litre de lait. Salez ou sucrez. Mettez au réfrigérateur. Cette soupe se consomme comme soupe rafraîchissante.

ŒUFS AMÉDÉE

PRÉPARATION : 5 MN - CUISSON : 30 MN - 4/6 PERSONNES

2 oignons,
25 g de beurre,
2 verres de vin rouge de Domérat,
2 verres d'eau,
6 œufs,
croûtons de pain frits,
sel et poivre.

Faites revenir des oignons émincés grossièrement dans une casserole avec 25 g de beurre. Lorsqu'ils sont "fondus", mouillez avec le vin rouge et l'eau, salez, poivrez. Faites cuire 25 mn à feu doux. Cassez les œufs sur cette sauce et laissez mijoter 3 mn. Servez avec des croûtons de pain frits.

FEUILLETÉ DE FOIES DE VOLAILLE

PRÉPARATION : 30 MN - CUISSON : 20 MN - 6 PERSONNES

6 foies de volaille,
1 échalote,
250 g de pâte feuilletée,
1 bouquet de ciboulette,
1 bouquet de persil,
2 œufs,
1/2 cuillerée à café de marc de Domérat,
sel, poivre.

Hachez les foies de volailles avec l'échalote. Dans une terrine, mélangez les foies hachés, les fines herbes hachées, un œuf, le marc, le sel et le poivre. Étendez une abaisse rectangulaire de pâte feuilletée, garnissez le centre avec le haché. Badigeonnez les bords avec un œuf battu. Recouvrez avec une deuxième abaisse rectangulaire, soudez bien les bords. Dorez le dessus avec le reste de l'œuf battu. Percez le dessus avec une aiguille à tricoter pour évacuer la vapeur. Faites cuire à four chaud 20 mn. Servez chaud.

FONDUE BOURBONNAISE

PRÉPARATION : 10 MN - CUISSON : 15 MN - 4 PERSONNES

1 fromage de vache (250 g),
1/4 l de lait,
1/4 l d'eau,
50 g de beurre,
35 g de farine,
2 jaunes d'œufs,
sel, poivre.

Dans une grande casserole, faites cuire à feu doux le fromage coupé en morceaux moyens et mouillez avec l'eau. Remuez sans cesse, puis ajoutez le beurre. Lorsque la pâte est claire et lisse, salez et poivrez. Préparez une liaison avec lait et farine que vous verserez dans la pâte, en mélangeant bien. Ajoutez les jaunes d'œufs et remuez le tout. Veillez à ce que l'appareil ne bouille pas. Servez chaud.

BROCHET À LA MODE SAINT-POURÇAIN

PRÉPARATION : 25 MN - CUISSON : 45 MN - 6 PERSONNES

1 brochet de 1,5 kg,
25 g de beurre,
3 échalotes,
2 branches de persil,
6 champignons de Paris émincés
ou 200 g de mousserons,
10 g de farine,
1 bouteille de blanc de Saint-Pourçain,
25 cl de crème fraîche,
sel, poivre.

Dans un plat en terre beurré, faites un "lit" de champignons, d'échalotes et de persil émincés. Nettoyez et videz le brochet. Passez-le à la farine. Déposez-le dans le plat et recouvrez-le de vin blanc. Salez, poivrez. Recouvrez d'un papier d'aluminium et arrosez souvent. Faites cuire 35 mn. Ajoutez la crème fraîche et faites cuire 10 mn en arrosant souvent jusqu'à onctuosité de la sauce. Servez avec un saint-pourçain blanc.

POULET LÉON PONGE

PRÉPARATION : 1 H - CUISSON : 1 H 15 - 8 PERSONNES

1 poularde de 1,5 kg.
Farce :
300 g de chair de volaille,
15 g de panade,
1 blanc d'œuf,
15 g de crème fraîche double,
15 g de crème fouettée,
sel et poivre,
100 g de foie gras,
1 truffe,
1 tranche de jambon.
Sauce :
1 verre de whisky,
1 cuillerée à soupe de demi-glace (c'est-à-dire 1 l de fond de veau réduit de moitié),
25 cl de crème fraîche.

Pilez au mortier la chair de volaille avec la panade. Passez le tout au tamis ou au mixeur. Travaillez cette farce avec le blanc d'œuf, la crème fraîche et incorporez la crème fouettée. Salez et poivrez.

A part : coupez en dés le foie gras, le jambon, la truffe. Mélangez le tout avec la farce. Introduisez cette farce dans le corps de la volaille, bridez. Faites cuire au four très chaud 1 h 15, dans un plat en terre. Déglacez avec un verre de whisky et faites réduire presque à sec. Ajoutez la demi-glace de veau. Versez la crème fraîche et réduisez jusqu'à onctuosité. Rectifiez l'assaisonnement.

CANARD À LA DUCHAMBAIS

PRÉPARATION : 45 MN - CUISSON : 45 MN - 6 PERSONNES

1 beau canard de l'Allier,
1 carotte,
1 blanc de poireau,
1 feuille de laurier,
1 bouquet garni,
2 gousses d'ail,
2 dl de vin rouge de Domérat.
Sauce :
35 g de beurre,
50 g de lardons de poitrine maigre,
4 échalotes,
10 cl de vinaigre de vin rouge,
20 cl de fond de veau,
100 g de foie de porc,
4 gousses d'ail,
5 cl de gnôle (marc),
20 cl de crème fraîche,
20 g de beurre.

Faites braiser le canard avec les légumes en mirepoix, le bouquet garni, l'ail et le vin rouge. A part, faites revenir les lardons avec les échalotes hachées. Enlevez la graisse avec une cuillère à soupe. Déglacez avec le vinaigre de vin jusqu'à réduction à sec. Mouillez avec la cuisson du canard, préalablement passée (1 verre environ). Ajoutez le fond de veau et laissez mijoter et réduire de moitié.

A part, poêlez au beurre le foie de porc découpé en lanières, ajoutez les gousses d'ail écrasées et faites cuire 3 mn.

Pilez les éléments ainsi cuits et passez-les au mixeur en y ajoutant 5 cl de marc. Dans une casserole en cuivre, mélangez cet appareil avec la sauce, versez la crème fraîche et laissez réduire jusqu'à onctuosité.

Découpez le canard. Récupérez les "sucs" de viande, versez-les dans la sauce et montez la sauce au beurre à feu très doux.

Nappez le canard de cette sauce.

La dinde bourbonnaise, la meilleure du monde

Le Bourbonnais s'enorgueillit de posséder un élevage de dindes fermières de très haute qualité. Ainsi, le 15 décembre de chaque année à la foire de Saligny-sur-Besbre dans l'Allier, on peut assister à la remise du label dit fermier.

Le maire de Saligny envoie, au moment de Noël, la "dinde d'honneur" aux personnalités du monde entier : le pape, le président des États-Unis, le chancelier allemand, etc.

LAPIN À LA BOURBONNAISE

PRÉPARATION : 20 MN - CUISSON : 25 MN - 6 PERSONNES

**1 lapin de 1,5 kg,
40 g de beurre,
4 petits oignons,
1/2 l de vin blanc de Saint-Pourçain,
1 bouquet garni,
1 branche de romarin,
1 branche de sarriette,
1 gousse d'ail,
1 branche d'estragon,
25 cl de crème fraîche,
jus d'1/2 citron,
2 jaunes d'œufs,
croûtons de pain frits,
sel, poivre blanc du moulin.**

Découpez le lapin en morceaux. Épluchez et émincez les oignons. Faites-le rissoler dans une sauteuse avec le beurre et les oignons. Mouillez avec le vin blanc. Ajoutez le bouquet garni avec toutes les herbes aromatiques et l'ail écrasé. Salez et poivrez. Couvrez et faites cuire à feu doux pendant 20 mn. Retirez le bouquet garni et les herbes aromatiques. Versez la crème fraîche, les jaunes d'œufs, le jus de citron et chauffez à feu très doux jusqu'à onctuosité de la sauce (attention, la sauce ne doit pas bouillir). Rectifiez. Servez avec des croûtons de pain frits.

TÊTE DE VEAU À L'HUILE DE NOIX DE GANNAT

PRÉPARATION : 20 MN - CUISSON : 3 H - 8 PERSONNES

**1 tête de veau,
1 bonne cuillerée à soupe de farine,
1 bouquet garni,
1 jus de citron,
1 oignon piqué d'un clou de girofle,
1 poireau,
1 carotte,
sel.**

Vinaigrette :
**2 cuillerées 1/2 à soupe de vinaigre de vin rouge,
4 cuillerées 1/2 à soupe d'huile de noix,
1 bouquet de ciboulette,
4 cornichons,
1 petit pot de câpres,
1 échalote hachée,
1 œuf dur passé au tamis,
1 branche de persil,
1 cuillerée à soupe de moutarde,
sel, poivre.**

Faites cuire la tête pendant 3 h dans une eau blanche, c'est-à-dire le mélange : eau, farine, citron, sel, bouquet garni, oignon piqué d'un clou de girofle, blanc du poireau et carotte. Découpez la tête de veau en morceaux, et servez très chaud accompagné de la vinaigrette à l'huile de noix.

FRICASSON DE CHAZEMAIS

PRÉPARATION : 30 MN - CUISSON : 25 MN - 6 PERSONNES

1 tête d'agneau ou de chevreau cuite,
le sang de l'animal,
50 g de beurre,
1 cuillerée à soupe de vinaigre de vin,
1 verre de crème fraîche,
sel, poivre.

Faites cailler le sang de l'animal. Faites-le cuire à la poêle sur les deux côtés et réservez. Retirez de la tête de l'agneau cervelle, langue et fraise. Dans une poêle, faites revenir au beurre le sang cuit, découpé en morceaux ainsi que tous les abats retirés de la tête d'agneau, grossièrement coupés et préalablement cuits. Coupez-les en petits morceaux. Déglacez au vinaigre de vin. Ajoutez un bon verre de crème fraîche. Réduisez jusqu'à onctuosité. Servez très chaud.

POMPE AUX GRIGNAUDES

PRÉPARATION : 20 MN - CUISSON : 1 H 10 - 8 PERSONNES

500 g de grattons (ou grignaudes) de porc coupés en dés,
400 g de farine,
3 œufs,
110 g de beurre ramolli,
3 dl de lait,
1 œuf pour dorer,
10 g de sel.

Dans une grande terrine, mélangez les grattons, la farine, les œufs, le beurre ramolli, le lait et le sel. Travaillez bien le tout. Beurrez une plaque à pâtisserie. Formez une couronne avec la pâte sur la plaque à pâtisserie. Dorez à l'œuf. Faites cuire 1 h 10. Servez légèrement tiède ou froid.

CAROTTES VICHY

PRÉPARATION : 15 MN - CUISSON : 25 MN - 4 PERSONNES

1 kg de carottes,
1 bouteille d'eau de Vichy,
60 g de beurre,
10 g de sucre,
sel, poivre.

Épluchez et émincez les carottes. Faites-les blanchir 3 mn dans l'eau bouillante. Passez-les sous l'eau froide. Remettez-les à cuire dans une autre casserole en les recouvrant d'eau de Vichy. Salez et poivrez. Faites cuire rapidement 20 mn (il ne doit rester que très peu d'eau). Ajoutez le beurre et le sucre et chauffez doucement 3 mn.

TARTE BOURBONNAISE

PRÉPARATION : 30 MN - CUISSON : 40 MN - 8 PERSONNES

250 g de fromage blanc frais,
10 cl de crème fraîche double,
50 g de beurre ramolli,
3 œufs,
60 g de farine,
50 g de sucre semoule,
1 pincée de sel.

Dans une grande terrine, travaillez le fromage blanc, la crème fraîche, le beurre ramolli, les œufs, la farine, le sel et le sucre pour obtenir une pâte homogène et consistante (si nécessaire, rajoutez de la farine). Faites une abaisse épaisse pour garnir une tourtière beurrée. Avec le manche d'une cuillère en bois, faites des trous dans la pâte, dans lesquels vous disposerez des noix de beurre. Faites cuire à four moyen (thermostat 5) pendant 35 à 40 mn.

PIQUENCHAGNE

PRÉPARATION : 25 MN + 2 H DE REPOS - CUISSON : 45 MN - 8 PERSONNES

500 g de farine,
15 g de levure de boulanger,
100 g de beurre ramolli,
2 œufs,
500 g de pommes (sucré-vert de Montluçon),
75 cl de lait tiède,
50 g de sucre,
1 pincée de sel.

Dans une grande terrine, délayez la levure dans le lait tiède. A part, battez les œufs en omelette. Versez la farine dans la terrine, les œufs battus, le beurre ramolli, le sel, le sucre. Mélangez bien et pétrissez la pâte. Épluchez, épépinez et coupez en petits quartiers les pommes. Étalez la pâte et versez les pommes. Ramenez les bords de la pâte au centre. Pétrissez légèrement pour bien mélanger pâte et pommes. Faites une couronne et laissez reposer 2 h. Dorez à l'œuf. Faites cuire à four moyen (thermostat 5) 40 à 45 mn.

GARGOUILLAU (Spécialité de Montluçon)

PRÉPARATION : 35 MN - CUISSON : 30 MN - 6 PERSONNES

50 g de beurre,
100 g de farine,
2 œufs,
20 cl de lait,
100 g de sucre,
4 pommes sucre-vert,
1 pincée de sel.

Dans une grande terrine, mélangez 50 g de farine, 2 œufs, une pincée de sel, 20 cl de lait et 100 g de sucre pour obtenir une pâte liquide. Épluchez, épépinez, coupez en rondelles les pommes et mélangez-les à l'appareil. Versez le tout dans une tourtière beurrée, déposez quelques noix de beurre et faites cuire 30 mn à four doux (thermostat 4).

INDEX
DES RECETTES

SOUPES

OEUFS ET PÂTES

HORS-D'OEUVRE ET ENTRÉES

POISSONS ET CRUSTACÉS

VOLAILLES ET LAPINS

VIANDES ET GIBIER

LÉGUMES

DESSERTS

DIGESTIFS